1992 年英国大选日《太阳报》头版。

此前，所有民调都预测工党将主导联合政府，甚至单独执政。结果保守党胜选。发行 400 万份、支持保守党的《太阳报》头版新闻中，工党党魁头像被放入灯泡，标题说："如果金诺克（工党党魁）今天胜选，请最后离开英国的人关灯。"《太阳报》得意地说："太阳报赢了。"

批判传播学·文论系列

吕新雨 赵月枝 | 主编

传媒公共性与市场

冯建三　著

华东师范大学出版社

华东师范大学出版社六点分社　策划

复旦大学新闻传播与媒介化社会研究基地资助

总　　序

　　当今世界正处于全球化发展的转折点,资本的全球化流动所带来的政治、经济、社会、文化与生态等方面的危机不断加深。如何面对这些问题,全世界的人文与社会科学都面临挑战。作为对资本主义的批判和对人类解放的想象与信念,马克思主义并没有随着柏林墙的倒塌而消亡,反而在这些新的问题与危机中,在新的历史条件下获得了生机。马克思的"幽灵"在世界各地正以不同的方式复活。

　　与此相联系,世界范围内的传播体系与制度,一方面作为技术基础和经济部门,一方面作为文化意识形态领域和民主社会的基础,也面临着深刻的转型,而转型中的巨大困惑和危机也越来越多地激发人们的思考。一系列历史与现实中的问题亟需从理论上做出清理与反思。以马克思主义为重要理论资源的批判传播研究在长期复杂的历史与现实中,一直坚持不懈地从理论和实践层面推动传播学的发展,在国内和国际层面上促进传播制度朝向更平等、公正的方向转型,并为传播学理论的多元化作出了重要贡献。今天,时代迫切要求我们在世界范围内汇聚马克思主义传播学研究的各种力量、视角与方法,探索以马克思主义为基础的新批判理论的新路,对当代社会的危机与问题做出及时而有效的回应。

　　由于中国问题和传播问题是讨论全球化危机与出路的两个重要领域,中国传播学界具有担当起自己历史责任的义务和条件。马克思主义新闻传播理论与实践在 20 世纪以来的中国新闻史上有着极其重要的历史地位,在全球视野中整理、理解与反思这一理论传统,在新的历史条件下促进这一历史传统的更新与发展,是我们孜孜以求的目标。这个全球视野不仅面对西方,同时更向非西方国家和地区开放,并希冀在不同的比较维度与视野中,重新确立中国当代马克思主义传播研究的立场、观点与方法。

近一个世纪前,在1929—1930年的世界资本主义危机后的欧洲,在法西斯主义屠杀共产党人、扼杀左派思想的腥风血雨中,法兰克福学派的学者们用大写的"批判"一词代指"马克思主义",在他们所处的特定的历史语境下丰富与发展了马克思主义传播研究。此后,"批判"一词,因其体现了马克思主义学术思想的内核,几乎成为马克思主义和一切以追求人类解放和挑战不平等的社会关系为价值诉求的学术取向的代名词。今天,我们不愿也无需遮掩自己的马克思主义立场。我们把本书系定名为"批判传播学",除了出于文字的简洁性考虑之外,更是为了突出我们的批判立场,强调我们弘扬以挑战不平等社会关系为价值诉求的传播学术的主旨。当然,批判的前提与归宿是建设,批判学术本身即是人类自我解放的建设性理论实践。在此,我们对传播的定义较为宽泛,包括任何涉及符号使用的人类意义分享实践以及这些实践所依托的传播技术和知识基础。

本书系以批判的政治经济学与文化研究相结合的道路,重新检讨作为马克思主义新闻传播理论前提的观念、范畴与知识谱系,反思马克思主义传播理论在历史和当代语境下中国化的成就与问题,探讨中国革命与建设的传播实践对马克思主义传播理论的丰富、发展和挑战,分析当下的经济危机与全球媒体、信息与文化产业的状况和相关法规、政策,以及全球、区域与民族国家语境下的传播与社会变迁。我们尤其关注当代全球政治经济格局中的中国传播定位和文化自觉问题以及发展中国家的信息社会现状,社会正义与批判的生态学视野下的信息技术与社会发展,文化传播、信息产业与阶级、种族、民族、性别以及城乡分野的互构关系,阶级意识、文化领导权的国际和国内维度,大众传媒的公共性与阶级性的动态历史关系、文化传播权利与全球正义等议题。我们还将挑战横亘于"理论"与"实践"、"观念"与"现实"、以及"批判传播"与"应用传播"间的简单二元对立,不但从批判的角度检视与质询那些维系与强化不平等社会关系的传播观念与实践,而且致力于促进与发展那些挑战和变革现有不平等社会传播关系的传播政策、观念与实践,并进而开拓批判视野下的组织传播、环境传播、健康传播等应用传播领域的研究。最后,我们也致力于马克思主义传播研究方法论发展与经验研究的批判性运用,探讨文化研究如何在当下传播情境中更新其批判活力,关注媒介教育、文化赋权和社区与乡村建设的理论与实践,以及大众传媒与网络时代的大学、学术与跨国知识流通如何强化或挑战统治性知识权力关系等问题。

本书系包括"批判传播学译丛"、"批判传播学文论"和"批判传播实践"三个系列。"译丛"系列译介国外批判传播研究经典文献和最新成果;"文论"系列以专著、讲义、论文集、工作坊报告等形式展示当代中国马克思主义批判传播学研究的前沿;"实践"系列侧重传播实践的译作和中国经验,包括有关中外传播实践和劳动过程的实证研究、卓有成就的中外传播实践者有关自己的传播劳动和传播对象的反思性与传记性著作、以及富有批判性的优秀新闻作品。

华东师范大学—康奈尔比较人文研究中心(ECNU-Cornell Center for Comparative Humanities)和2013年7月成立于北京的中国传媒大学"传播政治经济学研究所"是这套书系依托的两家专业机构,并得到华东师范大学传播学院的支持。宗旨是在当代马克思主义和跨文化全球政治经济学的视野中,推动中国传播学术的创新和批判研究学术共同体的发展,尤其是新一代批判传播学人的成长。

在西方,面对信息资本主义的持续危机,"马克思回来了"已然成了当下批判传播学界的新发现、新课题和新动力。在中国,在这片马克思主义自20世纪初就被一代思想家和革命家所反复思考、探索与实践的古老土地上,我们愿以这套书系为平台,为发展既有世界视野又有中国学术主体性的21世纪马克思主义传播学而努力。在这个过程中,我们既需要对过去一个多世纪马克思主义传播理论与实践做出深刻反思,需要与当代西方马克思主义传播研究与实践前沿建立有机的联系,需要在克服媒介中心主义的努力中与国内外人文与社会科学的其他领域产生良性互动,更需要与各种不同的传播研究学派、观点进行真诚对话,彼此砥砺,以共同加强学术共同体的建设,推动以平等与民主为目标的中国社会发展,促进以和平与公正为诉求的世界传播新秩序的建立。

是所望焉。

目　录

前　　言

　　"得之我幸,不得我命"。对于徐志摩来说,"爱情"无法从"市场"购买。不但诗人不能,我们同样无法。这就凸显一个简单,但在"市场化不足、自由化不足"的话语中,反而隐晦不明的事实:我们所需要的、珍视的价值(情怀、财货、对象或产品),是不可能通过价格机制得到满足。

　　当然,稍经提醒,几乎所有人都能同意,这是事实。未能解决的难题是,这样的"时候",还有多少?爱情不能买,最好是两情相悦,也就是在分享中彼此趋向于完善。然而,还有哪些价值不能在市场上,经由价格的中介及买卖的行为完成呢?很多。亲情、友谊、人与人的沟通是明显的例子,依照不同的理解,(有些)公平正义也不(完全)能够通过市场,取得让人满意的"供需"水平;甚至,当事人只要知晓这些价值或行为,是从市场买来或透过金钱的交换而产生,顿时就会致使这些价值变形,不再是价值,等而下之,还可能成为痛苦的来源。爱情、亲情、友谊、人与人的沟通行为,以及公平正义等价值,若要运用市场机制的相关语汇描述,会出问题。不但如此,即便是在市场经济制度之下,不同类型的商品,出于不同的原因,就其实务的运作来说,市场化的程度也有相当的差别。

　　"商品"可以粗分为三类:政府对其干预的力道,强劲微弱有别,效能高低不等。

　　干预最多的是"劳动力"商品,因此我们不能轻易跨国,任意前往他国受聘,他国人民,亦同,无法尽兴入本国工作;很多国家对于工作时数、最低工资或工作环境,也是高度规范。相比之下,"资本"商品比较自由,不但多数国家原则上欢迎外来投资、买卖股票,资本也自己另找出路,通过合法或不合法的手段，资本自由逃避海外，不让本国课税的资金。据说一年就有 11.5 兆美元，世界各国为此短收的税金是 2500 亿美元。

"劳动力"与"资本"之外，我们可以将第三类商品，称作是"一般"商品，虽然其构成仍很复杂。其中，对于维持生计的农产品，各国都不敢掉以轻心，不愿意完全让市场决定农产品价值，因此常有大额补助。比如，相对富裕的"经济合作暨发展国家组织"(OECD) 之 34 个会员国，都是大量贴补农产品，2011 年的额度是 2520 亿美元，平均"只占"所有国家之农产总值的 19%，但是，在人口较少或地狭人稠的挪威、瑞士、日本与韩国，这个比例是 50%—60%。相对于口腹所需的农产品，人的"精神食粮"，也就是本书的主题，传媒，各国对其规范，亦远高于对制造业商品的管制。

"传媒"的意思浅显明白，主要就是指书报杂志、收音机、电视、电影，以及因特网(互联网)。手机与(平板)计算机是终端接收设备，是制造业所生产的商品，不是本书所说的传媒。对于这些社会效能不同的传媒，各国政府介入规范的程度也不相等。即便在号称汇流、全球自由化的现在，无线广电执照的所有权人在一般称之为相当自由化的美国，还是受到严格的管制，如外国人控股必须低于 25%。

这就提出一个问题。何以美国政府听任外国人购买其汽车厂、电影公司等，但不容许外国人购买无线广电公司，美国作此规范，不是着眼于"硬件"，不是禁止外国人拥有收音机或电视机的制造公司，而是收音机或电视机传载的"内容"，这是真正注意的规范对象。但假使广电"内容"要受这个规范，除了国籍考虑，再没有其他因素吗？甚至，国籍以外的因素，不能是同等或更重要的规范理由吗？再者，同样是传媒所负载的"内容"，何以美国人对无线广电的"内容"有更高的规范力度，报章杂志与电影或有线及卫星频道不也负载"内容"，何以美国及他国，对于后面这些传媒的产权与内容，规范少些？这些，以及其他更多的相关提问，就是本书各章所要探索。也是本书名的由来。如果"传媒公共性"是指，值得社会大众知道、攸关公共利益的现象、事情与议题，能够全面充分与稳定持续地得到曝光的机会；那么，"市场"机制与公共利益的关系，是些什么？"谁"又有权，或虽然不应该有权，但事实上已经在决定"公共利益"的内涵？

这里的"谁"，不处理"个人"。我们作为个别的人，有各种身份，是消费者、是生产者、是公民，但我们不一定是"股东"；再者，即便我们是持有特定公司股票的人、是偶尔或经常进出股市的人,大多数有钱购买这些股票的"我们",对于公司的决策也没有实质影响力,这样的"我们",最关注的事情,通常就是明日、下周、来年的股市行情,会不会高一点。

这里的"谁"是"集体",仍有多种可能身份。他也许是资产阶级及其代理人所创立的公司行号,可能是公民通过选举或其他方式产生的政府及其文官体系,可能是政府依据公民授权而立法创设的公法行政法人、社团法人或财团法人,也可能是这些身份的不同组合。

"市场"是什么呢?比较复杂。这里不谈市场的结构,究竟是一家厂商的独占,或是数家厂商的寡占,或是接近充分竞争的市场。这里是要借助英国学人冈恩(Nicholas Garnham)的提醒。

冈恩1960年代在剑桥大学修习英格兰文学,曾在BBC工作十余年,一度对BBC疾声批评,亦对某些文化研究很有意见。大学期间,他广泛阅读政治经济学文献,其后,是英语世界重要的左翼文化政经学人。1970年代末,冈恩创办了标举传播政治经济学的学术刊物与学系,双双是举世首创,但他提醒人们,自由派经济学对市场的分析,如市场失灵及政府失灵等概念,仍然值得参考。1980年代,法国米耶(Bernard Miege)的文化政治经济学、布尔迪厄(Pierre Bourdieu)的文化社会学,以及德国哈贝马斯(Jürgn Habermas)的公共领域观,陆续进入英语传播研究者的视野并渐得重视、终成显学的过程,亦有冈恩与威廉斯(Raymond Williams)引荐的贡献。

1979年保守党取得英国中央政府的权位后,冈恩在1983年为工党执政的伦敦市政府绸缪,发表了《文化诸概念:公共政策与文化工业》。他说,左派人士不能因为反对资本主义就一起反对市场,二者不是同义词,不是只有资本主义能够运用市场。冈恩说,流行传媒的市场运作,若无国家的宏观调节,往往无法产生合适的结果,因此,政府应该"对广告提出特别税捐……广告……将文化生产与发行纳入其结构,却不直接响应听众与观众的需求……课征……特别捐……藉此支持广告不支持的文化"。

冈恩理解,因此主张运用市场,但不迷信而是责成政府宏观介入,以求在合适范畴与水平,驾驭而不是为市场所役使,抽取广告捐只是调节手段之一,从来不是全部,现在不是,以后也不是。从文化与传媒公共政策的角度考虑,没有社会不需要在领会世界通则后,因地制宜,进而转化抽象的原则与概念,使成具体能够操作的手段,务实但并不放弃以进步的愿景图谋未来。

通　论

第一章　传播：自由使用、
平等分享、不论疆界

一、前　言

　　知识的散播乃至于创造，离不开媒介；学科、学门或学术领域的建构与确认，没有期刊无法推进。但是，何以要创造知识？何以要建立学科？这些并不是不证自明的问题。对于以上一体两面的提问，大致可以有"致知"与"实用"两个方向的响应。

　　致知是指为了知识而知识，为了记录、兴趣、好奇与认知而创造知识。实用则可分作两种：一种是"学术的实用"，可以再分作两类，一是表明，相比于其他学科、学门或课题，本学科同样也值得作为安身立命的领域，这是出于营造学术正当性的驱动力。它又经常同时带有，或衍生不同学科在相互比较时，经常浮现的社会尊敬、地位高低与公共部门资源分配的问题。第二种可称之为"社会的实用"，主要是期望知识与学科的创造，对于社会的变化及进展方向，能够产生或迟或速、或直接或迂回的正面与可预见的作用。

　　本文分作三个小节：(1)讨论新闻传播学术在人文社会学科领域的相对特征。笔者认为，面对这些特征，中外传媒学界大致提出"认知"与"学术实用"等两种方式的响应。但单是如此仍不足够。(2)西方学术期刊知识的商品化现象，给予我们线索思考如何兼顾"学术与社会实用"。(3)本文指出华人学术社群可以有更好的机会，借鉴西方期刊商品化积重难返的殷鉴，通过自由且免费的(free)近用模式，建立更具规模与系统的"华文期刊论文全文数据库",迈向后出转精的远景。科技的进展事实上是在召唤"新闻传播期刊"率先示范,因为自由近用学术社群论述在内的文化产品,正是因为传播科技的发达而产生落实的契机。

二、新闻传播学科的相对特征

纵观中外,新闻传播作为高教体系的一环,特征似乎有二:一是它的出现时程比较晚,因此构成了一种新兴的知识领域,以至于必然有相当长的时间,本领域会存在定位的暧昧现象。相对于语文、哲学、政经、社会等"人文"科目,或是相对于医学法学等"职业"科目,新闻传播学科与两者的差异都很明显。其次,新闻与传播可能还有一些更为本质的属性,以至于在求其定位时,似乎另有独属的特征。

先看新闻与传统文史学科。1990 年代以来,虽然随高教增长,传媒教育也跟随蓬勃发展,唯欧日的传统大抵不变,少有大学设置职业导向的新闻与传播科系。美国以其实用主义哲学的传统,拥有举世最称发达的新闻传播科系,但是,最早设置这类学科的机构,并非传统精英学府(如美东的长春藤盟校),而是更强调实务操作的中西部州立大学。美国最早的新闻学府,设置于密苏里大学,新闻以其实务取向,对于启蒙、对于现代化的可能贡献,正是上世纪初吸引了中国许多知名文人(如胡适)的重要原因;半出于他们的重视,密苏里的新闻学及其操作遂尔引入中土,到了现在,密苏里在中国还是拥有相当大的名望,影响力高于哥伦比亚或加州大学柏克莱校区等大学的新闻学府。[1] 不过,正也因为新闻传播的"实用"色彩,从半世纪前至今,传统人文学科对它似乎都欲迎还拒,如台湾大学前校长傅斯年在 1950 年代以新闻并非学术为由,无意在台大设置新闻系,至 1990 年代台大是有了新闻学科的设置,但不设于大学部而仅提供硕士学位,且仍有彰显特色的困难。[2] 在中国大陆,2005 年在北京举办的人文学科教育研讨会,还是有如后(未必全然公允的)印象:"人文学科招

---

[1]　李金铨,张咏(2008)。李金铨 2008 年 3 月 13 日在政治大学讲演稿。

[2]　参见台大新闻所网站:http://www.journalism.ntu.edu.tw/about/about1.htm。该网站提及的聂维斌之文字(新闻教育创举,前途堪虑),发表在《自立晚报》1994 年 3 月 23 日至 26 日,4 版。

生量近年增长不是很大，最大的是法与商……人文这边比较大的是新闻传播……人文……就业人数……要把新闻传播分开，那个不是什么正统的人文……是读不到什么东西的。"①新闻传播与往昔已经大不相同，确实不是"正统的人文"，而是必须有人文精神，跨及更多人文、社会、财经乃至于（传播）科技学科的知识领域。

其次对比"职业"（专业）取向的学科，法律、会计、医师护理与建筑等行业的资格，惯例是由国家举办考试，报考人在通过认可后，才能取得从事该行业的证照。但是，在大多数国家，从事新闻传播业（如记者）并没有、也不应该有这道程序。毕竟，新闻传播重视"沟通"彼此的"差异"，从中才能协调与凝聚社会文化与民主政治的共识；这与医学等倾向有成套操作技术或程序可资遵循，并由国家通过考试等手段加以督促，并不相同。其次，传媒的职能之一在于监督重要权力的运作，政府如同资本，都是这类权力的一环，如此，假使允许被监督对象能够授予记者执照，则如同球员兼裁判，将因角色混淆与冲突，造成赛局不能公正进行，也难以有效运作。新闻传播业是专业，但国家无须通过考试来协助其专业质量，而是要通过宏观传播政策，为传媒及其从业人员营造合适环境，协助其完成传媒的专业宗旨：公共服务。

除此之外，新闻传播行业似乎还有一个很重要的特征，此即新闻传播是最容易成名，或者，反过来说，动辄得咎的特殊行业，其影响力及能见度很大，远超出其实际的社会地位与职业想象（最夸张的称呼是"文化流氓"）。② 传媒所负载的内容越来越像是世人日夜浸淫于其中的空气与阳光，也就是一种"环境"，无时无地不与人同在。③ 这就使得其好坏必定逐日逐时摊开在人们眼前，供人体验与审视，而任何人都有能力、也都有权力对于传媒表现，提出个人的观感与看法。人们对传媒产生臧否的印象、动力或频次，远远高于人们对于法律、商学等科系所对应的职业之表现的

---

① 武汉大学郭齐勇教授的发言，收于甘阳、陈来、苏力编（2006：469—470）。陈光兴提供本书，在此致谢。

② 大约2002年以来，台湾地区渐有一群人戏谑与自虐地称记者为"妓"者，这里不引用正文，因"妓权"运动的部分主张并非无理，若引用，除强化社会既存的不公允污名，或也有流于谴责受害者之虞，似无必要。

③ 林文刚（2008）。

赀评,根源在此。传媒再现或误现百行百业,人人时时刻刻接触,必生意见乃至于怨怼,政商法等等弊端丑闻,即便见诸传媒,终究乍现不久长。

对于新闻与传播的特征及其学术如何定位,似乎可以分作两个层次讨论:一是学术行政,二是学术知识。以华人社会来说,海峡两岸似乎有相类的发展。中国从1982年起办理第一届,[①]至(含)今大陆已(将)召开10次传播学年会;台湾地区的"中华传播学会"虽然创办较晚(1996年),1999年(含)起已经每年举办论文研讨会,具有相当规模,今年(2008)也是即将进入第十届。1997年(另一说是1998年),国务院学位委员会将新闻学由二级学科提升为一级学科"新闻传播学",下设"新闻学"与"传播学"。1998年7月,中国教育部重新修订《普通高等学校本科专业目录》,将"新闻传播学"列为11个学科门类之文学门类的二级类。[②]

相对于学术行政的自我肯定与提升,学术知识应该说是峰回路转,柳暗花明又一村。在1970年代以前,许多研究传播但任职其他科系的学者常见惊呼或警示。其中最知名者应该是1959年行为科学家贝勒森(Bernard Berelson)审视当时的学界动态,[③]认定传播研究行将凋谢,以及1972年社会学家甘斯(Herbert Gans)说:"大众传播一度活跃于学院的社会学研究,特别是20世纪三四十年代,其后却急遽进入贫瘠状态,迄今尚未看到回春的迹象。"[④]

当然,其后的实况演变并非如此。历经纷扰的1970年代,资本主义全球体系进入危机之后,必有新的商品领域出现,其中相当重要的一个部分就是传播科技本身的商品化,以及借助传播科技而让商品体系得以扩张,这些发展的趋向有许多沉淀,其中之一是"信息社会"的术语从1970年代中后期开始流行。作为英语世界第一本、首发于1979年的传播政治经济学季刊,也就是《媒介、文化与社会》(*Media Culture and Society*)的

---

① 明安香(1999:1—17)。

② 吴廷俊(2001)《传播学的导入与中国新闻教育模式改革》,2001年中华传播学会年会,于香港浸会大学举行(2007年6月5日下载自 http://ccs.nccu.edu.tw/UPLOAD_FILES/HISTORY_PAPER_FILES/505_1.pdf);教育部社政司(2001:84)。展江(2004b:1)说:"至今对新闻学与大众传播学的学科地位和归属尚有争议"。

③ Berelson(1959:1—6).

④ Gans(1972:697—705).

创办人（之一）冈恩（Nicholas Garnham）对于不到10年的这股转向，曾在1983年有生动描述：

> 僻处知识焦点与学院权力位置的边缘已经多年……刹那之间，我们仿佛突然站在舞台中央；许多传播学者所擅长的议题，顿时成为社会聚焦所在，相信不少人颇有时来运转之感。西方强权政府与财经精英们正想方设法，促使我辈为推动世界进入所谓的"信息时代"奔走呼号……传播学者的研究领域，在社会、政治、经济各方面所产生的议题数量及其重要性都与日俱增……社会赋予我们重责大任，但我辈是否足堪承担，却又端赖提问与作答，是否中肯切题……我们的表现能有多杰出，不取决于我们对于传播现象本身的分析，而取决于我们怎么解析传播赖以发生的、更广泛的社会发展……①

传播科技确实创生机会，让传播学门得以更正当的存在，也略有合宜的学术地位，相应于此，新闻传播教育的宗旨，理当从职业教育，向人文与通识教育回归与创新，从而有"媒介素养"的提出与倡导。② 但除此之外，还可以有哪些贡献？本文呼应冈恩的看法（注意传播所进行的社会脉络）并进而主张，我们务须与时俱进。技术不发达致使人们沟通与传布知识受制于地理空间，也受制于表达形式，更受制于市场的价格模式，这已经是明日黄花。今非昔比，传播科技特别是因特网（互联网）正在向世人招手，它让人们特别是学术知识的流通，得到绝佳的超越机会，并且，比起西方，华人社会的学术知识更有客观条件可以落实这个机会。以下继续讨论这个观点，从西方学术出版的商品化谈起。

三、西方学术期刊商品化的现象及其反应

在商品化过程随着资本文明的进展而卷入越来越多的对象与地理空

---

① 　Garnham(1983b：314—329)，引自邱家宜译文。
② 　陈世敏应该是华人社群最早提出且至目前仍在从事媒介素养教育的学者，有关何谓媒介素养及其在华人社会的扼要发展，见冯建三(2006：181—198)。

间之际,学术工作及其知识创造也时常难以回避,160 年前的早熟预言,有越来越浓厚的成分成为真实的情境:"一切固定的古老的关系以及与之相适应的素被尊崇的观念和见解都被消除了,一切新形成的关系等不到固定下来就陈旧了。一切固定的东西都烟消云散了,一切神圣的东西都被亵渎了。"

　　高等教育是优质财(merit goods),[1]事涉现代公民素养与能力的培育,更涉及社会公正与阶级流动,[2]即便在美国这个号称西方最为奉行经济新自由主义价格原则的国度,高教学费也无法完全支撑高教机构的所有支出,除少数例外,[3]教育机构不仅依法不能,而且也无法是营利事业。就此来说,教育不是商品、不能成为产业,现代政府的重要职能之一,就是通过对于取自纳税人的预算之分配,承担自基础至高等教育的部分费用。当然,这并不是说绩效原则(principle of performativity)没有渗透至高教单位,[4]也不是说有些高校没有商业行为。[5] 刚好相反,要求知识的创造与传授直接以学生就业机会或教研创收(通过争取科研基金或转化本身研究项目为商品)等形式,[6]证明自身价值的大小,而在此过程通过各种评鉴排比,将教研人员的高低等地分门别类,以至于引发非议,指责大学已成知识工厂、已仿效企业财团而商业化,[7]并且业已引发高教人员的反抗(如,集结为工会运动以求抗衡),[8]堪称是进入 21 世纪以来,许多资本

---

① 　Musgrave(1959).

② 　关于美国统治阶级同样"善用"精英高等教育的近作,参见 Golden(2006).

③ 　美国是有高教营利公司! 占高中后学生人数 7%—8%,2009 年平均学费约 1.4 万美元,但纠纷多,占全美高中后教育纠纷案 70%,其财务、毕业率及就业资料缺如。(Economist,2010.7.24:40)

④ 　Lyotard, Jean-Francois,1979(1984).其大意与批评可参考 Webster(1995/冯建三译,1999c:315—321,326—327)。

⑤ 　如哈佛大学以校务资金投入股市,名曰保值或增值,但当然也有血本无归的时候。又因美国大学属于不营利机构,有免税优待;以至于有些大学反而倒用这个地位,借钱投入可赚钱的项目(如借钱来盖体育馆、人工岩场等)。美国大学在 2000 年总计有 432 案例发行校债,价值约 100 亿美元,至 2005 年已有 665 例与 280 亿美元(Economist,2006.5.20:79)。

⑥ 　不过,学院高墙也会以其"神秘氛围"或说符号象征的尊荣,自设相对自主于绩效原则的教研人员等级划分。

⑦ 　Aronowitz(2000). Bok, Derek(2003).

⑧ 　Johnson, Kavanagh & Mattson(2003).依法,台湾教师不能组织工会,但仍有集体反弹之例,见反思会议工作小组(2005)。2010 年 5 月《工会法》修订后:"台湾高等教育产业工会"已经在 2012 年 2 月成立。

主义国家高教的最大特征。

吊诡的是，大学固然不是商业机构，但是高教机构的重要产品，这里是指发表在学术期刊的论文，在 20 世纪八九十年代以前，也就是绩效原则还不那么明显的时代："可能"就已经是西方出版资本集团的重要商品，①并且，那些所谓不符合绩效原则的人文社会科学等知识，包括批判色彩浓厚的知识："可能"也已然是其据以牟利的商品。这里的吊诡可以分作三个步骤说明：其一，如前所述，除了少数私立精英高教机构，几乎所有（特别是欧洲）大专学府的经费都是（全部或部分）得到政府部门的挹注，但是高校的学术雇员钻研有所得，并以论文形式发表在期刊时，在西方乃至于大多数国家，论文作者均无法，并且也不期待从刊物取得金钱酬劳，有时甚至还得缴交论文的审查、编排、印刷与发行费用。再次，刊物的最大费用如同任何文化产品，就是生产者（论文作者）长期的培育、历练与维持再生产能力所需的投入，这部分的刊物成本已经由高校肩负，生产之外的编辑与审稿工作很多时候，可能也是由高校人员主司（而有很多审稿工作是无偿劳动），其余的技术编排、印刷、发行与管理工作，才是由出版商负责，而这部分占刊物的总成本是最低的。第三，出版商从这些期刊取得丰厚利润，且归为私人占有，而西方出版商通过兼并以占有更大份额的学术期刊市场，从而使其资本有更大的增殖，相比于其他产业，并无两样；如 2001 年荷兰出版巨子 Reed Elsevier 以 45 亿美元购并美国出版商 Harcourt General，仅以科学与医学期刊为例，合并后它控制全球此类刊物市场的 20％，获利率达 35％（其他出版品是 20％），旗下刊物从 1200 种立刻增加至 1700 种，至 2007 年则是 2000 多种，其电子数据库年营业额达 80 亿欧元。②

这种集合众人（纳税人，含学术人）的无偿劳动，却为增殖私人资本而作的吊诡乃至于荒谬的格局，至少在西方（以及图书馆经费过半用来采买英文为主的图书、期刊与电子数据库的高教机构，如港台等）是日甚一日的。如 1986 至 2004 年间，学术期刊的订阅费用增长 220％，如果只看科技及医学期刊，则 1982 至 2002 年订价增加超过 600％；1986 到 2002 年，

---

① 我还没有研究西方学术出版的商品化历程，因此说"可能"；下一个"可能"也是推测。
② *Economist*，(2001.5.12;66,70)；自由时报(2007.12.31)。

美国的研究图书馆期刊经费增加 227％,但只能增加订购数 9％,且图书种数下降 5％。有人因此预测,假使图书馆经费增长幅度不变,并以 2020 年为界,则期刊经费可比 1986 年多 12.44 倍,但所能购买的期刊种数会比 1986 年少 16％。① 面对资本增殖的不合理走向,世人是有反弹的。其中,最知名者包括了 2001 年的维基百科运动、2002 年的“创用 CC”(Creative Commons)运动,虽然两者不是全部从事于学术知识的普及。除此之外,在世界许多角落另有学术人及政治人不肯屈就,面对这种不仅为他人作嫁,而且瘦了自身的怪诞景象,大约从 2003 年起,他们纷纷起身响应,以下是部分记录。②

　　2003 年德国、法国与瑞士等许多研究单位签署“科学及人文学知识开放近用柏林宣言”(Berlin Declaration on Open Access to Knowledge in the Sciences and Humanities),吁请让社会各阶层能够无偿使用其研究成果,签署单位之一,德国的 Max Planck Society 甚至改变雇佣契约,要求其研究人员将其著作权归公于社会。

　　2004 年夏天,英国下院委员会建议,英政府应该要求其所有研究论文可无偿供在线取得;同年 8 月,美国众议院通过草案,要求美国健康局(National Institutes of Health,NIH)所有出版的材料在发表 6 个月后,放置在网站数据库供人无偿使用;其后,该议虽因出版商游说而延迟于 2005 年 5 月才开始适用,且公开使用的期限也由半年延长到了 1 年,但 NIH 也同时宣布,它 1 年将投入 200 万至 400 万美元,协助创制电子档案库,使这些论文得到合适的储放及流通。③

　　2005 年夏,OECD 发布研究报告,主张政府出资的研究成果在发表

① 转引自李治安、林懿萱(2007:39—52)。黄鸿珠(2003)《解铃还须系铃人—谁能为学术期刊订费高涨的困境解套?》,http://www.lib.nctu.edu.tw/news/hwang.htm

② 除另有说明,这些材料整理自以下日期与页码的经济学人报道(*Economist*,2001.5.12;66,70;2004.8.7;68—69;2005.2.12;71;9.24;81;2006.7.1;80—81)。其后的情况见(*Economist*,2011.5.28;68—69;2012.2.4;66—67)

③ NIH 一年以 300 亿美元资助研究,一年出版约 6 万篇论文,占医药部门 11％的出版量,若就本部门所出版的最重要论文来说,其中 30％—50％是由 NIH 资助的。NIH 的做法有可能开创标准模式,其他资助研究的机构可能跟进,如英国的 Wellcome Trust 本身就很支持 open access,目前它(得其资助之研究,一年约发表 3600 篇论文)已在与 National Library of Medicine 讨论联合的全球论文网,是否可行。同前注。

为论文时,应该以公开让人使用为主;该年,美国的 National Academy of Sciences 也转了向,2005 年,其最重要的期刊 *Proceedings of the National Academy of Sciences* 出版了 565 份开放使用的论文,占总数大约 1/5。

2006 年 6 月,美国共和党德州参议员 Cornyn 与康涅狄克民主党参议员 Lieberman 联合提案,要求联邦政府研拟"政策,使其所属机构之雇员所执行的,或是该机构经管之资金所执行的研究成果,能够为公共所使用",若通过,所有美国机关若年授权研究 1 亿美元以上,其成果在被接受而要出版时,必须同时开放,让所有人下载使用。[①]

2006 年,举世第二大医疗研究赞助单位(2005 年投入了 8.79 亿美元)、英国的 Wellcome 基金会强制所有受资助人在论文发表后 6 个月,无偿提供其作品供人公开使用;英国 8 个研究组织当中,有 3 个跟进,他们资助的任何研究成果,未来在被期刊接受后,必须立即在线供人免费使用,另 5 个组织并非不赞成,他们只是说,并无强制的权力。先前:"皇家学会"(Royal Society)曾以标准会降低为由,反对开放使用,但在该年 6 月 21 日改变了,它宣布在其所属期刊接受,以及他们收费后,将作者的作品,立刻放至网站(目前,接受与纸本出版之间,得等上 1 年)。

2007 年,台湾大学图书馆期刊组主任张素娟联合台湾 140 多家院校,集体与荷兰出版社 Elsevier 电子数据库 Science Direct 议价,促使出版社同意降价 8.6%,每校平均可省下百万元订费,同时各校图书馆可弹性删除期刊,有更多选择权。[②]

2008 年 2 月 12 日,美国哈佛大学人文和科学学院 730 多位教研人员投票决定,除非自动退出,否则该校所有论文将上网供人无偿阅读,这个决定显然重挫了出版商。[③]

----

① 在美国,核心科学出版品市场估计在 70 亿至 110 亿美元,the International Association of Scientific, Technical and Medical Publishers 说,全球有 2 千家出版商专精于这些领域,一年在 1.6 万种期刊出版 120 万篇论文。

② 自由时报(2007.12.31)又称,Science Direct 在各美国加州大学系统共有超过 3 万 8 千多名专职教员使用,收费一年 900 万美金,但台湾 140 多所大专院校只有 3 万 5 千名专职教员使用,原收费却高达 2200 万美金。

③ 王丹红。哈佛大学首试网上开放阅读,挑战学术期刊权威.科学时报,2008 年 2 月 27 日。

四、华文(新闻传播)学术期刊的契机

资本积累自有内在动力,总是以席卷更多对象及地理范畴为原则,唯正反相生,资本的增殖过程同时也必然引发抗拒,从而资本逻辑及其反动,也就辩证进行。如果要将学术期刊彻底去商品化,各生产者在完成作品后,可以利用晚近 10 多年才兴起的技术条件,也就是因特网(互联网),同时将这些作品自行公开上网,任人通过 CC 授权条款,以非商业方式,自由且免费运用。然而,学术期刊作为一种媒介也在发生"组织"的功能,也就是它在作为沟通与传输信息与论述的同时,也可以通过其形象与声誉,向读者说明、也争取读者的信赖,表示在其间出现的文论,其主题值得探索,而其质量具有一定的水平(包括经由合适的内外审查推荐,虽然这里也得注意,评审即便公正,也不必然代表最佳或良好质量),①从而也远比散落一方的孤零零之个别文章,更为值得青睐。于是,期刊所能够产生的凝聚议题,以及推进知识前沿并促其实践的作用,应该还是理当肯定;特别是在读者时间越来越有限,但各色知识生产频繁而数量濒临爆炸的临界点时,期刊作为知识的组织者与推广者的角色,仍然有其必要。

完全个人化的学术论述之网络发布且读者无偿使用,这是学术出版模式的一个极端,另一极端模式则是更为传统,也是大多数学术刊物采用者,即纸本期刊为基础而在纸本出版一定周期后上网,并由读者付费使用。前者最符合知识作为一种"公共财"的特性(论文完成后,阅读者 1 人或千万人,与论文作者已经投入的生产成本无关),而更接近理想的模式则是减少期刊纸本的印制量与成本,但同时无偿开放使用,且由合适机制总和所有定期出版的期刊,纳编为全文数据库的部分。第一种模式随技术进步而在扩张,理想模式还无法大规模存在,但两者显然依旧无法望第二种,也就是传统模式的项背,原因多端,试举其四:

(一) 完全个人化则学术沟通的有效度将大为降低,假使业余"公民"

---

① 　有研究指出,由于因特网的便利,美国是有不少优秀的经济学者直接通过网络发布其研究成果,而不是通过同侪评审的方式,见 Glenn Ellison(2007)"*Is Peer Review in Decline?*" NBER Working Paper No. 13272, July(瞿宛文提供数据,在此致谢)。

记者完全取代专职记者，则社会通过新闻而及时且全面"沟通"似乎难以想象，若还能进行的话；

（二）　对于作者不一定有利，作品未得到期刊推荐，因此有可能如同璞玉浑金，得到应有的重视时间，或许可能延长或竟至隐没不彰；

（三）　现有学术与期刊的威望及权力的消极抵制或积极防堵，如果完全任由个人取舍发表与否，则作为学术权力表征的期刊及学术优势社群，也就无从行使权力；

（四）　发表与流通知识的观念变化缓慢，我们对于纸本仍有感情的依恋、感觉纸本刊物的物质存在仍是较高的权威。

除了以上四类暂时的归因，这里所要讨论者，是相当（如果不是最）重要的因素，权且称之为第五类因素。在西方，这是指出版商的抗拒（如前所引，毕竟学术期刊是巨大的商品市场，是他们重要的利润来源），以及学术社群（特别是由于历史等因素而掌握更大威权的学术单位）与掌握高教资源分配权力的相应政府单位是否具备足够的认知，在业已承担"生产"学术知识的成本之后，另再匀拨仅及生产所需的小部分经费，投入于这些知识的编辑与流通。

第五类因素是同一个问题（期刊出版品生产以外的成本，谁来提供）的正反面向，虽然其意涵完全两样：假使出版商出资编辑并使其流通，则其动力总体来说来自牟利；假使不使其出资，则必须另有给付来源，而无论给付来源是作者本人、作者工作单位挹注、社会捐赠或是政府预算，则为牟利而牟利的动能会低些或减至零，因此就更能使学术知识有更具效能的流通。

关于这个一体两面的因素，这里提出以下考察，或说假设。西方（英语）学界受害于出版商更早，[①]其制衡的起步也比较早而规模也比较大些，但出版商必然不肯雌伏，已如前引，双方拉锯之战持续进行，还在未定之天。就港台来说，除了少数一两份刊物，[②]不仅新闻传播期刊未曾获

---

①　应该也是受害更重，也就是西方学术期刊出版已经完全商品化，其他（含华人）社会则未必，唯（页12注1）所示若为真，则是大警讯，显示居然台湾受害于英语期刊商品化之害，更重。

②　如《台湾社会研究季刊》，1988年创办，该刊大致维持由台北唐山出版社支付排印与发行费用，期销500至1千余册，近20年来可能大致损益平衡或有小利，编辑委员会自筹编辑费用（大致也是由学术资源转用），笔者1993年起参与该刊部分编务，其间曾先后主编四年。

利,其实是所有人文理工期刊均无获利的例子,①且其编辑至排印与发行大多是学术单位所提供。在数据库方面,台湾以私人出版商经营为主,其营运及盈亏材料有待查访,但这里的重点是,数据库赖以存在的原初期刊,从生产至编印与发行,迄今还是各大高教机构出资所完成,彼此所欠缺者,只是相互串联结合成为,比如,暂且命名为"华文学术期刊全文数据库"之类的组合。中国期刊本身似乎也更是如此,而其免费使用的中华传媒学术网及付费的中国期刊网,②在组织效能与论文搜集的广度,比起港台,应该是更为全面,流通也比较宽广。在一定范围内,数据库既然已经存在,则另起炉灶而创设自由且免费使用的学术数据库,还是会遭遇阻力,公与私的利益冲突还是在所难免,但相比于西方,华人学界所面对的问题,还是比较容易舒缓或解决?

　　通过市场付费方式使用学术期刊,最终仍然是高校及其他研究机构,也就是政府预算所编列加以支付,但市场付费方式致使政府(国民整体)所须承担的总额,显然高了许多:(1)出版商的利润通常只增不减;(2)使用机构对于使用者的管制成本继续存在,非如此,无法防止非本机构的人在授权地理范围或配分网址以外,使用期刊;(3)出版商也必须投入更高的管制成本,如制作加密的版本以防止"侵权"等等。除了这些成本,市场价格方式还将致使学术知识的流通无法达到最有效与宏大的水平,这是因为"内容"本身是公共财,刻意以价格排除其使用,是刻意以付费意愿及能力作为是否能够使用的门槛,是刻意以国家支持知识财产权的创造而后制造人为的稀有性,这完全违反经济的最大效益原理。或者,饶舌套句对于新制度经济学派信服者或迷信者很有魅力的"交易成本"概念,在互联网的年代,通过市场价格机制来流通学术期刊的交易成本,必然远远超过非市场机制。近年来,由美国传入中土的"软实力"说法,那么,如果放

---

① 《新闻学研究》自 1967 年发行以来,主要均由政大校方及新闻系担注;《中华传播学刊》初期由世新大学补助,近两三年转由台北五南出版社肩负;两者平均售量应该不大,平均期售或在百本之内,唯《新闻学研究》寄赠各大图书馆与个人,每期超过 5 百本,2007 年 1 日起并已经网络与纸本同步发行。除这两份及本页注 2 提及的期刊亦常发布传播领域的论文,台湾另有 10 份名列传播学门的刊物,见熊瑞梅、杜素豪、宋丽玉、黄懿慧(2007)。2006 年创办的香港《传播与社会》由中文及浸会大学联合出版,据悉也是由校方提拨经费。

② 应该还有其他单位提供类似服务,这里所引的两个网络组织出资者与动机,得另探询。

弃市场价格机制，也就是允许任何人，只要有需要、只要有相应的硬件设施（时间、电力供应、计算机与互联网），就能使用而不需再于接收使用时，按次、按期刊或按套装组合，于期限内另再付费，那么，显然这些内容就会因为价格为零，是以更有畅行的机会，于是等同有了更大的软实力，足以更大方地展示、招摇或炫耀于世人眼前。

当然，由高教与研究机构编列政府提供的预算，然后由这些机构决定生产与流通哪些期刊，也就是自主地决定哪些类型的论述及其意见倾向，必然得经由公共政策加以创设。但是，这并不是政府直接提供与生产，并且也不妨碍政府自行创设期刊以生产及流通行政权力所想要提倡的（学术）知识。当然，学术社群与政府直接办理的刊物，两种资源的投入与规模，应该呈现何种比例，仍是一个问题，但这里无法再申论。

这就是班克拉（Yochai Benkler）所说，在市场价格机制，在国家直接提供与分配之外："分享"作为存在既久的资源分配机制，更要因为传播科技的发达，而要发扬光大："早先的那些安排也许曾经是最有效率的，或也许是当时生产体系所绝对必须的。然而，在新出现的这些科技条件下，早先的那些安排可能就折损了、破坏了，而不是改进了新科技条件所能生产并提供的财货、资源或功能，社会政策应该以此作为分析对象。"[①]这段话与马克思在 1859 年"政治经济学批判序言"的话语，不无神似之处："社会的物质生产力发展到一定阶段，便同它们一直在其中活动的现存生产关系或财产关系……发生矛盾。于是这些关系便由生产力的发展形式变成生产力的桎梏。那时社会革命的时代就到来了。"当然，这两段话也存在着重要的差异。即班克拉将人的动能、政策的动能，召唤了进来：在 1995年以前，互联网还不发达，或说还不曾以今日的面貌存在，传统的技术形式（纸本期刊）是学术信息与论点最有效与实时的传播管道，忽焉 10 余年，光景迥异。学术社群，特别是华人新闻与传播期刊的生产机构是否应该在庆贺于上天掉下来的科技礼物，将我们簇拥到了社会质变的转折点之余，付诸行动，改进当前已经局部而系统尚不完整的学术知识之自由流通规模，使其扩大与系统化？物质的进展总是把意识的变化，抛在老远之

---

①　Benkler（2004：331）。作者总述这方面的思维，近已成书：Yochai（2006）。本书可在多个网址无偿、自由下载。

外。"根绝一切认知的犹豫",这是重要的时刻,华人新闻传播学术社群是否能够迎头赶上,采取有效行动,响应传播科技的挑战与实现科技的许诺?

五、结　语

上海《申报》在 1872 年 5 月 1 日刊登《申报馆条例》,它说:"如有骚人韵士,有愿以短什长篇惠教者……概不取值",也就是任何文人或要在申报版面发表文字,报社不向作者收取刊登费。当时的英商美查(Ernst Major)看中了流行文学市场即将兴起,于是一反惯例,准备借此招来更多文稿,吸引读者,形成人潮而后向广告客户收费,[①]如今资本主义社会的大众传媒,取广告作为利润来源,已经成为常态,而非广告的内容生产者,则通常可从业主取得稿酬。

相比于大众传媒,学术期刊依其定位,不可能流行,也就(幸而)无法从广告取得充分的资金,但学术期刊却是西方出版商的丰厚获利来源。这种学术知识成为私人占有利润的对象,其实更有不堪的成分,因为无论是在西方还是在华文世界,论文生产者大部分还是没有稿酬,却在很多时候,无论是不怎么合理地由作者自己、或者有时是作者可通过机构支持,生产者及其机构在承担了"生产"成本之外,也都另行负担"发表与刊行"的成本。[②]

但在华人社会,学术期刊本身从以前到现在都还无法获利。这不但不是坏事,反而可以成为后出转精的契机。本文即在铺陈这个看法,指出新科技进展之际,扩张及深化了新闻传播研究的意义,新闻传播学界有此认识之后,正可以率先示范,以本学门之力,或投入资源,或责成公共政策的拟定,或两者并行而建构比现在更为全面、更为系统化的新闻传播学术期刊全文数据库,并充分开放之,让社会各界无偿使用我们的知识创造活动。这是真正符合本行知识的特性。这是更为接近于利己利人、相得益彰的志业;并且,对于华人新闻传播学界来说,由于并没有期刊商品化的

---

① 鲁湘元(1998:42—45)。

② 肖国忠。情况愈演愈烈 学术期刊该不该收取版面费?。光明日报 2006 年 6 月 7 日;马爱芳,王宝英,董丽波,段玮虹。我国自然科学核心期刊作者费用研究。编辑学报 2006:4 期;有关西方期刊(含电子期刊)向作者收费的情况,另见李治安、林懿萱(2007);以及张晓斌(2007)。

积重难返之制度牵引,我们如果能够通过逆反商品化的努力,或许更足以号召工业后进的地方,至少在学术期刊出版这个方面,达到超越前进的蛙跳(leapfrog)效果,也就是学术知识的更民主化,经济上更有效率,文化上则让软实力更有发挥的空间。

第二章 传播:西方马克思主义的盲点①

　　本文的论点是,西方马克思主义者的分析,向来没有致力于分析大众传播体系在政治与经济上的重要性;本文企图开启这一方面的辩论,而不是就此立定结论。历来,马克思主义者,以及那些援用马克思主义术语的激进社会批判人士,对于大众传播体系的重要性并非没有着力,只是,他们总是把研究的重点放在大众媒介生产"意识形态"的能耐,这两路人马认为,资本主义的体系之所以能够聚合而不崩析,仰仗的正是意识形态这样隐而不见的胶着剂。以此主观之情,则已脱离历史物质论之立场,先前在类如"以太"等等的概念,我们也曾见识过类似的说法;也就是说,类似的概念是否存在,唯一的证据是因为此等研究人员,认定它们必须存在,否则无以解释某些现象。因此,抱存此一立场,实乃观念论者,他们提供的解释,还停留在"科学尚未诞生之前的阶段",而不是"不符合科学原则"。

　　然而,对于马克思主义者而言,如此的解释理念,让人心存不满。自诩为历史物质论的人,在研究大众传播体系之时,提出的第一个问题应该是"它们替资本提供了什么样的经济性服务",以此进阶,再图了解资本主义生产关系再生产与复制过程当中,大众传播体系扮演的角色。基于前举考虑,本文乃凸显这个问题,并力求理出架构,提出若干答案。以下所谈论到的题旨,很多注定是要引发争议的,因为它所提出的问题,并不只

---

　　① Smythe, D. (1977/史麦塞著,冯建三译,1992),传播:西方马克思主义的盲点.岛屿边缘,4:6—33。译文对原文引述略有删节。

是关于马克思亡故以后,资本主义所生的变化为何;尤有进者,在某些情况里,它对于迄今多为人接受之马克思主义者的分析类目,是否能够合宜地分析这些变化,也提出了质疑。然而,这么做有其必要,这就如同列宁在另一个时空中所说,欲作蛋卷而不打破蛋壳,殆无可能。

大众传播媒介及其相关社会制度与现象,如广告、营销研究、公共关系、产品之包装与设计等等,总加起来,就是欧洲,美国与加拿大这些地区关于马克思主义理论的盲点。这些制度与现象,与消费者意识、需求、休闲时间的运用、商品崇拜、工作与异化,密切相关。我们将在后文指出,如果从物质论者的立场,则我们将会发现,举凡价值的劳动理论,流通费用:"特定商品"的价值(劳动力),垄断资本主义之条件下,无产阶级与阶级抗争的形式为何等等,均与这些制度与现象的研究,息息相关。纵观马克思主义的文献,以物质论立场,解析所谓"意识工业"这些繁复制度之功能的数据,实在非常之少。[①]

马克思主义者未能体认意识工业之角色,其原因可以上溯于此:尚未有人以物质论者立场,研究各种类型传播问题。一般性质的经济财货,尤其是传播性财货,由来已久,早于资本主义与垄断资本主义。虽说大量生产传播讯息的"特定"制度(亦即报纸与杂志),18世纪之时已经出现于资本主义;但要直到垄断资本主义这个阶段,这些媒介才发展到了成熟地步,亦即它们的主要经济收入,在19世纪末叶,已经转移至广告。

马克思主义之理论,未能善加廓清大众传播的现象,实乃相当严重的文化差距。如果我们考虑大众媒介之产品的质性为何,则欧洲(包括东欧)在这方面显现出来的差距,比起美国所显现出来的差距,还可让人理解。因为,以欧洲的情况而言,广告兴起,然后支配报章杂志的政策,在官税与法律的限制之下,较迟出现。再看收音机与电视的例子,相比于美国与加拿大,国家承担了重任,抗拒了垄断资本主义的进袭。但最近的发展趋势显示,西欧传统上的抗拒,在垄断资本主义体系从核心发出的绵密压

[①]　详细解说此点,篇幅浩长,将使本文的焦点旁逸。不过,如果我们检视葛兰西、法兰克福学派、威廉姆斯、剖兰札士、阿尔都塞,以及钻研第三世界的马克思主义者(如阿敏),我们终将发现,他们从来没有以物质论的立场,研究在垄断资本帝国主义之下,经由需求的经营(具体地说,就是经由广告与大众传播这些经济过程),意识工业所产生的功能;而这正是西方马克思主义者的盲点。

力下,再难持久。阅读本文的欧洲人士,应当将它看成是今日美国情势的反映,并且,或许这也是他们明日所要面对的现象。

以马克思主义省思资本主义,首要之务就是界定一个客观的实体,就此而言,亦即以客观的标准,定义什么是资本主义所生产的"商品"。那么,这些大量生产,由广告出资支应的传播,其商品形式是什么? 这是扣关第一问。假使以资产阶级的观念论探讨,得出的答案或许会是"讯息"、"信息"、"影像"、"意义"、"娱乐"、"意念导向"、"教育"以及"操纵"等等,不一而足。所有这些概念,都是主观的心智臆测,都是事关"表象"而已。擎举此世界观的理论家,对于垄断性资本主义之下,寄生而存的文化工业市场,如"新闻"与"娱乐"等大众传播之商品形式为何,可曾致以片言只语? 没有。以观念论研究传播之商品形式,并不是没有,大多数马克思之后的西方马克思主义者,以及资产阶级的理论家,至少在权宜之下,都采取了这样的视野:列宁、韦伦、马尔库塞、阿多诺、巴兰与史威济,以及高不来士与正统的经济学者。另外,我们可以再找出类如北安权、安参士堡、黑默林、许勒、默多克与高丁等人,也包括在本文发表之前的我自己,他们多少都是马克思主义派别的传播学者。此外,圣智出版社的许多作家(译按:西方出版大众传播学门书籍与期刊最多的公司),以及那些把传播现象,解消为"媒介"之表象的理论家,如麦克卢汉,都是观念论的大将。明白了这么些情况,无怪乎李凡特如是说:"传播领域,乃是观念论的丛林"。

我以物质论者的立场,就下列问题——在垄断资本主义下,这些大量生产,由广告出资支应的传播,其商品形式是什么? ——所提出的答案是,阅听人与读者群(以下简称为阅听人)。垄断资本主义之下无休闲,大多数人在非睡眠以外的时间,都是工作时间。这样的工作时间,是用来生产一般意义之下的商品(包括了人们可以得到薪资的工作,以及作为阅听人的身份),以及用来生产与繁衍劳动力的(给付这方面工作的薪资已经包括在收入了)。职业以外的工作时间,最大宗的要算是卖给广告商的阅听人时间。卖的人并不是工作者本身,而是大众传播媒介。谁人生产这个商品? 大众传播媒介,借着外显与暗藏的广告与"节目"素材,这些资产阶级传播理论家所醉心的市场。不过,虽然大众媒介在意识之生产面上,扮演了主导的角色,但阅听人却是支付了比大众媒介还要多的费用,才得以使他们成为阅听人。以加拿大为例,1975 年的费用支出概况是,阅听人的直接开销,是电视广播业者加上有线电视经营者的 3 倍。① 在把"他们的"时间卖给广告商之时,阅听人这些工作者,(1)替消费财货的生产者,执行了很重要的营销功能,(2)为着劳动力的生产与再生产而工作。这是合二为一,但我们稍后将述及,却又具现了原则上的矛盾。如果前述分析大纲可以成立,马克思主义者理论所需严肃面对处理的问题也就浮现了。其中之一至为明显:一般而言,我们说上层结构本身并未涉及下层结构的生产性活动;然而,大众传播媒介却"同时"身兼两者,既是上层结构的一部分:"又是"下层结构之生产活动的最后阶段中(引发需求,以及经由购买消费财而得到的满足),必不可缺少的一环。

如果我们要以商品形式作为分析传播的起始点,就必须接受垄断这个概念,在垄断资本主义里,实乃占有举足轻重的地位。巴兰与史威济撰有巨著《垄断资本》,书中展示了当代的资本主义,何以垄断才是其运作本旨,而不是竞争,我们可以引这一点作为参考基座,进一步探讨本文提出的问题。

巴兰与史威济二氏,与高不来士相同,他们均强调,支配垄断资本主义的是寡头企业,而这些企业则扮演了经理需求的角色。无论是民间或军事需求,在经理之下,都变成了消费与投资的出路,非如此则剩余价值无法实现,无法高升。需求的经理以商品市场为始,亦以商品市场作结——经理之初,先行推出"试测市场",然后,当产品与整套的生产程序都包装妥当,这就是以广告为本的大众市场。不过,巴兰与史威济并没有从历史物质论的立场,追根究底;在垄断资本主义之下,经由广告所经理的需求,有一些很明显的问题,值得我们继续探循。

垄断资本主义之下的广告在运作时,到底发生了什么事? 巴史二氏与高氏都说,是"心理上的"操纵作用。张伯伦在 1931 年为广告下了一个极具权威的定义,三氏均加以引用。尤有进者,多多少少,他们三人都不当地关起了进一步讨论的大门,他们只是很平淡地陈述:"纵观经济文献,

---

① 阅听大众每年花费在购买电视设备的金额(电视机与订有线电视),还包括了折旧,投资于前举设备的利息,维修,电力等等,总数大约是美金 18 亿;以广播电视而言,加拿大广播公司及其商业台,加上有线电视经营者的花费则是美金 6 亿 3100 万。

我们发现广告的立即商业意图与效果,已经完全分析过,也被完全掌握了"。然而,大众传播媒介到底隐含了什么样的黑箱,从中心理上的操纵魔术得以运行? 他们置此于不问。经济学者,无论是资产阶级的阵营,或是马克思主义,均尚未衡量,从历史物质论的立场,询问以下问题是否得当:

一、广告商以其广告支出,买的是什么? 商人既然善于精打细算,就不会无所为而付费作广告,绝非出于利他的动机。我建议,不妨这么看,广告商买的是阅听人提供的服务,他们具有某些可预测的特性,在可预测的时间里,有足资预测的若干人数,会使用某些特定的传播工具(电视、收音机、报纸、杂志、室外看版、直接广告信函等等)。① 假使我们从宏观,集体的角度论事,则阅听人也只是商品而已。他们既是商品,则必有生产者与买主(指广告商)在市场中,以他们为对象,进行交易。在这些市场里,制定价格的方式,我们再熟悉不过了,都是依据垄断资本主义之原则而进行的。无论是市场或是阅听人商品,两者都是极为特殊的。阅听人商品的特殊之处在于,他们在商人眼中,也只不过是"人口学变项",包括了年龄、性别、收入水平、家庭成员的组成形态、家居地区的城乡差别、种族之归属、住屋的持有与否、汽车的拥有量、信用卡的持有状况、社会阶级;另外,如果是要满足休闲嗜好或时髦杂志广告商的需要,则又要加上阅听人对于摄影、模型电动车、运动车,集邮,自己亲手制作这门东西,国外旅行,性乖僻等等方面的资料。

二、广告商如何确认,他们所得到的正是他们在付费购买阅听人之时,所想要得到的? 意识工业的一个次级部门,担负了确认的工作。这就是类如尼尔森收视率调查公司以及其他竞争者的职责,他们的工作正就是收集特定读者群/观众的社会经济数据,以此他们可以很快而专业地评估,广告商得到的是什么样的阅听人商品。那么,接触这些媒介之阅听人,他们在接触广告与新闻戏剧等等"非广告"内容之后,会有什么反应呢? 许许多多独立市场研究公司,或是广告机构与媒介本身之内附属的部门,他们的任务就是针对这些问题,进行调查分析。

---

① 笔者在这里所说阅听人(audience)被生产出来,被购买,被使用,事实上是指阅听人的力量(audience-power)。

三、广告商以广告经费所购买的商品，是由哪些机构生产的呢？仔细数去，有以下数个：地方与全国性电视台、收音机电台、报纸、杂志，以及那些专职为提供广告的广告牌与直接邮件广告的公司，他们就是主要的商品生产者。以上这些生产者，在许多方面，又与下列单位有着纠葛万分的关系：广告代理、演艺人员公司、各种传播节目公司、影片制作人、新闻性"服务"（如美联社、合众国际社、路透社）、新闻"专栏"的"供稿公司"、作家代理、书籍出版商、电影制作公司与分销公司等等。最后，我们还得提及另一个同等重要的制度，缺它则阅听人商品就无由生产——家庭。在所有用来生产阅听人商品的机构制度里，个人与家庭是最为重要的"资源"。

四、在垄断资本主义之下，以经济眼光来看，大众媒介之内容的本质为何？说是信息、娱乐、或说是"教育性"素材，其本质都是传输给阅听人的一种诱惑品（礼物、贿赂、或"免费午餐"），目的则是招募足够的阅听人，并维持他们观赏电视的忠诚度。我们以免费午餐譬喻大众媒介的内容，有其道理，试想先前时代的光景，那时节的沙龙或鸡尾酒吧：免费午餐，包括了足以刺激那些潜在顾客之胃口的素材，也就能够吸引阅听人继续注意电视节目，报纸或是杂志，并且孕育合宜的气氛，以求有利于广告那些或是明显挑白的说，或是拐弯抹角隐喻有加的讯息诉求。以上的论点，用意绝对不在抹煞"编辑部门"之内容所可造成的议题设定功能；也不在否认，广告对于某些依赖大众媒介以知悉外界事物的人，有其功能；当然，准备免费午餐并让人入口，需要精湛的技巧，对此，我们更是无意玷污。媒体在生产这些东西时，必须具有高超的技能与才情，用在这方面的生产费用也甚为高昂（虽说每个单位的成本，远逊于广告讯息的制作）。只有在难以置信的情况下，才会有误导的情事发生，致而把商品的本质是什么，弄得模糊了。举个实例，巴兰与史威济压根都没有提到"贩卖商品所作的努力"是什么，他们可就这么说了：

　　　大众传播媒介能够表现出什么艺术性的价值？大众媒介不过是间接或直接地作为广告的工具，要说它们有什么艺术价值，未免让人疑心重重：消费者目前被迫通过广告而支付传媒内容的生产与流通成本，然而，毫无疑问的是，若是能够通过其他支付方式（译按：参见本书"表 6.1"与"表 6.2"),提供这些内容,成本势将更为低廉。[1]

在垄断资本主义之下,电视与收音机的节目是"免费"提供的,报纸与杂志的价格则仅敷媒介机构分销(而不包括生产)讯息的费用。以报纸与某些杂志的情况来看,是有些读者特意要去买媒介产品的:"因为"他们需要广告。这种情形,以下列数种情况最为常见:分类广告,地方性商人在地方报纸的大幅产品与价格的广告,以及若干杂志(如休闲嗜好杂志)所刊载的产品信息广告。上述的例外与变异情况,容或存在,但是信息、娱乐,以及"教育性"素材(包括广告本身所具有者),用意无非是要确保阅听人专注地接触广告商所欲推销的产品或服务。由于业者之间的竞争激烈,精细有致的策略也就应运出笼;于是,我们在每周不同的时段里,看到了以广告之产品类型,以及"免费午餐"之类型作为准则而安排的节目(比如,儿童时间、白天家庭主妇的时间):所有这些手法,目的全在考虑竞争对手的策略为何,然后设法使特定类型的阅听人"流量"达到极大,由观赏彼一节目,过渡至本节目,然后再接着到下一个节目。[2]

五、广告商所购买到的阅听人之服务,其本质若何?以经济术语来说,阅听人商品不是耐久财,广告商为了营销之需,必须不停地买进然后使用。阅听人替广告商作的工,就是以他们的收入,购买特定"品牌"的消费财。简单地说,阅听人工作的结果,就是替已作广告之财货,创造了需求,符合了垄断资本主义广告商的目标。就在他们作这个工之时,阅听人同时也再生产了他们自己的劳动力。依此而论,我们应该避开阴谋操纵观的解释途径,因为我们知道,如果这样的劳动力都能很忠实地依附于垄断资本主义体系,那么广告商对此是再欢迎不过了:他们的存在,取决于资本主义体系的赓续。然而,实情往往并非如此,当劳动者再生产其劳动力时,他们必须面对实际的状况而有所响应,如此,他们也就不时会让广告商大感惊讶,甚至失望。话说回来,总的来看,生活在垄断资本主义体系之下的劳动者,终结是替广告商提供了服务;他们总是替广告商作了最终这个营销服务,完成了消费性财货的生产过程。这些个阅听人劳动者

① Baran & Sweezy(1966:121).
② Brown(1971).

所作的是极具决定性的物质决策,到头来,这些决定又要影响他们将如何去生产与再生产他们的劳动力。如同中国人曾在文化大革命时强调,假使人们将时间用在钻营自己的个别利益与趣味,就无法用"相同的"时间,绸缪推翻资本主义的影响与建设社会主义。

六、垄断资本主义,经由广告而进行需求的经理工作,我们如何将此一现象放进价值的劳动理论,如何将它与"休闲"与"自由时间"等问题,联结起来考察? 李凡特说的很好,剩余价值这个概念之所以具有解释力量:"……全是因为马克思以其方法,解决了'古典政治经济学'关于价值的根本问题,马克思把'劳动这个概念一分为二',亦即具有生产用途的劳动,以及劳动力(劳动的能力)。"①除了《资本论》第一卷的第六章,以及散见于《大纲》的若干页次以外,马克思在《资本论》三大卷以及《大纲》所关注的主题,正是生产一般性商品时,具有生产用途之劳动的相关问题。我们从这些论述中,可以很清楚地发现,马克思已然设定,生产劳动力的来源有二,一是劳动者本身,二是在手工业生产条件之下,劳动者的直属家庭。简短一句话,劳动力是"在家中制造的",当时还没有知名而占尽优势的品牌商品,也没有大众广告与大众媒介(彼时,垄断资本主义还没有发明这些东西)。在马克思的时代,根据他的分析,资本主义的根本特点在于,劳动者与生产商品的工具已然疏离,劳动者不再掌握生产商品的工具。时至今日,资本主义生产模式的根本特色,却在劳动者亦已疏离于生产与再生产他们自身的工具。当今弥漫于西方马克思主义者的观点,还普遍地存在着不正确的认定,以为劳动者仍然独立地拥有劳动力,以为他能够独立贩卖他的劳动力,以为他还是个独立的商品生产者。就此,又是李凡特说的好:

> 人们经常没有注意到的事实是,单只是因为劳动者卖了他或她的劳动力,并不等同于是他或她生产劳动力。我们从人必须吃,必须睡的事实,就进而以为贩卖劳动力的人,必定是其生产者;我们对于事实有所偏迷,因此也就被其误导。再说一次,两者之非,是合二为一的。②

---

① Livant(1975a).
② Livant(1975b:2).

我们需要以辩证物质论者的立场,描述劳动力的生产,描述何以能够劳动与何以不能够劳动,描述劳动力的生产与我们之所以成为人之关系为何。稍前我曾说过,在资本主义之下,非睡眠时间都是工作时间;这样的说法,正不正确呢?李凡特曾对本文草稿提出意见,[①]他指出,前举说法的假设,理应直书无碍。他说的非常之好,马克思主义者的观点……认为,休闲时间实乃是生产,再生产与修补劳动力的时间。这样子的生产,再生产与休补,俱是活动。这些都是人们必须从事的。因此,它们也都要求劳动力的参与。当然,说的真确一些,后面这类劳动力,并不是要你直接售予资本的。问题是,你确得加以使用,然后才能生产你为了生活而必须以特定形式出售的劳动力。

为什么我们以前没有察觉个中道理呢?我认为,关键还在"非工作时间",如果我们多方省思,也就能够找出答案。马克思曾经多次指出(如《资本论》第一卷第六章),唯有在我们的劳动力变成是"个人所有物"之时,这才有薪资劳动的可能,因为是个人所有,我们才能够加以处分,贩卖。我们"想"要这样的劳动力干什么都可以……非工作时间还是劳动力,但"不是我们要卖的"。因此,它就让你加倍觉得,这实在是我们所拥有的东西……

了然与此,我们也就不难把它纳进马克思所说,关于薪资劳动的"虚假外观"联结起来检视……就我个人的看法,这个虚假外观另有其他意指。由于我们工作的部分,得有酬劳,亦即我们"卖出"的劳动时间,得有薪资;因此,我们也就觉得:"我们既然没有得到薪资,我们也就没有把这部分的劳动时间售出"。

工作与非工作,两者的关系非常有趣,值得我们加以检视,如此,也才能在虚假外观底下,再看出真章。两者的关系,事实上已经把商品的世界:"一分为二"。因为,在工作的当儿,我们生产与分配的是一般意义之下的商品。我们是生产与分配的人,但我们并非卖出商品的人。但在不是工作的时间里,我们面临的却是另外一回事;我们在非工作的时间里,依然在生产,但生产的商品极为特殊,是劳动力。并且,在我们不工作(译按:而生产劳动力)时,我们也没有在贩卖劳动力。不过,只要我们细加追

---

① Livant(1975:7).

究,不难发现,劳动力终归是给卖出去了,这正如同我们在工作场所制造的一般性商品,到头来还是给卖出去一样。

说到这里,我们应该可以很清楚看出,至少在过去许多世代以来,垄断资本主义高度发达的国家,劳动力的生产,除了是在个人与其家庭进行以外,另有许许多多社会机构才是主要角色。大众传播媒介与广告的角色至为重要,或说,很可能是极具支配性:它们主导了消费过程(因为它们引诱我们开出特定的购物单),并且,它们也在意识形态上的教化,大起作用,因为无论是广告或是乍看之下不是广告的素材,都充斥了意识形态的成分,依此,大众传播媒介也就生产了阅听人商品。只要我们想想百货公司的柜台,摆设而展示起那些化妆品时,我们也就不难明白,劳动力之生产过程,物质面与意识面之间,确是具有辩证而互为倚扶的关系。

在过去一个世纪以来,劳动者自有的时间,发生了什么样的变化?这些时间又是以什么样的方式,为他们使用的? 1850 年之时,家庭手工业的条件之下(亦即品牌尚未出现),平均的工作时间是每周 70 小时(当时的工作力绝大多数仅限于男性)。[1] 在马克思动手撰写《大纲》的时代,以受到最少剥削的情况来看,一位工人利用省下来的薪资,可以让工人参与较高层次,甚至是文化上的满足,他可以激发自身的兴趣,他可以订阅报纸,参加讲演,教育下一代,培育自身的品位等等,这些,也就是他享有的全部文明,他与奴隶的差别,也就只有这些……[2]

在那样单纯的发展阶段,马克思已然看出,资本主义毫不知遮拦的累积过程,势必迅速地增产商品:

资本永无休止,猛力向财富的一般形式挺进,如此,也就超越了劳动原本极为有限的承担能耐;如此,丰饶的个性,也就得到了发展的物质素材,无论是其生产,无论是其消费,都是全方位的。[3]

我们从《大纲》一书,还可以找出许多类似的文句,表达了前句的看法。但马克思当时的这个看法,有两个假设:其一,消费财并没有被种种

---

[1]　以下分析取材于 de Grazia(1964)。

[2]　Marx(1973:287).

[3]　ibid:325.

的品牌所垄断;其次,工人运用他们的非工作时间,仅指受到阶级与传统因素的限制。以1850年的情况来说,平均每一个美国工人,可以每周以42小时的时间(一周的168小时,扣除70小时的就业时间,与56小时的睡眠),从事这种"家庭手工业"形态的劳动力生产。

到了1960年,平均的工作时间是大约39.5小时——很显然,每周少了几近30小时的工作时间(另外,如果把每年的假期也算进去,则每周因此而减少的工时还要多个2.5小时)。专为资本主义代言的人,眼见此现象,也就顺水推舟,将此表面上所减少的工作时间,说成是"自由"或"休闲"时间的相应增加。实际上的情况却远非如此;因为垄断性资本主义使得工作、休闲与消费行为等的本质,大起变化。一方面,劳动者的时间,大笔大笔的从他们的指间流失,不再受其控制,原因是都市化的兴起而蔓延,也因为劳动者势必要从事一些无给的工作,而其本质又容不得他们不做。举个例子,以当代的情况来说,出发前往工作,从工作地点回家,两者的旅途时间,每周估计有8.5小时;每周至少有1个小时的"兼差"工作;修补维护房舍内外,每周又花去5小时;男人作些家庭琐事以及上街购物,每周又去掉了2.3小时。按此计算,我们不难察知,资本主义之工业化以后所释出的,大约每周32小时的所谓"自由"时间,总共有16.8小时根本就毫无"自由"可言。再者,如果我们把女性每周兼差时间也列进去,[1]重作调整,那么,前举所谓的"自由"时间,又要少了7小时。如此这般,$\frac{3}{4}$的所谓"自由"时间,竟就这么消失无踪了。

第二个大转变是,资本主义这样的体系,加诸于每周所余的时间,甚大的压力。如果我们以每天睡眠时间8小时为准,那么百多年来,人们多得到的时间并不是很多;在一周的168小时,扣除睡眠以及前面所列举的不自由的工作时间,人们所剩的时间,在1850年是42小时,在1960年则是49小时。就这两个时期而言,人们的"自由"时间是用来干什么的? 我

---

① 在美国,1960年之时,兼差工作的长度,每周平均是19小时,大约是美国劳动力的19%,女性很可能多于男性。如果我们把兼差劳动者排除在外,以便得出个足资比较的数字,那么,我们就必须把这些多出来的劳动时间,再加入一般美国男性的平均工作时间;也就是说,原本平均只作了35小时的男人,至此也等于是作了46.4小时一周(无分男女,则平均是39.5小时)。本文未就女性的"自由时间"作计算,原因只为了简洁,绝无性别歧视之意。

们缺少系统性的数据供作我们参照。不过,我们倒是可以确知,有些类型的活动是两个不同时期中,人们都得从事的:个人保健、敦伦燕好、造访亲友、烹调三餐、参与聚会、教堂礼拜,以及其他结社活动,包括了沙龙。还有,我们也知道,1960 年之时(但 1850 年之时则没有这种现象),消费者已经面临许多广告,当面销售的展示会,与同侪团体的影响;为数众多,具有"品牌"的消费财与服务,猛地向他袭来。前往球场参观球赛、打保龄球、野营:"为了好玩"而骑乘机车或雪橇,在 1850 年那个时代,并不是商业性活动,在 1960 年的时候,却都已经被意识工业所渗透,其目的只有一个:推销形形色色的商业产品。时至今日,人们在家里的当儿,必须要花时间,决定到底是不是要购买,然后(为谁、在什么样的地方、什么样的条件下、而又为了什么)又要衡量使用的问题;持续增加,永无止息的财货,举凡是个人保健之用、家居器材、衣物、音响器材等等,莫不断地冲击着我们。当今,对于劳动者的收支开销形态具有指导能力的,乃是大众媒介——途径则正是五花八门的广告与节目的内容。

这些自由时间名为增加,但实为幻觉,巴兰与史威济又是怎么论述人们如何使用这些时间的呢? 他们遵循着韦伯伦的概念,援用了显耀性消费这个术语,然后强调说,劳动者的消费决定,目的主要是为了寻求地位,他们以心理分析的词语解析休闲时间(下文的引号为笔者所加),认为人们很无赖地,在被动中,懒散地用掉了时间:

人们束手静观,只愿松懒而无所事事的倾向,具有决定性的影响力,左右了我们会被供应以什么样的娱乐,填补我们的休闲时间——从晚间,周末,假日,一直到假期。总而言之,最为基本的原则是,不管是什么东西——阅听材料也好,电影也好,收音机或是电视节目——它们对于接收者的智识或情绪上的资材,都不应该有任何非分的诉求:这些媒介的目的,只在提供"好玩":"轻松愉快",一段"好时光"——简单地说,让人在被动的情况下,就能够吸收的有趣材料。[1]

巴史二氏所言,只对了一半,另有一些问题它没有触及:(1)在检讨这个现象之时,它并没有探讨垄断资本主义之下的"贩卖商品的精心之力",特别是广告,在其间扮演的角色;并且,(2)二氏的论述充其量也只是资产

---

[1] Baran & Sweezy(1966:346).

阶级的浮面观察,[①]他们没有以历史物质论的立场研究此一现象。1850
至 1960 年之间,每个星期,平均每个劳动者多获取了 7 小时的表象上的
"非工作"时间;其中,有多少的时间他们是用在大众媒介身上,变成了阅
听人而成为其产品呢? 这也就是说,他们出售给广告商的时间到底有多
少呢? 于此,阅听人调查这个次级工业,可以提供我们若干信息。据这方
面的专家估计,以 1970 年整年为估算母数,平均每个人每天收看了 3.3
小时的电视(等于是每周 23 小时),听收音机则是每天 2.5 小时(每周 18
小时),每天读报章与杂志的时间则是 1 小时(每周 7 小时)。如果我们再
以整个家庭而不是个人作为计算单位,那么,以 1973 年的资料看,在每一
星期里,美国的广告商相当于从每个家庭买到了略多于 43 小时的时间。
再从各个不同广告商的用途作为观察基准,我们不难发现,这些总时数只
是统合的称呼,实际上它包括了各自独立的阅听人商品,如"家庭主妇":
"儿童",与"全部的家庭人口"。晚间"黄金时段"(7 点到 11 点),电视阅
听人这样的商品,每天平均包含了 8380 万人,每个家庭平均有 2 个人在
收看。黄金时段的阅听人组合,显然成年女性多了许多(42%,成年男性
只有 32%,儿童是 16%,青少年则是 10%)。

　　然而,劳动者暴露于大众媒介的情况,又与他或她支用"自由时间"的
方式,有什么样的结合关系? 对此,我们却是毫无所悉。劳动者在通勤的
时候,收听了多少收音机,阅听了多少报纸或杂志,这些,相对来说,总还
容易推知。不过,在家里的情形可就有了差别;此时,人们收听收音机或
是收看电视,漫不经心的时候居多,他们经常也同时做些其他活动,如家
中琐事,亲朋造访,阅听,现在甚至有人还在球场,边看球赛边看电视。[②]

　　设若我们有意进一步探寻这个课题,研究垄断资本主义之下,资方是
如何透过广告这样的手段,达到经理需求的目的,而这样的现象,又与价
值的劳动理论,与"休闲"与"自由时间"有何关系,那么,我们就必须把整
个问题放入如此一个脉络中,才能理解。有了这层领悟之后,我们现在可
以顺着这些线索,拉扯出劳动者为广告所作之工,其本质究竟为何。如果

---

　　① 他们是这么说的:"纸张笔墨与电视机的制造商,以其产品,控制人心,荼毒人心"(Baran
& Sweezy, 1966:344)。

　　② 多年以来,人们就习惯于一边看球赛,一边收听收音机转播中的同场球赛。1975 年的
时候,我更发现了一件事实,球迷真的一边观看球赛,却也同时看着电视里,转播中的球赛。

自由乃是免于匮乏的状态，那么，劳动者对广告所作之回应，其过程的本质为何？又为什么广告厂商可以从广告中，获取利润？广告理论家会这么说："消费者买的不是商品那个东西，他们买的是要能解决问题的工具。"因此，我们可以这么说，从广告厂商的立场来看，广告的目的在于深耕劳动者的意识，让劳动者（1）觉得眼前有些尚待解决的问题（粉刺、不被窃贼入侵的安全感、失眠等等），（2）觉得有许多的商品，足以解决前述问题，（3）产生一种动机，觉得在众多商品里，某个厂牌最好，买了它也就能够"解决"那样的"问题"。假使我们能够从这样的角度衡情论事，则阅听人身份的真正劳动过程，也就不妨这么理解：他或她面临了越来越多的决定要做，因为有着越来越多的"新"商品，以及与这些商品有关的广告，成天向他或她侵袭而来。然而，非常之不幸，劳动者固然面对了为数众多的选择，得以在千万计的"新"商品里头，挑出他们想买的东西，但他们却缺少客观而有信征的基础，因此，他们也就不能够评估，是否真正存在着那样的"问题"而可以买个"工具"加以排除；他们也不能确定，是否买了那个据说较好的"工具"以后："问题"就可迎刃而解。身处如此的局面，他们也就无时不在挣扎，必须在不理性的环境中，定出一个理性的购物单。[①] 林德不这么说吗？消费者面临广告与商品的当儿，最重要的就是缩限用在考虑何者该买，何者不该买的时间：[②]

下决定以前，减少反思的时间，很显然是不理性的成分增多。然而，既然快速下定决策以节省时间也是非常之理性，我们也就可以说，前举的非理性，有其理性的基础。

垄断资本主义之下的营销伎俩，造就出了一种有若震波的系统性驱力，让人有"非买不可的冲动"。日甚一日，阅听人所作的工，愈发地朝向"非买不可的冲动"进展了。就此而言，依然是林德说的好：[③]

广告的首要定义，在于把实际上已经存在的知识，弄得更为让人能够接受。其次，广告的用途在于提供精准信息，因为人们没有足够的时间去

---

① 此处"理性"一词的用法，是常识性的，指的是选择的结果还可让人"共处"，是"正确的决定"，是"有些意义的"。我并没有以边沁的意思使用这个术语，并非指效用，快乐或痛苦的计算。

② Linder(1970:59).

③ ibid:70—71,71.

作精确的察验。人们（从广告里）得到他们想要的准信息，目的只在让自己觉得，他们所作的决定是对的……广告商帮助人们缩小信息上的距离，同时，广告也利用了这注定要继续存在的信息距离（译按：人一方面需要信息才能心安理得的作出决定，但一方面却很难及时得到这些信息，在两者之间的差距中，广告乃乘势而起）。

时间的匮乏问题，如果日趋严重，广告的强调重点就会朝向虚幻信息的方向发展。此时广告的目标在于提供行动的动机，但却又提不出确凿的理由……品牌忠诚度得以建立的基础，在于人们压根就不可能以客观的理由来遂行决策。如果惯性式的购物程序变得越来越重要，成为人们减少决策时间的依据，那么我们可以预期，捕捉住那些尚未有惯性购物行为的人，也会越来越重要。

依此而论，营销研究人员新起了精细的兴趣，想要知道广告与儿童的关系，实在是个极具意义的事。不有一本书的封面内页这么介绍吗?[1]

诚如该书作者指出，在小孩子的眼中，消费是项再正当不过，而又无可避免的活动。基于这样的认定，作者认为，欲求保护小孩，让他们免于接受营销讯息的刺激，并不足取。因此，我们必须承认的应该是，儿童终归会去观看电视广告，问题只是如何帮助他们，成为更具挑选能力的消费者。

《儿童是怎么学习购物的》这本书，提供了证据，让我们正视形成中的理论，更加了解消费者社会化这个领域的知识。关心广告效果的人，无论是厂商，广告代理，电视业界，教育人员，政府官员，消费者研究人员，以及父母，均宜正视该书。

由于受到垄断资本主义之意识形态的制约，资产阶级对于自由时间与休闲的观念，只适用于那些本身没有收入可资使用的人（对他们来说，当然，这实在是苦涩的嘲讽），或是适用于那些非常富裕的人，因为，如林德所说，[2]对于后面那一种人而言："最大的奢侈，就是解除必须自行购物的苦恼"。在这两种人之外，所谓的"自由时间"与"休闲"，仅止于是垄断资本主义的语汇，它们与"自由世界"、"自由企业"、"自由选举"、"言论自

---

① Scott et. al. (1977).

② Linder(1970:123).

由",以及信息的"自由流通",均无两样(译按:都是充满了扭曲意识的概念)。

　　为什么这样说呢？原因出在劳动者在工作之余的非睡眠时间,尽管留有伸缩的空间,但垄断资本主义之下,各式各样的消费性财货与服务,却形成了无边的压力网络,把劳动者的这些空间裹得密不通风,令他们难以施展。个人的、家庭的,以及其他等等的相关需求,我们确实都得仔细研究;然而,这些需求却是在各类商品与广告交织而成的关系网中出现的。商品与广告加起来,已经足以使个人的与家庭的需求,变成只是它们运行过程里"最末而被动的一环",使这些需求经常处于被它们淹没的局面。如果我们把问题放在这样的脉络来理解,就能明白阅听人替广告商做工的本质,在于从中学习线索,依此而阅听人在决定采购单及其收入的支用状况时,得有所本。

　　七、阅听人是商品,但这样的商品所执行的功能,其本质是经济属性的吗？巴兰与史威济曾说:"一如各大企业,广告同样是整个完整体系的一部分",[1]他们又说:"广告已经变成财团企业不可或缺的一个部分"。[2]就此而论,他们的见解与高不来士相当,高氏说:"目前的总体产量,扣除了广告与其他推销费用以后,边际效用等于是零"。[3]

　　问题是,以马克思主义的术语来说,为了广告商之需要而生产与消费的阅听人商品,是不是一种"生产性"活动呢？巴兰与史威济所提供的答案,前后自相矛盾。他们先是说:"……既然广告支出很明显地与(最大定义下的)生产所需耗用的成本,毫不相关,广告也就只能算作是整体剩余的一部分"。[4]可在苦思懊恼之后,他们却又把财政金融,保险与房地产等领域的活动,当作是具有生产的属性了。他们放弃了原来的理论立足点,不再认为流通领域的支出只是剩余的一部分而不具有生产性:产品的高低等差,刻意地汰旧换新,产品模式的变异,这些,一如广告与其他所有的推销手法,确确实实都提升了商品的销售量,因此也就对于收入水平与就业人口的提升,产生了必不可少的作用。依此道理,我们也当明白,整

---

[1]　Baran & Sweezy(1966:122).

[2]　ibid:119.

[3]　Galbraith(1958:160).

[4]　Baran & Sweezy(1966:125).

个"财政金融,保险事业与房地产",对于财团企业这样的体系之正常运转,同样必不可少,因之,它们对于收入水平与就业人口的提升,也是必不可少。这笔大得令人吃惊的开销,就这样地消融在这些活动里了,但它们到底是资本主义生产模式底下必要的成本之一。不过,我们希望有件事实也已经透体晶明地呈现了出来:"这种样子的"成本固然是社会的必要成本,但这样子的经济系统,也不再是合理社会所需要的。①

　　一般人大抵认为,《资本论》一书对于中介者所耗费的开销,压根不承认是具有生产性的;对此,我甚为了然,并且,我们确实也是能够如此解读《资本论》的。可当我在阅读这本巨著时,我隐然觉得,马克思在《资本论》中的分析,主要着眼于当时仍然有竞争性存在的资本主义之运作;他在书中关心的是,依赖资本主义原则所组织起来的工业结构,一般说来,上自原料的处理,下至商品的交换与消费过程,全是在一种"没有整合的状态"里进行的。② 当时,很明显的是,马克思并没有假定商品的品牌会变得那么具有支配性的地位,他也没有设想广告会这么样的流行。然而,如果我们找出马克思的《政治经济学批判序言》,应该就会察觉,假使马克思生活的年代已经进入了垄断资本主义,那么,他一定会以不同的方式,回答关于广告之生产力的问题。试看以下这一段话,其中,不是纳进了广告现象,有了品牌以后的商品产销,以及垄断资本主义之下的需求经理问题吗?

　　　　在双重意义上,消费生产了产品的生产……因为消费创造了生产新产品的需求,换句话说,消费的内在驱力,创造了非要如此不可的生产动因。消费不止是创造了生产的动机;消费同时也创造了特定的客体,具有决定性作用,积极引导了生产的过程……没有需求也就没有生产。但消费却复制繁衍了需求……生产不单是提供了物质来满足需求,生产也提供了一个需求作为物质的出路。一旦消费脱离了它那原初的拙朴状态,不再只是以眼前的条件为满足——事实

---

① Baran & Sweezy(1966:141).

② 在《资本论》第二卷的起头,马克思就说道:"因此,我们在这里所举以为当然的,不仅是商品乃是以其价值出售的,并且,这样的情形自始至终都是在相同条件下运作的。同理,商品在流通领域运动之后,若有任何的价值变异,也都不是我们所要解析的。"(Marx,1967:26)

上,如果消费仅止于此,原因也在于生产本身也只停留在这样的阶段——那么,消费也就等于是被特定的客体所中介了。对于特定客体的需求,是被消费者对于特定客体的观感所创造出来的。艺术之特定客体——如同其他任何一种产品——创造了对于艺术有所感应,并且能够享受美感的公众。因此,生产不仅是替主体创造了客体,它也替客体创造了主体。所以:"产品的生产以三种途径制造了消费(1)创需的物质;(2)决定了消费的方式;(3)创造了原本是被当作客体的产品,但最终这个产品却是以消费者感受到的需求形式现身的。因之,商品生产了消费的对象,消费的方式,以及消费的动机。相同道理,消费以目的决定需求的姿态,向生产者招手,生产了生产者的意向。①

这样一来,事理也就很清楚了。第一,在生产领域自身生发的各色活动与能力的交换,隶属于生产本身,同时也构成了生产。同理,我们就推到了第二个原则,就产品的交换而言,交换既然是完成生产的手段,是使产品直接为人消费的法子,那么,交换也就是内在于生产本身的一道程序。第三,所谓商贾与商贾的交换,实际上其本身就是生产活动的一种,因此,它是完全在生产所决定的组织形式之中进行的。若说交换在乍看之下,会显得像是具有独立而不与生产发生连属的样子,那也只有在生产的最后一个阶段才有可能,此时,人们交换产品的目的,在于作直接的消费。②

根据前举观点,我们也就能够针对垄断资本主义之条件下,关于广告与具有品牌之商品现象,提出马克思主义的理论。"我们制造唇膏,但我们出售的却是希望",当化妆品公司的总裁这么说的时候,他指的是,他们原本制造的只是客观存在的产品,但最终这个产品却是以消费者感受到的需求之形式现身的。否认广告是具有生产力的活动,实在没有必要,并且也有混淆视听的后果:诸如此类的看法,免不了把自己送进了垄断资本主义尚未来临之前的"死巷",虽是力求尽责,想要与《资本论》的观点求取

---

① Marx(1973:91—92).

② ibid:99.

一致的立场,却并不恰当,也不算成功。

八、过去 100 年来,广告现象、有品牌的商品生产、以及大众传播媒介,在垄断资本主义之下的发展,甚为可观,为什么马克思主义的经济学者,对于这样的历史过程,毫无感应?为什么他们还是一直以为,报业,电视与收音机等等媒介,主要的功能在于生产新闻,娱乐或是编辑政策与意见?为什么他们没有看出这些媒介生产的是阅听人,而其买主是广告商?

巴史二氏是指出了广告在 1890 至 1929 年之间的成长状态。[①] 可是,他们并没有说"为了什么,如何成长的,在什么样条件下成长的"。在 19 世纪的前 75 年,美国的报纸与杂志也随着工业革命而起伏,其间出现的特征有以下两项:(1)这些媒介的财政资源,混合取自读者支付的费用,政党的补贴,以及广告(大抵是关于商品的价格,以及何处或何种方法可以购得商品,有品牌的商品广告则尚未现身);(2)科技进展与媒介生产处于良性的循环互动过程。由于技艺更新,印制能力也随而扩增,单位成本降低,单位出版品的价格也相应下跌,利润却因量产而上扬,资本因此得以累积而能够重新投资于更新厂房设备等等。在这段期间,消费财的营销有以下三项特征:(1)没有厂牌的商品充斥市面,立地为王;(2)商品的分销作业毫无统合可言,距离首尾相从,联结成气的日子尚远,此时,介于生产与消费链之间的人,以中间商人最为有力;(3)因此,以大量广告作为经理需求的手段,也就尚未出现。

到了 19 世纪下半叶,资本主义再度面临了危机。此时,工厂体系初发,是为第一阶段,相对小型的各个资本家,在百般竞争的条件下运作,成功地动员了充裕的劳动力的供应,劳动者在其残酷的压榨下出卖着身子,马克思在《资本论》书中,已经生动有力地记录了这段历史。如此残酷之体系,当它功成之时,也正播下了致命威胁的种子。在政治上已经觉醒的工会运动,勇猛精进,构成了资本主义革命性的威胁。尤有进者,资本主义的制造商,面对劳动者的力量,显得脆弱十分,因为这些工人拥有高度的技术,他们拥有的生产知识,远较他们的雇主来得丰富。基于这层原因,制造商也就不能自如地控制其工作团队,他们也不能掌握大量生产之下,新而日益精密之机器的更替过程;唯有借助快速进展

---

①　Baran & Sweezy(1966:118).

的物理学与工程学，才有可能不断地更新机器，达到量产的需要。还有，当制造商再看看他们使用的营销手段时，他们也只有垂手顿足的份，为了产销难以配合的长期性问题，大伤脑筋。就是因为这些原因，资本主义必然会出现周期性的危机，成本过高的压力日积月累，终于逼使他们面临破产边缘，他们因此就竞相冲进不惜血本的价格战（当时，没有品牌的商品竞争还是常态）。激烈竞争的结果，就是竞争终归不久长，许多工业资本家消失了。

　　总结来说，资本主义发展至此，又面临了另一个分水岭。"一直到 19世纪的最后 25 年，都是商业部门支配了工业部门；其后，工业部门才算翻了身，压过了商业部门"。①

　　资本主义体系存在着内在的矛盾，一方是该体系巨大的生产潜能，持续地制造出各种消费财（以及经此而实现的利润）；另一方却是人以其劳动者的身份，以及人以其消费者的身份，对整个体系所形成的挑战而使之不安稳。眼见于此，资本主义的因应之道就是朝向大规模的理性化之工业组织形态发展（经由垂直，水平与托拉斯大财团之整合方式）。② 然而，如此庞然巨物而又连成一体的企业集团，若要生存下去，势必要直接处理人的问题，(1)在生产位置上，人是领受工资的劳动者，以及(2)在消费领域里，人是工业之终端产品的买受者。资本体系提出的解决办法，极具典型的意义，它以"一分为二"的原则，转化了矛盾。这是意识形态上的工作；为了追逐物质目标，将其据为个人所有，人们打从心底，就存在着一股崇敬科学理性的意识形态，这样的心理乃被资本主义所利用，渐次地解决了它所面对的难题。

　　从 1890 至 1910 年间，资方凭借着武力，摧毁了抗争性刚强的工会运动，名为科学的管理方式，开始用在劳动者身上。向前，劳动过程的知识属于技术性工人，现在，经营管理阶层逐步要将之收编，归为己有。相对完整的劳动过程，一再被分作退一步即无死所的"任务阶梯"，而资方为了完成这样的目标，也就不断推陈出新，制造出日新月异，用作大量生产的机器。然后，资方再借着各式各样的"诱因"，推出薪资等第的计划，加上

---

　　①　Knight et. al. (1928).
　　②　Brady(1933,1934)；Veblen(1964).

以年资作为升迁的依据，以及公司支应的福利计划（稍后则是政府出面承办社会保险），在这么多措施下，人在生产位置上的劳动身份，也就被洗心革面，在意识形态上被根本改变了。① 人们在工作之时，习得了一种印象，以为在垄断资本主义下，为了追逐物质目标，将其据为己有，他们势必要以个人的身份彼此竞争，他们没有看出，他们所要竞争的对像，实乃拥有生产工具的资本家。资本主义体系用来驱动劳动者的红萝卜，正是那追逐商品的热情，商品与意识形态上的功夫，也就如此这般地相互推拥，把劳动者赶着上路了。

人在生产位置上的问题，既然已经被资本主义体系解决，接下来就是处理人在消费位置上，乃是产品之买受者所引发的问题。一如在职业前线的应对，科学再度被征召上阵。在此，目标是个人的满足，而理由则是效率。资方造就出来了"消费者"这样的词语，以此描绘他们意定的对象。广告，以及大量生产出来的传播符号（主要是报纸、收音机与电视），也就在此原则下，纷纷出笼，用作达到前举资本主义体系之整体目标的特定手段。也许，消费财货会显得像是"生产过量"了，会因此而显得其获利能力饱受威胁了；然而，即便如此，只要该公司能够让自己的产品，与那些没有品牌的同类产品有所区别，则该公司还是能够继续让本身的产品销售量增加，以此也就确保了获利率。

如果有人做关于品牌历史的研究——迄今我尚未能够找出这样的研究，我们终将发现，品牌忠诚度对于托拉斯集团的形成，是个非常重要的武器；依此，垄断资本主义下的寡头独占企业帝国，也才找到了胶合的黏着剂。当然，巴兰与史威济提出的主张已经指出，垄断资本主义经理需求的手段，是市场控制与广告；由此，如果我们往前再作推论，似乎也就能够得出如下的观点：垄断资本主义的营销模式，已经不再是马克思时代那种原子式的商品"流通"，代之而起的是——从物质生产线，贯穿到寡头垄断的产品市场，已经联结成气，把商品"吸纳殆尽"。虽说以历史眼光研究营销的学术论述，似乎尚少见到，极为不发达，不过，我们从相关于营销史研

---

① （译按）本文作者对劳动过程的论述，颇受布雷夫曼（Braverman，1974）影响，我们从作者的结论与引用的数据，俱可看出。不过，布氏论点虽然大方向无误，但细部上尚待商榷的地方倒是不少，这也是为什么近十多年来，接连有人提出修正的意见，甚至有人认为，目前关于科学管理与劳动过程的辩论，已经进入"第三波"（Wood，1987）。

究的断简残篇中,所发现到的证据,也倾向于支持我们前举标列的发展历程。[1]

比如,派拉山就指出:"制造商或零售商的规模大举扩充以后,分销的情势整个改观了。[2] 以前货品的流动管道,大抵是一整线独立自主的不同市场;现在则是单线的运动,被制造商或零售商所支配"。就在这个时候(19世纪的最后25年间),报纸与杂志业界也进入了另一个阶段,它们开始有能力来大举提高其印制能量。举凡排字,印务(包括彩色),照相复制等等技术上的进展,只要有人肯出资,就能加以利用。赫斯特之流与其他竞争人士,以报纸与杂志为利器,开创出了"黄色(煽情报道)新闻学",利用了此等情势。资本扩张的循环圈,带来了生产速度与范畴的加快与增加。生产量与流通量皆都大幅扩增,然而读者所支付的费用却没有增加,甚至减少。于是,垄断资本主义征象之一的"大众媒介"也就在1890年代诞生了。正就是这些日渐以广告为其财政基础的大众媒介,才得以使那些自世界各地蜂拥前来美国的不同种族之劳动阶级,被纳入"熔炉"之中,然后被转换成可资变卖的阅听人,出售给广告商。[3]

20世纪的前20年,收音机与电话问世了,先前已为印刷媒介证明为可行的原则,至此也就如法炮制,被搬进来使用了。这样一来,商业收音机广播不但是垄断资本主义的创新产物,它更是被其所创,为其所用。接着就是第二次世界大战以后,电视的兴起,其动力一如过往的报纸与收音机。演变的历程是这样的:战争期间饱受压抑的市民需求,战后自然上扬;美国政府为求胜利,战争期间给予了资方很慷慨的津助;其他战时的各型工厂,很容易就能转成生产电视机组的制造商;最后,

---

① 利瓦伊士(Lewis,1968:163)这么认为:"美国内战之前,零售批发商在整个营销管道上,占有支配性的地位。小型的零售商,甚至一些小型的生产商也经常如此,都是依赖零售批发商来储存货品,给予信用借贷,或是提供财政支持。内战结束之后,情势改观了,较大的一些零售商,反倒变成了分销便利货或某些日常用品的主要单位。然后,制造商的规模日渐扩大,并有许多制造行业已经进入了寡占的局面,于是制造商在营销财货的管道上,也就有了强有力的地位"。柯特乐(Kotler,1972:446)则说,1890年代是主要的转变期,全国性公司与全国性广告媒介已然长成。商品品牌的成长也至为惊人,现在,以美国的情形来说,没有品牌而想要售出,简直不太可能。

② Palamountain(1969:138).

③ Ewen(1976).

美国的联邦传播委员会在资方摆布下,举手赞成发展电视之力,更胜于赞成调频广播。[1] 收音机广播所累积的利润,至此也就再转为支应发展电视的资金。

然则,为什么垄断资本主义所开发出来,用以创造并控制"消费者"的工具,会是这些媒介组合,而不是其他营销模式呢?因为这种方式,远较其他我们所可设想出来的法子,都还要能便宜而有效地经理需求。那么,有哪些其他可能的营销模式呢?显然,传统的营销方式,倚重出差的推销员前往零售处游说,或是沿门逐家兜售,都是可能的;只是,这些方法未免陈旧,不符现势的需要。在没有广告的情况下,假使我们要把所有具有品牌的商品全部出清,有没有可能呢?当我们认真要衡量其可能性,想要找出一种系统性的营销手段,借以替代广告时,我们所需花费的机会成本有多少呢?当我们要找寻答案时,必然会察觉到这实在是让人难以想象的问题。说实在的,提出这样的问题也没有什么意义,因为在资本主义之下,如果没有广告的辅佐,那么,大量地生产具有品牌的消费财与服务,也就没有可能。那么,我们又怎么样来衡量阅听人作为商品的效率呢?厂商利用广告,把阅听人变作商品,当成是生产财来使用,以此而生产消费财;这样一来,人们以阅听人的身份替厂商所创造的剩余价值,又有多少呢?我们从以下二组数据的比对,也许可以看出一个梗概:广告总预算,以及消费财与服务零售所得的"剩余价值"。以1973年的美国为例,广告的总支出大约是美金250亿,全美国人的个人消费支出则是8000亿。两相乘除,我们似乎可以说,以卖价的3%,就能够创造并经理需求,实在非常便宜。广告这样的系统,另外还创造了极具价值的附加利益。各种机构所作的广告,从政人物的重商式营销,以及广告所支持的媒介讯息,虽然包含了意识形态的成分,却又以免费午餐与纯粹广告讯息的形式现身——这些手段之普遍被人察知,并以系统性手法加以利用,也只不过是

---

① 1875年以后,为什么电影没有变成工具,替意识工业生产阅听人这个产品呢?一般说来,我们不是也认为电影是大众媒介的一种吗?这个问题的答案显然有许多。电影的阅听人,必须在家庭以外聚集,这跟传统上的剧场,集会演讲,其实是相同的。然而,广告商却不需要这些,它们需要的是一种方式,足以让人们"在他们彼此没有联属而分离的家庭内",以消费者的身份,替广告商作工;事实上,这也正是资本主义大量生产,大量营销消费财以后,必然需要的特定动员方法。广告支应的大众媒介,就能做到这一点。

第一次世界大战以后的事，当时，宣传与相关的民意测验逐渐被开发了出来，引作鼓舞战争目标之用。

　　我们总结本文如下：在垄断资本主义之下，从大约是 1875 至 1950 年间，大众媒介已然发展成形，它们以特定的装备，劳动者与组织形态，为资本主义体系生产了阅听人，符合其需要。大众媒介这么样的组合，首要的目的在于生产阅听人，并且驱动他们的心理，让他们学习如何以消费者的身份，购买市面上的财货，并且以人民的身份，支持（透过纳税与选票）军事需求的经理系统；其次，大众媒介的运作原则在于生产这么样的一种阅听人——他们的思维与行事，再次肯定而补强了垄断资本主义之下的意识形态（在一种政治本质实属专断的体系里，一味求能据物为己有的个人主义）。大众媒介的第三个主要原则，在于生产民意，以求支持国家机器的战略与战术目标（比如，总统选举、支持美国政府的太空竞赛、与苏联的激荡关系、与中共复交等等）。最后，在垄断资本主义之下，大众媒介这个组合的第四个目标就是本身的营运要有利可图，以此，它们才能确保自身在资本主义体系内的经济重要性，并且取得无物可以匹敌的地位。在这四方面，大众媒介都成功地达成了目标。

　　假使我们确已体认了垄断资本主义的实体，乃是购买阅听人，以求能够营销那些大量生产的消费货财与服务；那么，我们就必须进一步追问，大众媒介以如此"主要而且具有决定性"作用的方式，整合了上层与下层结构，其意义为何？如果我们想要回答这个问题，我们必须再作进一步的分析。第一，我们必须更清楚地了解，阅听人商品本身，有哪些内在矛盾？这个矛盾指的是两方面的冲突：一方面，我们说阅听人的身份是被当作一种生产财在使用，用以营销大量生产的消费品；另一方面，阅听人的本然身份又是劳动者，他们必须生产并且繁衍自身的劳动力。在这种情形下，我认为，意识工业在透过广告作为财政基础的大众媒介运作下，等于是把阅听人商品的成员，推入了深渊，使他们面临了三种异化疏离的局势：（1）异化疏离于他们"在职"的工作成果；（2）异化疏离于一般性的商品，虽说阅听人本身也在营销这些商品给他们自己的过程里，参了一脚；（3）异化疏离于他们为自己，也为后代所生产与繁衍的劳动力。似乎，有关工作的理论需要重新评估了。

　　经过了前举的思量，我们已然察觉，我们必须再行检视其他领域的知

识与阅听人商品的关联。有哪些领域的知识需要再作检视呢？我想到了
以下数种：关于社会意识（与虚假意识）的马克思理论，关于阶级抗争本质
的理论，关于垄断资本主义底下，无产阶级的本质，性沙文主义，以及国家
理论。大众媒介与意识工业扮演了要角，他们生产的阅听人商品兼具了
一般性与特殊性；如果我们善加研究，或许能够找到真正的动力，提升我
们对于以下两种理论的了解：其一，剖兰札士（N. Poulantzas）以结构主义
的观点，所提出的国家理论模式；其二，欧非（C. Offe）为了要在国家运作
的过程，找出"确保"国家性格而提出的理论上的倡议。再者，博德（de
Bord）对意识的研究有无比的重要性。[1] 经由工业作用生产出来的形象，
并非与"真实的"世界无关，它们是与外界的衣食住行，生老病死息息相
关，具有辩证互动的关系的。垄断资本主义底下，大众媒介是生产流行文
化之形象的枢纽，它不但透过广告明目张胆的如此作为，它更是透过那些
"免费午餐"来拐弯抹角的执行这项功能，因为这些"免费"的媒介内容，是
聚合阅听人，不使他们脱离广告的黏着剂。因为意识工业生产的是可供
消费，足供买卖的景观，它的产品也就不分青红皂白，直把过去与未来都
当成是现在——意识工业所呈现给阅听人的景观，已经混合成为永恒的
存在，如此的一个体系，好似从来就没有人创造，而且也不会终结。然而，
这绝对不是说我们就此可以祭出"真实"世界的活人活物，然后拿它来对
照如此的一个社会。意识工业所再现的世界，与"真实的"世界是交互影
响的。景观世界把真实倒了过来，而其本身也是被生产出来的，也是真实
的。奥妙却也在这里，正因为景观垄断了权力，得以大量现身，因此，它所
得到的响应，正是"真实的"世界以被动之势来接受它。并且，由于景观世
界所呈现的世界，让人无法否认其真实性（与虚假性），它也就拥有最具宣
传效果的劝服能力。

　　最后，我们还要指出，关于垄断资本主义目前这个阶段里，社会主义
与帝国主义的相关理论，也是必须借鉴研讨的知识领域。经由大众传播
而进行的商品生产之理论，在许多方面都能强化，比如，关于帝国主义的
论述。如果我们要以马克思主义的理论，探讨依附与边陲国家被殖民化
的状况，我们就得处理阅听人商品的生产，是以什么样的方式，满足了跨

---

① 　de Bord(1970:6～9).

国公司的利益诉求。结合两者之长,具体事例,就是把阿敏(Amin)的理论[1]与许勒(Schiller)关于美国帝国与大众媒介之关系的论述,相提并重。[2] 如果再进一步,我们还可以再作另一层次的结合,引进关于科学与"科技"之意识形态面的分析,能够如此,我们也就强化了经济以外,实证取向以外,与欧洲中心取向以外的马克思主义之发展。真能臻至此一境界,虽是笔者所愿垂望,但已经超出本文的范围。

---

[1] Amin(1974).

[2] Schiller(1971,1976).

第三章　关于西方马克思主义的盲点[①]

　　假设我们有兴趣知道,从物质论的立场,营建大众传播理论是否可行,那么,史麦塞最近的一篇论文,《传播:西方马克思主义的盲点》,相当值得我们以认真而严肃的态度加以注意。根据史麦塞的说法,不但我们眼前看不到这样的理论——我们甚至还没有一个坚实的基础,足以让我们立基其上而求发展。为什么会如此?史氏认为,其间的主要原因是西方马克思主义有其致命的盲点,未能就大众传播这个课题开展议论。问题不仅出在大众传播这个领域的知识,在马克思主义之内的发展程度,也相对的低落;同样重要的是,马克思主义学者对此课题的分析,根本就是从不正确的角度切入的。向来,他们的主要着眼点就是意识形态,他们把大众媒介当成是上层建筑的一部分,但对于大众媒介实乃已经被整合为经济基础的一环,却忽略而没有分析,或是没有赋予足够的分析。史麦塞主张,我们必须把分析的重点倒转过来,把经济考虑带回马克思主义之文化分析的核心旨趣。他说:"自诩为历史物质论的人,在研究大众传播体系之时,提出的第一个问题应该是'它们替资本提供了什么样的经济性服务'。"史麦塞以自信满满,但又嫌浮夸的态度,提出了这么样一个颇具争议性的问题意识;他所列举之"目盲"的人,几乎已经将当前知名于世的欧洲马克思主义者,一网打尽,包括了辈分较早的阿多诺(Theodor W. Adorno)与霍克海默(Max Horkheimer)、葛兰西(Antonio Gramsci)以及

　　① Murdock, G. (1977/默多克著,冯建三译,1992),《关于西方马克思主义的盲点》,《岛屿边缘》,4:34~48。译文对原文的引述略有删节。

时誉正隆的阿尔都塞(Louis Althusser)、安参士堡(Hans Magnus Enz-ensberger)，与威廉姆斯(Raymond Williams)。[①]

西方马克思主义对于文化与大众传播现象的经济分析，确实很没有长进，史麦塞的这个观察，毫无另须斟酌之处。不过，抱持这个看法的人，绝不是只有他一个。想来，有许多欧洲的马克思主义者，会很愿意与他同行。举个例子，威廉姆斯近来的论述，四处可以见到辛辣的语句，攻击若干过度强调大众传播之意识形态角色的马克思主义学派。在一篇检讨英国马克思主义之发展的宏文里，威廉姆斯这么写道，有些马克思主义学派的"主要错误"，正就是专重意识形态大作功夫："把意识形态化作片断，化作符码，化作文本来作分析"，但对生产与消费的诸般社会关系的物质论分析，却是逡巡不前。

在《马克思主义与文学》一书，威廉姆斯又这么地坚持着，他说："无论是哪一类型的文化研究，援引经济决定关系来作为其立论本旨，着实是马克思主义的独到贡献；有些时候，我们甚至可以显而易见，单是引进这样的观念，其本身就已经是进步的表征。"[②]不仅此也，近几年来已经有不少马克思主义者，以及声称拥护马克思主义的人，都是以关于经济决定论的种种问题，作为他们研究英国大众媒介的焦点。[③] 然而，西方马克思主义的传承，对于我们回归经济决定论的立场来讨论大众传播现象，是否相关？是否有其价值呢？就这个问题而言，前举数人的研究心得，却与史麦塞大相径庭。史麦塞认为这些传承是个绊脚石，必须铲除，可威廉姆斯，我自己以及许多英国与欧洲的研究者，倒是认为这是足资借镜的资源。虽说这些资源必须再经严格筛选，去除渣滓，但总的来说，以批判的态度研究西方马克思主义，对于开发出架构完整，且具说服力的马克思主义之大众传播分析，仍然不可或缺。为什么这样说呢？最低限度而言，西方马克思主义所要探讨的核心主旨，正就是马克思与古典马克思主义所尚未处理妥当的论题，至少包括了：现代资本主义国家的本质；意识形态在复制阶级关系之过程中所扮演的角色；知识分子的阶级位置何在，他们的角

---

① （译按）本文发表后不久(1980)阿尔都塞就因杀妻而入院，终止创作，1990 年末去世；威廉姆斯于 1988 年初走出人间舞台；安参士堡则仍活跃于社会。

② Williams(1997a:138).

③ Murdock & Golding(1977).

色与功能为何；在大众消费的情况下，人之意识如何形成的问题。在他的论文即将结束之时，史麦塞也认定了这些问题，确实有其重要性，在整个物质论的大众传播研讨上，具有举足轻重的地位，因此需要再作进一步的分析。可相当吊诡的是，他在面对（西方）欧洲马克思主义如此丰硕的洞见与理论资源之际，却轻然掉头而去。为什么如此？我认为，这是史麦塞对西方马克思主义的传承，抱持了太过褊狭与简化的看法所致；另外，他对于他所分析的历史经验，同样也是眼界流于低水平。这是史麦塞自己的盲点。在我向前一步，说明并阐释这个论点之前，理当仔细地将史氏的论述，再做多一些转述与整理。

　　稍前我们曾经提及，大众传播体系跨越了经济与上层建筑两个领域，有此体认并且坚决主张相关的分析必须放在能够容纳两者之理论架构的人，并不是只有史麦塞一人。最简单地说，传播事业现在已经是大企业，在西方，有许多大众媒介公司，现时在世界最大企业集团的名单上，都榜上有名。眼见此等发展（尤其是生产方面的重心，一般说来，已然从制造业移转到服务业，而军火投资也逐渐以通讯传播为大宗），有些研究者甚至认为，各种信息工业已经变成了"渐次扩张中之跨国资本主义，就经济领域而言，最具领先地位的部门之一"。① 不过，史麦塞的关心本旨并不在此，他的旨趣在于扣紧资本主义赖以进展的根本动力，更胜于分析当前资本主义所正浮现的结构。就他而言，如果问及大众传播的角色，则主要的问题是：大众传播如何复制，再生产资本主义的种种生产关系。他提出的答案，重点是说，大众传播是"下层结构之生产活动的最后阶段中（引发需求，以及经由购买消费财而得到的满足），必不可缺少的一环"。他特别分析了大众传播与广告的关联，并且解析了大众媒介如何利用了"阅听人提供的服务——他们具有某些可资预测的特性，在可预测的时间里，有足资预测的若干时数，会使用某些特定的传播工具"。史麦塞再跨前一步，指出媒介业主，为了生产这些稳定的消费族群，也就提供阅听人若干的服务——以新闻、娱乐等等素材作为外装，善加设计，冀求阅听人对他们所广告的产品，产生正面的反应。因此，我们可以看出，虽说史麦塞承认大众媒介的内容，实乃输送与再制意识形态的重要角色，但他却以为这并不

① Garnham(1977:341—342).

是很重要的,因为这些内容的任务,还在创造阅听人商品,然后转卖给垄断资本主义底下的广告厂商。人们以阅听人的身份,暴露于大众媒介之中,习得了购买广告财货的倾向,并且养成了一般的消费习惯,如此,也就完成了生产的循环圈。不但如此,当阅听人接触大众媒介的内容时,他们也同时得到了身心的松弛,并在消费中重新得到了能量,依此则再生产了他们的劳动力。

对于史麦塞的这些论点,我有所保留,不能同意;不过,容我先行将他的贡献,记上二笔。第一,他采取了与众不同的切入点。绝大多数的马克思主义者在讨论传播现象时,总是从马克思直接提及意识形态的一些陈述开始,尤其是引自其《德意志意识形态》与《政治经济学批判序言》;史麦塞则不然,他的分析踏实地立足于马克思最重要的经济著作,《资本论》与《大纲》。由于他把注意力的方向作了一个大转折,史氏也就能够见人之所未能见,他重新界定问题的方式,非常值得有志于研究传播现象的马克思者引以注意。其次,史麦塞在把自己的观点应用于当代情境的分析时,很成功地展示了一点事实:这些洞见,对于我们全盘了解资本主义社会的大众媒介之角色,非常之重要。很不幸的是,史氏的论述,多少有失之于浮夸的嫌疑。

造成浮夸的部分原因,出在他把北美洲的情势当作典范。他是这么说的:"阅读本文的欧洲人士,应当将它看成是今日美国情势的反映,并且,或许这也是他们明日所要面对的现象"。今天的纽约、洛杉矶与温哥华,明天就是伦敦、巴黎与全世界。当然,这样的看法有些许的真实。今日的北美洲确实在全球的媒介体系之中,占据了举足轻重的地位;是产业主权与投资来源的大宗,是许多产品、科技,与组织形态的出口大国,并且,它也是英语素材的绝大市场。分析英国与欧洲大陆的大众媒介体系,却不及于它们与北美洲大众媒介的诸般连带关系,显然无法完整,这点是不容否认的。不过,欧洲的情势确实有很多重要而不同的地方,本地马克思主义者的理论建构,无论是在着力点或强调的重点,都有自己的特异之处,这些不同的地方,事实上就是欧洲情势不同的反映。然而史麦塞并没有认知到这样的不同,因此他也就没有能够善加处理,以此,我们也看出他本身关于西方马克思主义的盲点。简言之,他的论述中,有三点特别重要的遗漏之处。

一、在当代资本主义的形构中，国家扮演的角色非常之重要性，居于核心地位，对此，史氏忽略的程度，着实让人惊讶。他是提到了剖兰札土与欧非，但只是点到而已，并且只在文章最后一页提及，显然是把他们当作文后按语来处理的；如此，他们著作的意涵，也就未能在史氏论文的主体中得到应有的探讨。

利润率的持续下降，在欧洲资本主义里，制造了二股矛盾的运动。其一，大众传播业界在内的许多行业，其所有权的集中情况日见吃紧，我们在许多产业部门都看到了大公司兼并小公司的趋势。为了维持他们的获利水平，这些新起的媒介巨亨集团，四处急于开发新市场，于此过程，他们的势力影响范围也就为之扩充。举些例子：各国外销政策均具侵略性，甚至已经制度化；商业化的出口多所增加，如英国的收音机电台、意大利所谓的"免费"电视，以及商营原则日渐侵入本来是公营的传播部门，如法国的电视。然而，就在危机深化的同时，国家却相应承担了更为远大的角色，经济活动与政策的拟定与指导，俱在可以看到国家的印痕，缺此则必要的（资本）累积条件就无以自持。这种双元并立的矛盾现象，也就形成了无法解决的关系，一方是权力日趋集中的资本主义国家，另一方则是垄断资本的更趋集中。其意义就是杰士巴（Bob Jessop）所提醒我们的："分析国家机器……绝对是当今建构经济理论之时，所必须从事的"。[①] 确实，从物质论者提出的"政治"经济学这样的概念，已经预设了国家——经济关联性所扮演的核心角色。到底这些个关系要怎么样分析才最为恰当呢？欧洲马克思主义者对此诚然没有定论，但史氏对此炽烈的论争，却是全然不去闻问。我们不能将所有的问题全部对准于经济层面。资本与资本主义国家的关系，向来极为浓厚，颇富争议性，两者之关系为何，也就有很重要的社会与文化上的意义。两者关系的演变图样，取决于利润标准或是人们需要的浓淡程度；它同时也表现为政治抗争，究竟是以公众经营或是私人产权与控制作为终结。比如，此刻（1978年）的英国正在为第四频道，地方收音机电台，以及线缆电视的资源究竟该从何处而来，大肆辩论。并且，雷同的问题异地而存，也在欧洲大陆演练。

不过，善加解释当代的欧洲情势，并不算就是十全十美了。如果马克

---

①　Jessop(unpublished：40).

思主义不以批判地分析资本主义为满足，就有必要进而提出比较性的架构，以求分析不同的社会结构；若要如此，马克思主义实乃处于相当迫切的局面，亟需理出合适的概念架构，求能纳进生产模式与国家形式之间，繁复而变动不居的关系。完成这样的建构，非常困难，但却是必要之举；目前，颇有些征象足以让我们相信，马克思主义正从内部聚敛动力，朝向这样的目标进展：探讨欧洲法西斯主义的著作重新兴起；智利左翼政权覆亡以后，检讨之声，如海浪般席卷而来；社会主义之国家，其本质若何，转型期的各种问题，对于这些问题的研究兴趣，也是与日俱增。最后这个子项的研究，实乃更为重要，诚如巴特模（Tom Bottomore）再三强调的，合适的"马克思主义的社会学，在现在这个时候，不但要'如实地'分析资本主义社会，而且要'如实地'分析那些（译按：现存的社会主义国家），因为它们虽然是在马克思主义本身鼓舞之下，历经革命而出现的社会形式，但它们同时也展现了许多很有问题的特征，难以被马克思主义的理论所接受"。① 在这个问题上，史麦塞完全静默不语。他的分析仅只适用于资本主义高度发达的经济实体。

　　二、由于史麦塞一头栽入大众传播现象与广告关系的分析，他也就轻忽了媒介内容本身，也可以独立地复制主流的意识形态。我们尤其可以从下列部门发现此等情况：电影、流行音乐、漫画书、流行小说——这些大众传播媒介，依赖广告作为其财源的程度相当低。当然，我们也知道这些部门仍然与营销体系脱离不了干系，因为还是有相关器材需要促销（人们总要有唱机才能玩唱片），电影片与明星还是被用来推销消费性产品，以及根据影片与漫画人物所生产的商品（如星战衬衫、米老鼠肥皂等等）。问题是，把阅听人当成商品，然后卖给广告商，并非这些媒介的主要"存在理由"。这样子的媒介，其主要作用，相反的，乃在于贩卖特定观点，以此解释社会秩序以及结构性不平等的原因；它们的作用乃在于包装期望与鼓舞之情，举之为正当。总的说一句，这些媒介与意识形态携手共进，它们透过意识形态而运作，目的在于出售（资本主义这个）体系。

　　这些并不以广告作为财源的媒介，几乎完全不在史麦塞分析之列，他喜欢分析的还是报纸与商业电视，因为这二类媒介最能够阐释他的论点。

---

① 　Bottomore(1975:22).

然而,这些史氏没有分析的媒介并不真的是那么不重要,并非仅只据有边缘的地位。任何合适的分析都必须纳进这些大众传播部门,就此而言,西方马克思主义正又可以提供若干参照之处。合适的相关著作包括了:阿多诺关于音乐工业的著作,葛兰西关于流行文学的分析,卜若科(D. Prokop)关于当代电影的考察,马特拉(A. Mattelart)剖析迪斯尼漫画所包含的意识形态成分。并行于这些关于内容与生产分析之侧的著作,则是关心各种意识形态如何内化沉淀,变作阅听人意识的一部分。马克思主义与弗罗伊德提出的理论,其间关系若何呢? 这方面的探讨,很可能是最为人们知悉的。这些作品,早自赖奇(W. Reich)与法兰克福学派,最近则有拉康(J. Lacan)对此的阐释与发明(参见 Coward and Ellis , 1977)。虽说前举这些探索未必都能成功或尽如人意,至少,它们都很真诚地紧扣住中介与接收面的重要问题,前举论述所想要尝试解释的,正就是统治阶级的观念,如何才又变成当代最具支配力的统治观念。史麦塞剔除观念论余迹的激切之情,虽然可以理解,但这样一来,他的分析却又不当地把意识形态如何复制的问题,完全抹煞了。

史氏如此的见解,眼光固然匪浅,却有空疏之叹。基于物质论的立场而分析(译按:也是笔者一贯的主张),但其起始点却必须承认,整个大众传播体系虽然已经被纳入经济这个基础结构,它们仍然也同时是上层建筑的一环;依此考虑,大众传播体系扮演了双重的角色,复制而再生产了资本主义的生产关系。大众传播体系补足了经济循环圈,资本主义的生产关系立足其上而运作;大众传播体系并且传送了式样不等的意识形态,依此资本主义的生产关系才得到正当性。我们不能把第二种功能化约成第一种功能。诚如近来许多位论家再三强调的,成功地再生产意识形态,实乃现行之生产关系得以赓续的核心条件之一。[①] 缘此,我们所面临的问题,其性质并非择良而栖,并不是从众多关于意识形态的理论,选择其中之一来遵循,也不是从众多关于政治经济的理论,选择其中之一来遵循;我们必须致力于发现的,毋宁是如何整合两者,然后找出更为合适,更为完整的解释。容我再次引述巴特模的文字:"这样的一个现象,亦即经由资产阶级文化的再生产,致使资本主义社会得以维系",仍然"必须再作

---

① Cutler et. al. (1977).

详细的解析"。①

　　三、在史麦塞的笔下,大众传播体系犹然像是平顺运转,没有引起人们的争议。如此的结论,不但在理论上让人觉得诧异(马克思主义强调的是矛盾现象的存在与抗争的进行);睽诸事实,更是让人无法与当前的情势等量齐观。稍前我们提及,以英国的媒介体系而言,当下(1978 年)所进行的,正是关于使用与控制权谁属的漫长拉锯战。眼前我们已然看到的景象是:国营化与市府产权的延伸,更大的分散控制权与地区化,由劳动者以种种不同的形式遂行控制权的行使,以及在计划与生产媒介讯息之过程,由更多的公众来参与;凡此种种并不相同,甚至对立的要求,杂然并陈。雷同的要求,我们也可在欧洲大陆发现到。

　　我们更且提高层次,把这些抗争的意义放在更大的一幅地图上来观照:这是阶级冲突的一种表现,所不同者,在其类型的差别。在这么一幅阶级抗争图谱上,我们看到了不同部门之资本冲突,我们瞧见了所有人与生产人员的对立,我们目睹了媒介组织之内,劳心与劳力劳动者的歧异,我们更耳闻了生产者与消费者的对峙。史麦塞认知到了阶级抗争,是个重要而尚待检视的问题,但我们从他的论文中看不出在他的架构内,如何能够容纳阶级抗争的分析。然而,我们还是得再次指出,西方马克思主义的论述资源,尤其是葛兰西的著作,提供了若干最具潜力的借镜、着力之处。

　　国家与经济之关系,意识形态的再生产与复制,以及阶级抗争等等问题,似乎是物质论者探讨大众传播理论不能避开的核心课题,如果实情如此,为什么史麦塞竟至充耳不闻,未置一喙? 显然是史文的篇幅不足;期望单一文章而提出完整又广泛的架构,显然并不合理。不过,期望该文在作强调之时,多少在众多重要成分之间,采取均衡的观点,并不为过。不幸的是,史氏的铺陈,显然没有平衡的意图。史氏急切于割舍西方马克思主义,致使他以轻为重,倒置先后,并把核心旨趣当成细枝末节。造成这种现象的部分原因,或许在于史麦塞故意如此,以求凸显问题并引发争论;但我认为,这也显示史麦塞真的是未能掌握该传统的要旨。他没有把帐目弄清,他压根就不想买账。好,接下来的问题就是,究竟西方马克思

　　　　————————————

　　　　① 　Cutler et. al. (1977:30).

主义是什么，它能提供给我们什么东西？

从最广义来说："西方马克思主义"包含了 1918 年以后，所有在西欧发展出来的马克思主义流派。因此，这个传统乃指对立于另一个大流派——苏联马克思主义——而言。如此的判别标准有其用处，但到头来却在外围之处，失去准头，模糊了界线。举个例子，卢卡奇是最具影响力的西方马克思主义者之一，但他在苏联却待了很长一段时期，在他的著作里，我们可以读到他这些经历的印记。反之，托洛斯基（Leon Trotsky）却常被并举为西方马克思主义者，至少尊荣如此。即便我们暂且撇开这些暧昧的例子，西方马克思主义也并不因此而转为纯秩单一，它所代表的依旧是极其复杂、多元纷呈的智识传统。

宽泛地说，西方马克思主义确实侧重于分析意识形态与文化（其间的理由我们稍后将论及）；然而，主流之旁侧，仍有一股向来就生猛有力的经济论述之作。如实说来，我们现在只不过开始探究这笔遗产而已；奥匈马克思主义，尤其是西法亭（Rudolph Hilferding）的财政资本论（参见 Culter et. al.，第一部分），已然为我们知悉，我们也通过时人的引介而认知了史罗法（P. Sraffa）著作的蕴涵，[①]我们也重新体认了许多向来被人忽视人物的重要性，如宋理德（Alfred Sohn-Rethel）。[②] 不过，史麦塞点出的一件事实倒是真的：这些马克思主义者的经济论述，尚未被人以系统性方式，用于分析大众传播现象。从另一方面来看，志在研究文化与意识形态的马克思主义者，仍在其他面向上呈现了重要的差异，最明显的分裂是，有些人卷入政治活动甚深，但有些人则保持着超然没有瓜葛的姿态。第一种人的主要立身基础与群众，在于左翼政党与劳动者的运动；第二种人则主要栖身于大专院校与文艺圈内。于此，我们大抵可以说两者是活跃分子与学术中人的区别。第一类人士包括了葛兰西、布莱希特（B. Brecht），以及许多知名度较小的人物，如托派分子杰枯保思基（F. Jakubowski）；第二种类型的人，则包括了阿多诺、戈德曼（Lucien Goldmann）、阿尔都塞，以及威廉姆斯。我们从史氏提出的名单可以看出，他所谓的西方马克思主义者，实际上指的是学术中人。容我们再次补充，前

---

① Steedman(1977).

② Sohn-Rethel(1978).

述的政治活跃分子与学术圈人,并不总是那么泾渭分明。举个例子,阿尔
都塞通常被认为当代西方马克思主义当中,较具理论水平与贡献的人物;
但他也是法国共产党甚具影响力的党员,他的著作虽然没掀出台面明言,
却总是富含了党内纷争的实况。说了这些,我们无意否认史麦塞所说,这
些"专业马克思主义者"长期以来,都是心醉于哲学,意识形态与文化等问
题,因为这大抵也是事实。[①] 史氏提出了问题,他希望能够有人就此回
答。但这又谈何容易,半调子的回答,怕都要至少耗掉一本书的篇幅;可
在这节骨眼,我们还不得不提出一些简略的纲要,理出只字词组作为
回答。

　　欲求了解西方马克思主义的盲点及其固着观念,我们尚得把它的发
展放进历史的脉络;西方马克思主义毕竟是历史的产物。我们大致上可
以从三个大阶段来看:两次大战之间,1945 至 1960 年代末期,以及其后
的年代。虽说有些主题贯穿了各个阶段,每个时期总归是以其特有的方
式,加以修正而反映。

　　两次大战之间,相关的论辩起源于经济高度发达的西方国家,革命之
动力并没成功。一次又一次,原本让人满怀期望的进展,却总是再三被摧
毁而以失败告终。紧接着,就在资本主义面对着空前的危机时,兴起的竟
然不是社会主义,反倒是法西斯主义专场,并且是滋生于革命看来最可能
发生的国度:德国、奥国与意大利。既然如此,我们也就无须惊讶,为什么
西方马克思主义者的主要课题,转成在于理解如此一百八十度大转弯的
原因。在经济危机很显然没有能够引领革命之发生的情况下,研究的注
意力也就随而移转,此时的问题已然是:社会何以能够凝聚,支配关系何
以形成。有些人转而发现到了资本主义国家的新法西斯形式,并且看到
了这些国家的强制性机器才是支配的原因,比如,纽曼(Franz Neu-
mann)、宋理德(Sohn-Rethel)与托洛斯基(Leon Trotsky)。另有一些人,
内中最著名的是葛兰西,阿多诺与霍克海默,他们强调传播事业与文化,
在营造被统治者之同意的过程中,扮演了重要角色。日后,由于传播工业
的大举膨胀,使得后一类的分析,平添了更多的动力。在那些年岁里,收
音机因而变成了一种大众媒介,会说话的"影像"也加入了阵脚,新闻摄影

---

① Anderson(1976)亦有此论。

也朝精细复杂的方向演进,而这些林林总总的媒体又都通力而全盘地合作,为法西斯国家的意识形态机器所运用。宣传的经营,言词的检查与压制,这些严重的情势盘旋直上,眼前局面既是如此,大众媒介的经济与商业角色究竟为何,相较之下,似乎也就没有那么重要了。

意识形态既被认为是阶级支配的主要武器,那么,具有批判力的知识分子而发力进行文化论述,应该也视作是有所重大贡献的人,毕竟这是对抗法西斯主义,得以盛行的资本主义之总体抗争的一环。在霍克海默与阿多诺眼中,这表示有必要在现实世界与可能存在的世界之间,保存一条护城河;对于葛兰西而言,这表示有必要以持续有致的教育工作,在被支配阶级中,建构激进的反文化潮流。诸如此类的强调,高举了具有批判力之知识分子与文化作为的重要性,从中,马克思主义知识分子也就找到了便利之门,安身立命于自身的职业。为什么这样说呢?布迪厄(Pierre Bourdieu)不是沮丧地指出吗?[1] 他说,再没有比专业知识阶层这些人更热切地相信,意念之转变所可能具有的魔力;因为这些人取得他们现有之阶级位置的根源,正是他们所具备的知识技能。伴随职业而出现的意识形态,在许多情况来说,又被个人的经历强化了。举个例子,阿多诺成长的环境,非常强调文化活动与成就,甚且引之为价值的核心。专业之外,他也涉猎了作曲与音乐评论。相近的道理,葛兰西之重视教育活动,我们也无须太过惊讶,因为让他挣脱贫困,挤上激进而激烈之知识阶层列车的,正也就是教育一途。

第二次世界大战之后,除了短暂期间的重建以外,西欧资本主义高度发达的经济,进入了繁荣期,其间,用作休闲与娱乐的消费性产品快速地营销于世。这些方面的发展,有许多是受制于美国形态的产品与组织,并且就如史麦塞所说的,又有许多是被牢靠地编入了广告与营销体系的运转逻辑。[2] 为什么西方马克思主义者一般说来,对于这些发展少有注意,反而还是多所情钟于文化形式与意识形态的传送呢?

部分的解答,应该与苏联的马克思主义有关。在这个阶段,西方马克思主义专注于文化,可以视作是对于苏联官方的经济主义,以及对于斯大

---

[1] Bourdieu(1973).

[2] 译按:现实社会既已如此转变。

林主义者的政治作为的一种过度反应。苏联一方,总是倾向于化约文化形式,把它视为阶级位置与阶级利益的反映;反观西方马克思主义,强调的却是意识形态生产过程的相对自主性,以及其内在动态过程的繁复性。再举威廉姆斯为例,他在 1940 年代晚期脱离了英国共产党,其后很长的一段时间,他都不时地质疑英国社会主义的传统,试图从此自省当中,找出没有化约危险的方式,重新界定社会与文化的种种关系。我们在不同的地方,同样可以发现其他的人也独立地在从事相似的建构工作。就说法国吧,萨特(Jean-Paul Sartre)当年努力地为他的存在主义与马克思主义作嫁;戈德曼时当开矿挖掘,探索卢卡奇著作所能提供的种种可能性;罗兰·巴德(Roland Barthes)也没有闲着,他辛苦地想要以马克思主义者的支配论说,整合索绪尔的语言学,然后再以此成果作为分析法国流行文化之用。于此,我们还要说一次,知识分子的这般趋势,仍然还是根源于他们的职业与生活上的经历。再信手看些例子,第二次世界大战以后,有许多知名的欧洲马克思主义分子,其事业之始,如若不是专业哲学工作者(戈德曼与阿尔都塞),就是作家与文艺评论者(萨特与威廉姆斯);这般情势,实在其来有自。

另一部分的解答,却必须从社会冲突立场的改变来找寻。以消费为尚的文明,扩充以后,连带使得工业上的冲突与阶级抗争也为之沉寂。劳资的对立从人们心中引退,代之而起的冲突是年龄世代、性别、国籍、种族,而最重要的恐怕是已开发与低度开发国家,以及殖民与被殖民国家之间,让人深沉觉其痛苦的差距。更重要的是,这些冲突所给人的感受,仿佛是政治与文化上的抗争,目的在求自决、政治解放与文化自主性。这样的情势,在许多左派人士眼中,不但文化显得是抗争很重要的一个力场,甚且是“最重要的”。以此错误的眼光解读历史,到了 1967～1968 年间,发展到了最高峰,当时,霎时之间,整个世界似乎让人觉得。只消建构了激进的反文化潮流,加上控制住主要的文化传输机构,我们也就能够以不流血的方式,全面转换资本主义。

1970 年代的社会现实,提供了猛药,纠正了这种不切实的乌托邦幻想;并且,在这经济危机加浚加深之际,知识钟摆已经开始往回摆动,有关经济动力与决定论的相关问题,已经重新浮出水面,再据马克思主义之辩论的核心。马克思晚期比较成熟的经济著作,危机与利润下降等相关问题重拾人们的注意,类如史罗法这样的人物又起兴趣,凡此种种,都指向马克思主义的政治经济学已在复苏。这样的一个发展趋向,让我们从当代值得论辩的领域里,又开启了新的议题:当代资本主义里,国家的结构与角色若何? 阶级结构化(structuration)与阶级抗争的动力若何? 合理化诸般过程的本质为何? 这样看来,我们应该是说,当前(1978年)欧洲的马克思主义正处于转变的阶段。当下(1978年)同时进行的一股运动,不但在"吸纳"西方马克思主义的"文化论者"的遗产,对于排赾而来之政治经济情势,其意义若何,它更是必须面对。在这节骨眼,马克思主义者是要有所抉择,但并不是如史麦塞所说的那一种。我们不是就意识形态的理论与经济过程的理论,择一而从;当代的资本主义,其经济,意识形态与政治等等方面之复杂关系,究竟若何,我们应有的抉择,其实是就众多不同的概念架构中,找出最能合适的一种。

欲求完成这件工程,西方马克思主义的角色仍然不可缺少。第一,它明白指出了古典马克思主义在理论上,静默不语的部分,史麦塞提出的提纲,并未能合适地振聋发聩。第二,因为西方马克思主义的出现是有其历史过程作为基础的,由于历史方兴未艾,它也就能够提供我们解析当代经验的切入点。在欧洲之内,新法西斯主义有重新兴起的迹象,对此我们如何才能理解? 这方面的问题,显示西方马克思主义的研究,依然相关,有其时代意义。

西方马克思主义强调文化与意识形态过了头,没错,可是史麦塞的反应未免过犹不及。他主张全面弃绝它于不顾,呼吁代之以新而改良的"非欧洲为中心的马克思主义",在我看来,只不过是以另一种偏见与盲点,代替原来那一种罢了。我们必须从事的正业,并不在完全割舍欧洲的传承,我们应该致力于重新整理的工作,态度上尽管必须批判,对其理论上的难题尽管不能有所保留,但对于它所开启的种种新的可能性,却也不能淡然漠视,而总得要条理爬梳出尚具可行性的各种概念与洞见;历经此番努力以后,则不妨将其余的论述,留待思想史去处理。马克思主义不经重新整修,则不足以提出具有足够说服力的观点来分析当代的大众传播体系;对此,我们无所争辩。如何整修? 史麦塞勾勒出来的大纲,蕴涵绵厚养分,我们自须借助而沿图探索,然而,葛兰西、阿尔都塞、威廉姆斯与其他人的贡献,也容不得我们轻忽,我们必须加以吸纳,立基其上而更上层楼。缺了他们,20世纪80年代的马克思主义,怕是要非常之贫瘠。

第四章　传播、文化与劳动

　　打从青年时期起,《传播理论史》(*Theorizing Communication：a history*)的作者就"觉得,传播学门会让我有个独特的特许状,让我对于文化批评与政治经济学的兴趣,得以结合"。[*]　席勒(Dan Schiller)作此"奇思遐想",进而努力 20 余载后,成就了《传播理论史:回归劳动》这本书。他要通过"文化"与"劳动"这两组关键词,书写"传播理论史"。

　　作者认为,美国的行为研究固然误导美国传播研究于歧途,但上焉者从杜威(John Dewey)至米尔斯(C. Wright Mills)等人,同样没有能够超越实用主义与工具哲学的局限,致使他们固然深知传播资本体制的深层缺陷,但往往不愿意、怯于绸缪利润归私以外的媒介系统,有何样貌,或者,即便有心就此构思,他们经常难以厘清推动另类传播模式的动能,何处可寻。于是,杜威号称民主而重视一般人的能力,在此怪异地与精英论者李普曼(Walter Lippmann),仿佛仍有共识。

　　对于欧陆的结构与后结构、后现代派别,席勒也有不少的微词。阿尔都塞(Louis Althusser)过度侧重理论实践的阐述,以致流于扬举、奉为律令,而不是适度地看重知识分子导引劳工阶级激进化的功能;福柯(Michel Foucault)研究社会的边缘群体有很大的启发与贡献,却否定激进地改变社会的重要动力,还禁不起排除劳工阶级;鲍德里亚(Jean Baudrillard)指人类的重心不再是物质生产,而是文化、消费、信息、意识形态,这就使得有关生产的论述,不仅是不充分、有缺失而有待补充与纠正,而是

---

　[*]　除另有批注,本章引述及其页码均出自(Schiller,1996/冯建三、罗世宏译,2010)。

招致"敌视"。席勒还说,哈贝马斯声称劳动这个概念无法捕捉人类生活再生产的特殊部分,他借重语言学,强调"理想沟通情境"的时代意义及重要性固然有其敏锐的洞见,却又似乎有夸大其力量之嫌,并且可能在重新建构历史物质论的过程,抛弃了珍贵的理论遗产。[1] 在席勒看来,这些各有所偏的现象,显示欧陆诸位思想家在这方面与美洲大儒相类,都是二分劳心与劳力的囚徒,他们都没有能够尽力铺陈两者如何可以同时是"文化的劳动理论"(labor theory of culture)之构成要素。

面对英国的"文化研究",席勒说,霍尔(Stuart Hall)不接受言说之外别无社会实践的说法,一语中的,但他觉得霍尔有些摇摆、驳斥不够彻底,以致霍尔在谈及意识形态时,忽略媒介组织必然涉及的技术劳动。对于 1980 年代以后,文化研究跨洋至美再流传于世,席勒有其不安,他同意默多克(Graham Murdock)的观察:文化研究通过美国而流行许多国家的同时,恰巧是新自由主义经济学之霸权浮现、流传、巩固与扩张之际,两者的同步进展可能不是偶然。(后)结构、后现代主义化的文化研究羞赧于大论述与启蒙之说,并非没有历史原因,但不再认知执守信念而更是钟情于修辞、言说与论述,以致无意或说认为无须追究社会(是否有其)真实可言,并为此而放弃联结两者之后,这个类型的文化研究固然拓展了一些批评的空间、让人有了些许释放,代价却是刀口钝化,对于当道政商体制的威胁跟着减少,等而下之则被挪用于商品营销,于是得以兴旺。

席勒比较首肯的是第一代的英国文化研究健将,特别是威廉姆斯(Raymond Williams)。论述威廉姆斯的中文硕博士论文或专书至少 10本。[2] 他勇于想象与规划,对于财团主导之外的媒介体制,威廉姆斯多所发挥。[3] 不过,53 岁以前,他对于"文化"的描述,少了冲突的着墨,反倒是

---

[1] 这是贺翠香(2005)的看法。

[2] 硕士论文撰写完成年代,依序是谢国雄(1985);李蕙芝(1994);郭品洁(1997);方佳惠(2002);梁锦才(2008);傅振玲(2008);辛春(2009);晏萍辽(2009)。博士论文至少有刘进(2008);专书有赵国新(2009)。

[3] 威廉姆斯早在 1962 年 *Communication* 一书,就讨论了另类传播体制的面貌,关于威廉姆斯与另类传播,见 Brennen(1993)。威廉姆斯不惮于构思另类传媒的出路,自然又出于他对(传播)科技的非命定观,见 Freedman(2002)。

浮现人类学的界定方式,强调文化是普通的、总体生活方式的、是所有人都能共同享有的面向。[①] 1971 年,他才提出"主导的、浮现的与残存的"三层次文化观[②],到了 1974 年,他在《电视:科技与文化形式》中大量引述北美的政治经济学者赫伯特·席勒(Herbert Schiller)的著述。[③] 哥丁(Peter Golding)与默多克发表于 1978 年的论文,表明威廉姆斯的理论陈述虽然未能确立是哪些力量在优先发生影响,却已经在具体分析时,率先解剖了传播体制。[④] 冈汉(Nicholas Garnham)当时认为,哥丁与默多克的这篇文章是分水岭,清晰标志了英国传播政治经济学所坚持的信念及其与英国主要传媒路径的分际。[⑤] 1980 年,在英语世界第一本标举传播政经取向的学术期刊,冈汉联手威廉姆斯制作了布迪厄(Pierre Bourdieu)的文化社会学专题。[⑥] 1981 年的《文化》出版将近 30 年来[⑦],屡屡为威廉姆斯赢得热烈的响应,不独见于本书。迄今,青壮辈的何孟哈夫(David Hesmondhalph)之力作《文化产业》,对于威廉姆斯前作仍然仰仗有加,他将威廉姆斯与英国,以及法国的激进传播政经学并举共列。[⑧] 加拿大的贝比(Robert Babe)在 2009 年推出《文化研究与政治经济学:迈向新的整合》,列举威廉姆斯是政经取向的文化研究代表人之一。[⑨]

然而,就在威廉姆斯的思考有了转向,日后人们称之为"新自由主义"经济学的意识形态,其逻辑、论述及行动已经在 1973 年发端于流血政变中,从拉丁美洲的智利[⑩]扩散至英、美等国。它的两大名言是"没有社会

---

① 汤普森曾特意批评这一点,Thompson, E. P. (1961). Long Revolution. *New Left Review*, May/June 及 July/August.

② 指 Williams(1971)。Dwokin(1997/李凤丹译,2008:143, 206)也指出,威廉姆斯出版的前文,是对汤普森当年书评(见前注)的回应,是威廉姆斯"首次"的"思想转变"。

③ Williams(1974/冯建三译,1992)。

④ 冯建三(译 1990b)。

⑤ Garnham(1983a).

⑥ Garnham & Williams(1980).

⑦ Williams(1981).

⑧ Hemondshalph(2007:53,79).该书第一版出版于 2002 年。

⑨ Babe(2009).

⑩ 论及经济新自由主义时,一般都以英美的保守政权为始,但在美国支持下的智利 1973 年军事政变之残暴镇压与震撼,实为开端;该政变与美国及经济新自由主义芝加哥帮等人如傅立曼(Milton Friedman),及其与日后英国的联系,见以下两书:Grandin(2006),以及 Klein(2007/吴国卿、王柏鸿译,2009)。

只有个人"(... there is no such thing as society. There are individual men and women...)①,以及"政府不能解决问题,政府就是问题"(Government is not a solution to our problem, government is the problem.),②它强调生产工具私有化与利润归私才能带来效率、声称劳动者的福利与社会的健全已经尽在资本的效率中。在这个阶段:"文化"这个字眼的语意联结,开始悄悄发生变化。

20世纪60年代的"文化":"人文影响"挥之不去。文化一词在前,抵抗(官商)的意识与资源跟进,是以有法兰克福学派的文化工业批判、文化帝国主义批判与中国的"文化大革命"……,甚至,主流学界之大儒如贝尔(Daniel Bell)还在1976年出版了《资本主义的文化矛盾》。身处这个格局,资本增殖与文化的意向,天各一方,难以联结。另一个相关的语汇是"信息",它没有那么强烈的对抗性质,却也没有完全进入资本的怀抱。作为传播理论的早期源流之一:"信息论"是一种机械观点,认定信息纯属中性,并无政治的蕴含。1973年贝尔的《后工业社会的来临》延伸其"意识形态的终结"之说。贝尔认定"信息科技"与"理论知识"超越了资本的范畴,为1970年代末登场的"信息社会",预先铺路。虽有这些想要替资本进行纳编的修辞,信息另一种面貌,尤其是"新世界信息与传播秩序"的南北斗争贯穿整个1970年代,延烧至1980年代初期与中期。在这个背景下:"信息"还不完全是保守眼界的禁脔:"谁的"信息这个提问,还是炽热的国际政治议题;事实上,到了本世纪,这个争议还未落定,派生为互联网的管理、网址设定……规则究竟是要由美国商务部管辖的民间组织肩负权责,还是要让各主权国家有更多的介入空间,历经2003与2005年"世界信息社会高峰会议"的两次议论,以及2006年开始、预计进行5年的"互联网论坛"协谈,迄今都还没有取得各方都能接受的解决方案。③

从英国外散至澳洲的文化研究人士从1980年代开始提倡"文化政策",强调文化研究的实用性。④ 一方面,这与政经学者冈汉早在1983

---

① 英国首相撒切尔夫人(Margaret Thatcher,1925—2013)1987年10月31日受访谈话。
② 美国总统里根(Ronald Reagan, 1911—2004)第一任就职演说词(1981年1月20日)。
③ 参见Raboy & Landry(2005);以及左正东(2009)。
④ Bennett(李永新、王杰译,2007)。该书似乎是Bennett自选的中文翻译文集,亦即可能无英文本,内含作者自述研究文化之旅。

年为介入大伦敦议会（Greater Loundon Council）之政治而作的《文化的诸概念：公共政策与文化工业》一文[①]，并不相同；另一方面，它的某些实用色彩被另一些文化研究者质疑[②]，文化的意象逐渐转向。英国政府在工党于 1997 年上台后，刻意舍弃并开始包装"创意产业"，流风所及，一时蔚为时尚。[③] 台湾在 1995 年由文化建设委员会首度主办"文化产业"研讨会，试图以此作为小区总体营造的"核心"："间接带动地方的繁荣"[④]，至 2002 年起联用二词，称之为"文化创意产业"。中国大陆文化体制的调整与改革年年增温，文化产业之说很快就使得法兰克福文化工业的批判"短暂兴盛"后，从 20 世纪 90 年代中期左右走向衰落[⑤]，2004 年国家统计局颁发"文化及相关产业分类"，2005 年国务院颁行《关于非公有资本进入文化产业的若干决定》，到了 2009 年 7 月，国务院遂有"文化产业振兴规划"；此外，文化创意产业的用法在北京与上海等地，亦见流行。

进入这个时期之后："文化是个好生意"、"文化是新的经济增长点"……修辞应运出笼，从流行媒介、此类书出版至高教院系所的文化创意座谈、会议、学程、科系、中心或基地的设置，热闹登场。把注文化活动的正当性，不再是文化所带来的启迪、陶冶、怡情悦性、变化气质或鼓动人生，所有非经济或社会的文化意义，进不了台面，文化值得政府提供资源的正当性，如今得由经济语汇给予支持、甚至证成。是以，即便是具有批判思维的"文化研究学会"也无法视而不见，该会在 2010 年会时，刻意以中文的特性，制造仿真两可的主题宣称："文化生意：重探符号/资本/权力的新关系。"

文化（创意）产业变成流行语汇之前："关税暨贸易总协议"（GATT）的第七回、乌拉圭回合谈判已经从 1986 年启动，重点之一就是要将"自由贸易"的主张，从制造业向"文化事业"渗透。其中，美法（欧）以影视产业等文化产品为标的，彼此拉锯。由于无法在 GATT 的多边场合取

---

① 该文四年后重印，Garnham(1987)。

② 如 McGuigan(2004)。

③ 批判该"政策"之近作见 Banks & Hesmondhalgh(2009)。

④ 文建会(2004:194)。

⑤ 赵勇(2009)。

得优势,美国于是绕道,逐次与个别国家谈判(各个击破)或在其他场合(如投资协议)推进影音产品自由贸易的主张。欧洲联盟在法国主导下,结合加拿大、韩国等国开始从 1998 年展开"文化政策国际网络部长会议",联手相关的媒改与文化社运团体,双方共通的诉求就是要求"各国可以根据自己的需要制订影音政策",他们强调各国有权依据本身的认知与需要,以及本国不同主张者之折冲结果,决定市场是否开放及其开放额度,也有权是否给予特定对象国民待遇及最惠国待遇。这个争执迄今尚未解决,欧盟想要釜底抽薪,试图将规范与仲裁影音文化流通的机构,从 1995 年挂牌的"世界贸易组织"(WTO)移转至 1946 年成立的"联合国教科文组织"(Unesco)。各国文化部长会议结合相关 NGO 的推动,三年有成,他们在 2001 年就成功地促成 Unesco 发表宣言,并在 2005 年通过《保护文化内容和艺术表现形式多样化公约》后,使公约在 2007 年生效施行。这个时候:"联合国教科文组织'保障及促进文化表现多样性公约'与世界贸易组织规范之潜在冲突与调和"不得不成为世人必须面对的课题。①

文化研究学会的"文化生意"命题是一种刻意的暧昧,美、法对于影音文化的不同主张不会定于一尊。然则,当前"文化"的主流称谓确实以史无前例的规模,联系于"商品"的意象,人们在接触这样的文化时,其感受如何,是漠不关心、协商、逆来顺受或不以为然而怒目相向,也许仍是问题,但并非资本所关心的重点,资本在意没有把握的是,这样的文化意象真能成为资本的增殖来源吗? 这就涉及"劳动"这组关键词。

作为政治经济学的重要旗手,对于美国 19 世纪末"生产者共和论"以来,劳心与劳力的日趋二分,席勒扼腕再三。在此之前,备受马克思与恩格斯称赞的德裔皮革工人狄慈根(Joseph Dietzgen)在著作中,屡屡表示"思考是一种体能的运作过程……一种劳动的过程"。是有一段时期,论者都能主张言谈与思索(speaking and thinking)、行动与活力(action and energy),以及物理的生产或形体的劳役,通通都是"劳动"所不能缺少的部分。

席勒主张:"生产力劳动(productive labor,PL)"是解开劳心劳力区

---

① 如徐挥彦(2008);另见赵月枝(2006,2007)。

分的重要钥匙。马克思主义政治经济学认定,只要该劳动为资本所雇用而投入于价值的生产并且能生产剩余价值,而该剩余价值为私人占有的劳动,就是PL。所以,PL是一种雇用"关系",PL不是劳动的"内容",究竟是农林渔牧矿、制造、服务或当今所谓的文化(创意)产业。不过,席勒的PL似乎与这个传统只有局部结合,两者并不完全相同。他说,PL是"人的自我活动,具有兼容并蓄及整合的性质",于是,薪资劳动固然是PL,家务劳动及其他并不是为了薪资而进行的活动,乃至于"休闲"时所进行的活动,都可以是PL:"观众、听众与读者(的活动)……是有偿及无偿工作的劳动"。乍看之下,这个界定方法势将因为无所不包,致使失去传统马克思主义的色彩与作用,但是:"历史资本主义"的发展似乎反而向读者昭示,席勒界定PL的方法,很有可能已经为当下及未来的传媒走向及其研究,另辟蹊径,虽然这个提法还不能说完全是新创。

　　曾经担任美国联邦传播委员会首任经济学家、英语学界、传播政治经济学界的第一代学者史麦塞(Dallas Smythe)早在1977年就已经提出一个论点。[①] 他说,西方马克思主义者没有从"经济",而是从文化/意识形态角度,研究"传播"媒体,这是盲点。史麦塞指出,在商业传媒体制下,传媒(又以电视最为明显)生产了一种他称之为"受众(阅听人)商品"(audience commodity)的物件,并将这个商品夜以继日地卖给广告厂商。这个观点不但在传播政治经济学界引发争议,最慢在1989年,后现代派文化研究者费斯克(John Fiske)也开始提及这个名词,或者,准确地说是"阉割"该论点后,留用该词。[②] 那么:"受众商品"能够成立吗? 其论述的细部说及其疑点何在,笔者在其他地方已经交代[③],这里只针对本世纪以来,他人对该论点之引述[④],以及新的情势对该论点的可能意义,续作引申。

---

　　①　Smythe(1977/冯建三译,1992:6—33),收为本书第二章。

　　②　Fiske(1989/陈正国等人译,1993:27—28),陈等人的译词是"商品化了的观众"。由于费斯克在 Television Culture(1987)尚未提及史麦塞,何以如此及是否有时代意义,待查。另见陈立旭(2009:114—117)。

　　③　见笔者为《广告的符码》(Jhally 1987/冯建三译 1992g)一书中文译本撰写的导论。

　　④　单篇不计,如 Gandy(2004)。

2001 年出版的《全球好莱坞》没有提及史麦塞[①],但对于(电影)"消费的劳动理论"有相当篇幅的叙述,原因是否该书作者之一麦克斯韦尔(Richard Maxwell)早年参与了"阅听人商品"的辩驳,不得而知。《受众经济学》引用史麦塞多次,指该概念"太过简化"。[②] 席勒的新作《信息拜物教:批判与解构》(2006)如同本书,依旧遵循史麦塞的基本视野,唯对于互联网的使用、广告与劳动的商品化现象[③],尚未深入分析。2007 年的《互联网受众》[④]则出现史麦塞至少 8 次,语带赞同,但旋即转入介绍与讨论相关测量的"技术"演进,而不是理论内涵。

然而,技术形式日新月异,从博客(blog)、第二人生(Second Life)、脸书(Facebook)、宅窟(Jaiku)、噗浪(plurk)等等互联网及"社交传媒"……都在争先恐后,致使"使用者创生的内容"的意义远远超出 20 世纪 80 年代以来的"消费者也是生产者"(prosumer)等概念的指涉,更是有待理论的探索。完整掌握其意义"需要多层次方法论"[⑤],不是政治经济学所能独自完成,但至少可以从"经济"与"文化"两个角度,鸟瞰受众商品的蕴含。

先说经济。2008 年世界各国的国民生产毛额是 61 兆 70 亿美元[⑥],大约 3%(1 兆 9300 亿美元)用于信息科技,其中,直接与受众商品之生产相关的"通讯传播业"采购与使用的信息科技额度是 2020 亿,远远落后于 2007年以来造成经济核爆的金融业之 5030 亿,也相去制造业(4330)与政府部门(3900)甚远,甚至还略低于零售与销售业(2110),只高过服务业(1720)。[⑦]不过,这个额度再加上两组数字后,就会相当可观。一是 2008 年的世界总

---

①　Miller et al. , 2001.2005 年出第二版,扩充篇幅百页,增加作者、十余页图表及中国与印度个案。

②　Napoli(2003:2,32,110—111).

③　理论简述见页 11—15,受众商品现象与数字见页 223、232、235—240,请见 Schiller(2007/刑立军、方军祥、凌金良译,2008)。

④　Bermejo(2007:23—24,29,33—35,55,105).

⑤　van Dijck(2009:41—58).

⑥　http://en. wikipedia. org/wiki/List_of_countries_by_GDP_(nominal).

⑦　信息科技支出是 2009 年预估值(Economist,2009.12.55:73)。2008 年美国政府与各大小企业的(含信息传播)科技支出是 1 兆 7500 亿美元,转引自 Schiller(2009)"The Communications Revolution-It's a Wired World",Le Monde Diplomatique 12 月号首发,这里取自 www. counterpunch. org/schiller12162009. html.

广告额（受众商品赖以表达其形式的价格），以货币表达是6660亿美元。二是受众通过自己的劳动而配合资本将自己转化为可供资本增殖的商品时，另外得自掏腰包，购买相应的平面传媒（报章杂志）、增添日新月异的消费性模拟或数字电子器材（收音机、电视机、录放机、计算机及其接口设备、各种储存器材如DVD等）与通讯器材（手机等）、支付互联网使用费、按片按次或按日周月年订购特定内容（假使这些内容不被广告赞助，或广告赞助不够），最后，还得支付电费才能接触或使用电子形式的图文影音等等"内容"。后面这些林林总总的费用还待精确估算，唯不但应该不致低于前者（广告），反倒应该会是其若干倍。如此，受众商品表现为直接与间接的经济产值形式，若在3%或更多的世界生产毛额，应该是合理的估计。这三组数字之外，通过网络空间所创生的虚拟物品（virtual wares）之销售额，2009年在美国估计约10亿美元，虽不大，似乎还是应该加上。①

　　相较于形式的经济产值，受众投入实质"时间"并通过自身的阅听劳动，全神投入或漫不经心地进入有如空气与阳光的传媒（包括互联网）"环境"，其完整的意义还待阐述与辩驳。

　　根据尼尔森公司的调查，2007与2008年12月的全球网民，单是使用"社交传媒"的时间已经有130与183分钟。到了2009年12月，这个项目攀爬快速，上升至第一位，达335分钟（美国高于平均，达369分钟；另依不同组织的调查，美国人2009年7至10月1周上网13小时），网民用于"在线电玩游戏"与"实时短讯"的时间，只能分居第二与第三。② 与此对应，2008与2009年的美国总广告额相比于前一年，接连下跌3%与8%，但大量运用社交传媒的企业公关，其支出逆势成长4%与3%；③2008年8月，美国社交传媒的广告收入是4900万美元，2009年8月达1亿800万美元。④ 这两组数据是个小的佐证，显示资本对于人的生产或

① A special report on social networking *Economist*(2010.1.30, special survey).

② http://blog. nielsen. com/nielsenwire/online _ mobile/social-networking-and-blog-sites-capture-more-internet-time-and-advertisinga/, http://blog. nielsen. com/nielsenwire/global/led-by-facebook-twitter-global-time-spent-on-social-media-sites-up-82-year-over-year，http://gigaom. com/2009/12/24/1999—2009-hours-spent-on-internet-nearly-doubled/.

③ *Economist*，2010.1.16:55—56.

④ http://blog. nielsen. com/nielsenwire/online _ mobile/social-networking-and-blog-sites-capture-more-internet-time-and-advertisinga/.

非生产的劳动走向,具有同步监理的能力。

　　假使保守地估计,美国人接触"传统"传媒(听广播、看电视及读报章杂志)的日均时间是 360 分钟[①],再加上接触互联网等"新"传媒的 120 分钟,那么扣除睡眠、通勤与工作之后,他们在清醒的时候几乎就离不开新旧传媒组合而成的"环境",意思是指进入这个环境的人多到了一个水平,致使即便有些人主观上不想参与(使用)、客观上也确实没有参与(使用),其所思所想及行为举止都会受制于这个环境:"人们在自己生活的社会中发生一定的、必然的、不以他们的意志为移转的关系"的道理,同样可以转用于传媒环境与人的关系。

　　当然,在这个号称融合与汇流的年代,传统媒体的内容同样并且也事实上通过新传媒而扩大流通,因此传统媒体设定议题的能力不变,依旧可以是主流舆论的主导。传统与新媒体的差异,主要展现在两方面。第一,传统媒体迄今还是文化资本增殖的绝对重要来源,2008 年,世界各国的所有广告是 6660 亿美元、网络广告不及其 1/10(650 亿),社交传媒又只有 20 亿。[②] 第二,新媒体的重要性还不能匹配于它目前的经济之形式产值(广告份额),其使用者且特别是社交传媒的使用者,人数相对少(2009年 10 月约有 8 亿,[③]不含行动电话用户);然而,新媒体得到的社会关注,却远超乎其人口比例及形式的经济产值,原因或有四端。

　　一因如前所说,新媒体用户接触的内容仍有相当数量来自传统媒体;二因新用户大致都会是传统媒体使用者,反之则未必;三因新媒体使用者的经济能力可能远高于平均,其职业类型按理也是远离农林渔牧工矿。新媒体备受瞩目的第四个可能的原因,也应该最为关键者,在于新之所以为新,是它的发展对于未来社会的走向,影响能耐渐增。

　　其一是作为另类乃至对抗现存体制的能量,传统媒体虽然不能也不

　　[①]　各种新旧传媒使用时间的统计常有出入,但趋向一致,依"国家专家小组"对 40 个国家的跨年调查,美国人 2007 年日均看电视已有 297 分钟,http://www.ip-network.com/tvkey-facts/Tables/ViewingTime08.pdf.

　　[②]　http://www.bloomberg.com/apps/news?pid＝conewsstory&tkr＝SCOR:US&sid＝a.ow1Lh6Bh.A.

　　http://www.marketingcharts.com/television/worldwide-internet-advertising-spending-to-surpass-106-billion-in-2011-5068/.

　　[③]　市场调研公司 ComScore 对各国大型社交网站的估计,转引自(页 65 注 2)。

宜被放弃,但世界各角落,从形式自由与民主的国度,至威权乃至极权的地方,通过互联网(与手机结合)的各种工具(含社交传媒)所能产生,以及已经引发或触动的小规模社会动员,仍然可观,其效应有多种面貌,有些是改变了政治选举结果,有些是(暂时)改变不合社会正义或环保价值的产业政策或措施。其二是数字传媒如互联网提供平台,让原本存在于人类社群之间的"合作"与"分享"行为,通过其更为及时的互动及参与而扩大,形成一种思维与实践模式,有别于主流政经秩序所偏重的竞争排他与私人独占,等于是新技术赋予人类一个机会,开发及践行固有的、但因为备受践踏而逐渐隐而不显的价值。其中,维基百科的运作及其刻意排斥广告赞助,也就是明白拒绝商品化,是相当让人瞩目的一种实践模式,同样起于 2001 年但稍晚的创意公有(creative commons)国际运动也相当可观、值得提倡,虽然其创始人的信念并不排斥商品化,而大型资本也可能借此省约其研究与开发的成本。

然而,这里另有一个吊诡。辞世于 1992 年的史麦塞还来不及钻研的这些现象,亦即计算机、互联网与手机等新技术条件所复苏、扩大或催生的参与、合作与分享的生产模式,固然蓬勃进行,唯这种有偿、无偿、志愿与非志愿的劳动,究竟是一种偏向让人产生培力(empowering)经验的"参与"之旅,还是滑向资本增殖的航道,从而遭到资本剥削(exploitation)的成分会浓厚些? 互联网及其相关软硬件与设计所形成的新传媒之未来,究竟是昭示人类的新天地,或是终将落入窠臼,重新戴上商业的紧箍咒? 或者,新传播科技召唤与迎合的是人的另一种性质,争强制胜、霸凌与耀武扬威,而非关其使用是商业模式与否? 或者,即便技术确有其"自主"的成分,唯其开发及扩张的动力来自于资本增殖逻辑的多寡仍然事关紧要。为利润而作,并且由私人占有的色彩越是浓厚,互联网所提供的电玩、社交传媒……的使用,就会在比较大的范围,殖民人的非薪资劳动之时间、缩小隐私的范围,而透明与监理化自我以换取生活便利的代价,就会太高,人与人的友谊、亲情、爱情与社会关系的商品化幅度,就越有可能为之增加,以致超出"合适"的水平。虽然,有人会质疑,能有"仅在限定范围内殖民"或"适度商品化"这一回事吗?

对于这类问题,最慢在 2008 年初就有研究者提出这样的论文《输家

创生的内容:从参与至剥削》。① 2009 年夏,胡绮珍在长期浸淫之后,有一
发现,她说"新自由主义……的竞争与表演、自我训练与自我成长、自我兴
趣与自我利益、计算理性与自我治理等技术,被巧妙地纳入中国字幕组的
工作伦理……一种结合新自由主义工作伦理与非盈利的利他主义的特殊
劳动新价值"。② 2009 年底,纽约"新学院"(New School)举办三日研讨,
主题就是"互联网作为游戏场与工厂",由薛兹(Trebor Scholz)撰写的会
议说明文,尖锐地指出:"我们生存在全盘劳动的社会,我们就此被纳入商
品化、种族化与性别化的方式,却又深邃地被当作正常,我们倍感困惑与
不满……寻常的薪资与非薪资劳动之对立在此崩解了……",薛兹最后提
问:"同侪协力生产(而不依赖利润归私之动力)的规划方案之未来,其希
望何在?"③

　　对于这个提问,班克拉(Yochai Benkler)的回应是"社会政策"。他
寄望通过政府的介入,让"分享"这个存在既久的资源分配机制,得以因为
传播科技的发达而发扬光大,但他也深知当前的所谓智慧财产权在资本
挟持下,要让这些技术条件实现其潜能,难度很高,因此他说:

　　　　"早先的那些安排也许曾经是最有效率的,或也许是当时生产体
　　系所绝对必须的。然而,在新出现的这些科技条件下,早先的那些安
　　排可能就折损了、破坏了,而不是改进了新科技条件所能生产并提供
　　的财货、资源或功能,社会政策应该以此作为分析对象。"④

　　这段话与马克思在 1859 年《政治经济学批判序言》的话语,不无神似

　　① Petersen(2008);主流学科同样注意这个现象,《传媒管理国际期刊》(*International Journal on Media Management*)2008 年第 3 期的专题就是"超越互动:参与及个人传媒年代的传媒管理"。

　　② 胡绮珍(2009)。

　　③ http://digitallabor.org/,该会议在 2009 年 11 月 12～14 日举行。引文中的"括号( )"内的原用语是"非市场"(non-market),但这个用法很容易会将市场本质化为只有一种,排除了其他形式(如市场社会主义)的"市场",因此我擅自调整之。另外,默多克(Graham Murdock)在 2010 年 2 月 4 日也于伦敦西敏寺大学以 The return of the gift: participation and exploitation on the internet 为题,发表讲演。

　　④ Benkler(2004).作者这方面的思维已经成书(Benkler,2006),可在多个网址自由下载。

之处：

> "社会的物质生产力发展到一定阶段，便同它们一直在其中活动
> 的现存生产关系或财产关系……发生矛盾。于是这些关系便由生产
> 力的发展形式变成生产力的桎梏。那时社会革命的时代就到来了。"

当然，这两段话也存在着重要的差异。班克拉没有诉求革命的修辞，他是将人的施为（动能）、国家之公共政策的必要及配套，召唤了进来。21世纪的世界格局显示新自由主义经济学已经千疮百孔，虽然金融核爆未必是最后一记丧钟，虽然百足之虫即便死亡仍不僵硬。解构与建构的工作都还没有完成。格拉思堡（Larwence Grossberg）说得不错："一旦你了解'经济'无法脱离脉络而抽象存在；如果你体认言说对于经济关系的构成有其重要性；假使你体认各经济体的复杂性质与多重性质，又如果你体认到，经济可以当作是一种脉络化的与言说的现象而存在，那么，你会怎么阅读与研究（do）经济？"[①]解构主流经济学的冷冰冰、脱离现实社会及其优势修辞，这是值得文化研究者拓展、强调与实践的观点；对于更新与丰富激进政治经济学，同样会有贡献。[②]

---

① Cho(2008).
② 贺翠香(2005:1994)认为哈贝马斯对历史唯物论的重构，从众多知识领域汲取养分，却"唯独"未倾注于"经济学"。

第五章　反公共政策:科斯的传媒论述

一、前　言

"公共财"(public goods)与"外部性"(externalities)是构成市场失灵的两个典型因素。[①] 但什么产品是具有外部性的公共财? 我们得先简短说明。《后汉书》提供了一个很好的例子。它说,《论衡》的作者"王充……家贫无书,常游洛阳市肆,阅所卖书,一见辄能诵忆,遂博通众流百家之言"。

解读这则传奇的角度,不一而足,试举两个极端。一是有人会说,这对书商或作者太不公平。假使所有读者尽如王充,还有人愿意从事创作、发行或贩卖书籍的工作吗? 对立意见则说,书商让王充无偿阅读,非但无损,并且可通过王之传授知识,遂使其书更能销售,作者也就受益。如同当今许多网络书免费置放网络,不单供人浏览,而且听任下载,但书籍销量不仅不减少,反倒经常有例子显示,书之需求量为此增加。[②] 在两端之

[①]　此外,有些学者认为,面对自然垄断(独占)的产业,或为减少贫富差距、失业、通货膨胀,与刺激经济成长,都是政府介入市场运作的理由(Samuelson and Nordhaus, 2005:35)。但芝加哥、奥地利或公共选择学派大致认为,并无"市场失灵"或"外部性"的存在,如傅利曼(Milton Friedman)表明,1920年末的经济大萧条是政府措施导致:"资本主义并不像凯恩斯主义者和马克思主义者所宣称的存在内在的不稳定状态或非理性",不稳定是政府措施导致的政府失灵现象(Skousen,2005/杨培雷译,2006:59,66)。或者,他们会说,即便这些现象不能经由市场机制解决或舒缓,人们也应该接受次佳境界,若以"涅盘取向"(nirvana approach)断定市场的效能,实无可能也无必要(Harold Demsetz之语,引自 Cowen & Crampton, 2002:20)。

[②]　见 Shapiro & Varian(1998/张帆译,2000:76)。

间,还可以因情境而变异,区辨更多意见。唯不管是哪一种,基本的出发点都得认知,书的"内容"任人取用而无衰竭之虞。

为了成就这些内容,作者可能已经皓首穷经。然而,无论是乏人问津或是洛阳纸贵,也就是不管无人、一人独用或万人共享,都不会减少或增加作者为了写作这些内容所已经投入的时间、人力或物力。这种原初内容(或称第一份拷贝)的成本极高,但甲之使用,不妨碍乙的接触权利,若要排除乙的使用,假使不是不可能,就是得耗费额外成本。如果产品具有这种既不敌对(non-rivalry),又不能或不宜排除(non-exclusive)的特性,我们就说这是一种"公共财"。除传媒"内容"(与国防),空气与阳光也是日常生活当中,明显的公共财;虽然空气与阳光又与一般公共财有别,它(本来)无生产成本的问题。①

其次,所谓开卷有益、知书达理、书香门第、书香社会,依据传统的认知,书具有很多正面的意义,因此反向则说:"三日不读书则面目可憎",这里的"书"背负了发言者所认定的正外部性内容。但我们也都知道,书的内容固然可以雅俗共赏,却经常也因观点、意见、品味,或乃至于年龄世代的差别,以至于相同的内容会得到不同的评价。红楼梦的贾宝玉喜欢阅读《西厢记》,贾政所代表的封建社会却以其为充满淫辞的禁书。书(科技形式)所承载的内容,除了对于使用者具有搞笑、娱乐、致知或成圣成贤的作用,对于书之作者与该使用者之外的第三人(其集合体则是社会)也必然产生移风易俗的良窳之效,使用主流经济学的术语,这就是本文所说,书的"内容"对于不同的人乃至于所有的人,具备了正或负的"外部性"。

由于传媒"内容"是边际成本接近零的"公共财",消费者很容易就不付费而使用(搭便车),因此,这就使得价格机制运作不完整,相应就出现两类机制,作为取得财源,决定传媒内容的生产类型与水平的依据。第一大类仍在市场范畴内运作,此即传媒厂商取得营收的方式,通常是差别定价、从广告厂商或从使用者捐赠或订费取得。第二大类则通常得经由政府介入市场的运作,也就是立法要求使用者给付(执照)费用,政府直接编

---

① 说"本来"无须生产,也就是说如今有许多"好的"空气与采光良好,位在特定人为的空间,需要另付较高价格才能取得。

列预算,或对传媒硬件(如电器制造厂商或空白 DVD 等)课征特别捐……。

以上两类方式并存于世,唯以第一大类为主(其中,广告仍为最大宗)。然而,依靠广告或"纯"市场的运作,产生了两种效应,一是它有利于大规模公司且窄化产品类型,二是它产生过多的"负外部性"内容,提供太少的"正外部性"内容。

美国公法学者贝克(Edwin Baker)对这个课题提出了迄今可能最为详细完善的铺陈与讨论。贝克有感于经济学是当今的强势语言,因此从"公共财"与"外部性"的角度切入,探询"市场给人们他们想要的"这句话,是否为真? 在提出澄清与否定的答案后,他转而表明,假使不依循市场,或更精确地说,不能只是依循(最低规范的)市场,那么,人们应该采取哪些原则与手段,拟定哪些目标,督促政府有效与合适地介入传媒市场的运作? 贝克于是讨论了不同的民主政治理论,从中演绎他所主张的愿景。贝克并将他的论说,运用于国际传媒影视的文化贸易,也论证在科技日新月异的因特网年代,他的分析依然能够适用。①

其他法学者、②传播学者③或经济学者④虽然亦曾运用公共财与外部性概念,借以主张政府对于传媒市场的介入,应该高于一般财货,但其论说的规模与完整度,都不如贝克。不过,他们与贝克相同,引述了赞成者的话语,但未曾与主流经济学当中,质疑公共财与外部性的重要论说,展开对话。

本文因此秉持"认知"的旨趣,接受贝克等人的看法,但进而问津反对者的论说,毕竟门户自守、不相往来似乎并非知识创造与流通的常态。除了丰富认知,本文的对话也有"实用"的想象。第一,传播研究圈对于人文与社会学科的引述,渊源深远,也从中汲取了相当丰富的养分。这些来自不同学科的知识,对于我们认知传播及传媒的性质、重要性与局限,帮助很大。与此相对,晚近 10 多年来,固然也有"媒介经济学"的移转与翻

---

① Baker(2002/冯建三译,2008)。
② 如 Goodman(2004)。
③ 如 Mosco(1996/冯建三、程宗明译,1998f:248,255)。
④ 如 Herman(1993);Graham and Davis(1997)。

译①,也有从(哈佛学派的)"产业经济学"模式审视传媒②,但总体来说,经济学对于传播研究的启发或警示,是比较少的,媒介经济论述最多是一种传播的"次"领域,还没有融入而成为传播骨干的构成元素。第二,20世纪80年代以来:"经济新自由主义"蔚为风尚,去除国家管制之说不绝于耳,影响巨大,表现于传播领域则是(1)公共媒体(尤其是公共广播与电视)的财政基础被相对(虽然不是绝对)削弱;(2)断定公共传媒表现良窳的判准,从兼顾传媒对于民主社会与丰富文化涵育的贡献,以及收视(听)率(也就是"经济效率")的适度重视,逐渐移转至几乎到了唯经济效率,以及(3)国家通过传媒"结构"(进入门槛、不同产权形态的比重、集中度、广告及其他营收费用的特别税捐课征……)的规范,协助传媒,使其生产合宜内容组合的能力与正当性,遭受更大挑战。身处这个情境,主张政府以更大幅度介入传媒结构规范的人,应该不可能孤芳自赏而置身事外。再者,公共传媒作为公共领域的一种制度展现形式,固然是传播学界当中,关注传媒政策者的大致共识,但在多大程度内可以落实、存续与扩张,取决于众多因素,其中之一在于,认知公共传媒价值的(传播)人,能否通过更深刻的认知,一来巩固与推广该制度的价值,二来聆听反对该制度设计的声音,提出有效的对话,进而因具体时地之宜,适度调整制度内涵的规划。如贝克所说,经济学既然是当今的强势话语,则日后若有愈来愈多的经济论说,质疑政府是否需要以更大规模介入传媒结构管制,以及公共(广电)传媒是否需要扩大,并非不可预测。就此来说,最好的情况下,本文可以扮演未雨绸缪的角色。

主流经济学当中,科斯(Ronald Coase)应该是一个相当合适的标杆学人,他至少具有三个特色,值得本文以他作为轴心,就重要的概念或理念,开展对话。第一,科斯是主流经济学人当中,论述传媒最早也最多的人,他所身属的新制度主义经济学,似乎有很大影响,但英语或中文的传播学界,如前所述,几乎对他少有闻问。③ 表面上,科斯的修辞允许双面

---

①　Picard(1989/冯建三译,1994),评论前译书的文字出现于《中国时报》(1994.9.8与9.14)开卷版,不是学术期刊。

②　传播界的主要代表是陈炳宏(2001,2004);经济学界则有施俊吉等(2005)、庄春发(2005)、黄耀辉(2002)等。

③　王盈勋(2007)是例外,唯笔者对科斯的解读,如本文所示,与王文有别。

解释,左右皆可①,但内里并非如此,稍后将再论及。第二,科思开创了法律经济学,虽然文多冗长,但大致浅显明白,他的修辞或述说故事方式,系从历史材料当中,发掘经济义理;他反对数理公式挂帅的、脱离现实的黑板经济学的书写,不但拥有众多本行读者,对于很多(数理经济)门外汉,也展现了吸引力,使更多的人通过他,接触了主流经济学的观念。第三,同等或更重要的是,科思在 1991 年获颁诺贝尔经济学奖时,理由之一是他发表于 1960 年的"论社会成本",破除了"外部性"的存在②,则必须由政府介入的"公认定理";往后,他在 1974 年的论文,质疑了另一位诺贝尔经济学奖得主萨缪尔森(Paul Samuelson)的"正确主张":灯塔(公共财)必然公设公营。③

　　基于前述认知,本文将通过科斯前后相距 30 年(1950—1979)写就的所有传播与媒体论文(5 篇长,3 篇短),介绍并评述科斯对于传播现象、机构与制度的观点。

二、论英国广播业:探讨垄断

　　美国的经验提供了科斯论文的重要养料。1931—1932 年至美国考察后,科斯写了《论企业的本质》,1948 年他重回新大陆,研究了 9 个月英

---

　　①　科斯等人在中港的影响力,见冯建三(2005a)。科斯著作 1990 年代初引进台湾,但影响力相对低些,2005 年 1 月底起,数所大学经济系师生有科斯读书会,至少进行一个学期。

　　②　Coase(1960),科斯另一篇得奖作品是 1937 年的《论企业本质》(Coase, 1937)。科斯 81 岁得奖,得奖作品发表距离获奖,相去分别 54 年与 31 年。2007 年 10 月 15 日 90 岁的美国经济学家赫维兹与马斯金、麦尔森三人同获诺贝尔经济学奖(见次日《联合报》,A13 版报道),科斯的这两项纪录才被打破。《论企业本质》一文已经运用"交易成本"这个概念,但直到 20 世纪 60 年代"论社会成本"发表后,该文才连带逐渐引起重视。何以如此? 科斯"不想讨论"(Williamson et. al. ,1993/姚海欣译,2007;77—78);笔者初步认为,这是概念所适用的时代情境,政治倾向不同所致(易宪容,1998:12;车卉淳、周学勤,2007;145)。

　　③　Coase(1974b)。主流经济学辩论公共财与外部性的状态,相当繁复,如同样是诺贝尔经济学奖得主萨缪尔森,虽有科斯质疑,却仍坚持灯塔(及卫星定位系统)等公共财应由政府提供;斯蒂格利茨则斥责"科斯谬见及其扩延"(Stiglitz, J. E. et al. , 1989/郑秉文译,1998:66—68;虽然他没有忘记政府失灵,页 79—91)。斯蒂格利茨(2001 年)得奖的重要理由,也就是市场机制经常因为"信息不对等"现象而失灵,在高文等人看来,根本就是市场得以运作的本质(Cowen & Crampton,2002)。笔者认为,双方讨论未细致处理传媒的真正特殊性:"内容"是公共财,具有外部性,但负载内容的"科技形式"(从书报至个人计算机)是私有财,对于这个重要课题的意义,笔者将另文讨论。

国广播,在 1950 年出版了《论英国广播业:探讨垄断》。①

　　科斯从逻辑推理,也举经验事实说明,他并没有主张要或不要垄断,也对是否要公营,没有特定讨论,他只是表明,中央化的单独机构如 BBC 之设置,绝非如同赞成者之所说,是唯一合理的设计方式。他归纳作此主张的两大类说法,以百多页呈现后,又以约 17 页简述同时评论之。他的看法是,无论是(1)技术(频道稀少)、财政或(规模经济之)效率考虑;或(2)节目编排政策,均无法得出一家垄断是唯一可行之法。既然如此,何以英国对立于美国,不采用广播私有制,也不依靠广告收入,而是创了"英国广电协会"(BBC)这个全球第一家,既经由中央垄断、又等于是具有普遍税收作用的机制,作为广播的营运机构? 科斯说,这是因为"支持垄断的这股力量,也反映了时代精神……我们欢迎或默许中央计划的延伸,即便这个做法似乎即将延伸至新闻与意见的资源分配。人们对于垄断仍感到不安;但仅有在这是私人垄断时,才感不安。假使由公共权威当局掌控垄断,如同英国广电这个案例,人们就觉得私人垄断所导致的恶行恶状,不至于出现,反之,公共垄断本身就具备了许多优点,值得称道"②。

　　笔者以为,科斯诉诸不可名状的时代背景与精神,似乎是要暗示彼时英国的制度安排,存在相当沉重的不理性成分,由于无以名之,遂不妨说是渺不可触摸的"精神"。但是,既然是时代精神,应该也就反映在当年情境中,不同力量的理性思辨与角力之成果,差别在于,胜出的力量各地有别,如挪威与英国同③,都是经由公共财等理念,创设公有垄断且中央化的广播,但在美国则反之,市民团体在 20 世纪二三十年代与商业力量激烈交锋之后失利,致使美国广电业沦为私产的禁脔。④ 英国 BBC 排除商业的社会史脉络,也表现为许多人士的积极努力。第一次世界大战后十多年间的英国,许多文化精英、知识分子眼见"有教养有文化的人群轻蔑

<hr>

①　王振中、李仁贵编(2002:401)。

②　Coase(1950:195—196).

③　Syvertsen(1992);不过,Rolland(2005)以公共选择论的视角,挑战 Syvertsen 的公共财论说。

④　McChesney(1993);美国广电产权社会运动近年再次复苏(McChesney,2004/罗世宏等人译,2005)。

新科技",不免忧心。对于"长期以来,各种新传播科技就是与商业厂商相连、就是与中低阶级消费者相连",他们有所了解,但不愿意坐视新技术条件仅只是作为商业使用。因此,这些自诩"进步的人非得更加在他们同侪中,证成自己(译按:通过新传播机制来普及文化能力之)心意,是正当的"。换个方式表述:"改革者因此需要捕捉或发明美学传统,使之调适于特定技术条件的多重特殊性格"。由于存在这批具有能力"掌握现代传播科技不断延展之潜力"的人,投入于抵制竞争逐利的市场机制,这才使得借用电波等技术手段(特别是 BBC),为当时及后世的文化民主,留存拓展的空间。[1]

　　更重要者在于,假使理性思辨所催生的制度安排,需要以后见之明,也就是以实践来检验其理性的成就,那么,英国广电(包括 BBC)表现不仅禁得起经济效率的考核,也在政治、文化及美学表现方面可圈可点,名列世界前茅。20 世纪 80 年代以前,比较电视制度的扛鼎之作,美国学人保劳甚至引英国制度设计为举世无双,虽然不是十全十美,却已是当今之世所能找到的最佳范例。[2] 至 1984 年,英国的广播电视节目所获得的"意大利奖"达 26 个,比法德日美总和还多。[3] 过去 40 多年来,英国历届政府当中,最为敌视 BBC 的撒切尔(Thatcher)政府时代,为了先发制人,搜集证据以便指控 BBC 浪费观众的执照费,于是延聘伦敦会计顾问公司检查 BBC 的经费运用是否恰当。未料检查结果出乎期望,这家公司的结论是,BBC 提供这些服务所花的钱"物有所值"(value for money)。[4] 同样是 20 世纪 80 年代就美、英、法、意、荷、瑞典与西德等国的比较,作者的结论是,英国电视所依赖的财政基础,尽管不能说是完美无瑕,但在国际间确实是最可取的方式,提供了最大范围与最佳质量的电视节目。[5] 1994 年,以实质购买力的比较则显示,BBC 每使用 100 单位的(执照费)收入,换取了 43％的收视率,西欧人口规模与英国相当的德国、法国与意大利之公营电视(取执照费与广告费),分别取

---

① LeMahieu(1988:178,186—189).

② Paulu(1981).

③ Collins et. al.(1988:1).

④ Davis and Levy(1992:467).

⑤ Blumler et. al.(1986).

116、136 与 164 单位的收入,换取的收视率是 33.3%、42.0% 与
34.7%,仍然是 BBC 有最佳收视效果。① 到了本世纪,进入因特网与数
字广电年代的 BBC,以其经营效率,先在 2001 年要自费扩张数字服务
时,招致跨国传媒集团(如 Disney)与英国私营电视集团连手,要求英国
文化传媒部长延迟 BBC 的扩张速度,以免危及它们的付费数字频道;其
后又传出 BBC 集文字与影音于可供人自由使用且无广告干扰的信息情
境于一身,可能挡人财路,牵制报纸与私人收音机的成长,引发业者忧
心。② 在日常营运方面,BBC 相当独立,举例言之,20 世纪 80 年代时,
保守党政府曾禁止北爱共和军的国会代言人在屏幕发声,BBC 就让受
访者有影无声,但由记者代言。工党政府在 2003 年春协同美国,入侵
伊拉克,揭示英国政府实有误导乃至于操弄民意之嫌的媒体机构,不是
私人的独立电视网(ITV)或蓝天卫星电视(BSkyB),而是 BBC,其后,英
政府发布调查报告,谴责 BBC 多于工党政府,BBC 理事长与执行长双双
挂冠离去,以示抗议。在该次事件中,BBC 赢得无分左右、高于政府的
民调信任与支持。③ 当然,BBC 并不完美,比如,BBC 也是当前体制的守
护者,最传神最常见人引述的一句名言,是 BBC 刚成立时,英国发生了
1926 年大罢工,当时 BBC 的首任执行长雷斯(John Reith)在致友人书
信中,有段说法,常被用来讽刺或指控 BBC。雷斯说:"假设 BBC 为人民
服务,又假设政府为人民服务,那么在这场危机里,BBC 必须为政府服
务。"(Assuming the BBC is for the people, and that the Government is
for people, it follows that the BBC must be for the government in this
crisis too.)④再者,随其商业竞争力强化,为"节约"人力而大幅裁员及
违反专业,以致人们质疑,长此以往,BBC 的公共服务初衷,是否将产生
质变。⑤ 最后,BBC 报道国际事务时也常见争议,如称呼英美领袖,不加

---

① 详细计算过程与说明见冯建三(1998a),收录于本书第六章表 6.1。
② 分见 *Guardian*(2001.7.6)、*Economist*(2005.7.16)与 *Financial Times*(2006.6.13)的
报道,另见本书第七章。
③ *Guardian*(2004.1.30),以及 *Daily Telgraph*(2004.1.30)。
④ Schlesinger(1978:18)。
⑤ Born(2004,2007);*Economist* 周刊主张 BBC 私有化,但它经常同情 BBC 的两难困境
(如 2007.10.13:66—67;另见《中国时报》,2007.10.18:F1)。

形容词而只是"美国总统布什"、"英国首相布莱尔",但提及委内瑞拉,就说"很有争议的左翼总统查韦斯",玻利维亚总统则是"激进的社会主义者"。①

三、论联邦传播委员会

前书出版后次年,科斯已经移民美国。在出版《论社会成本》前一年,科斯推出长文,检讨美国传媒与电信管制机关"联邦传播委员会"(FCC)。②

科斯一文与赫泽尔(Leo Herzel)稍前几年提出的论文,主旨相同。但诚如论者所指出,该文确实是最权威与最全面的论述。③ 科斯主张电波如同其他私人产品,应该凭借价格机制,让通过市场考验(出最高价格)的人,加以使用。该文发表34年之后,美国国会在1993年通过法案,1994年开始针对电信使用的电波,以拍卖方式,授权出最高标的人使用之;1997年预算法也授权FCC可以拍卖广播电视电波,但因无线广电业界的游说,至今电信部分的电波拍卖成绩,远高于广播电视部分(只有不重要的AM、FM电台或转播站才适用拍卖)。④

科斯说,赫泽尔在1951年发表的拍卖电波之议,还没有完全说服他。FCC的管制是否必然没有效果,他还没有定见。他特别表明,只是在次(1952)年,FCC首席经济学家史麦塞(D. Smythe)撰文批评赫泽尔后,科斯这才转而认为,假使反对赫泽尔最有力的意见,仅只是价格机制必须基于完全竞争才可行,或仅只是坚称:"就美国传统来说,广电的经济、需与文化权利与责任是独特的",那么显然赫泽尔是对的。科斯说史麦塞搞错了,因为市场机制允许很大一部分的不完全竞争,而抽象的权利不足以说明市场机制不能满足之。⑤

---

① http://www.zmag.org/sustainers/content/2006—05/20edwards.cfm,读取于2006年5月21日。

② Coase(1959).

③ Hazlett(1998).

④ 同前注,pp. 535,567—568。

⑤ Coase(1959:14—8,37;1993:249—250).

　　科斯(及其追随者)认为,美国所使用的"公共信托模式",政府仅只是依据法律对广电内容的原则要求,审核业者的营运计划书并授予使用电波的排他权利,除此之外,政府对于业者别无要求。科斯认为,等于是选美秀的信托模式,存在三个问题。一是当时的政府官员没有想到拍卖,或没有想到授予私人使用(也就是创设私人产权)即可排除电波干扰的问题,因此只好转用信托途径。二是这个模式不免有违反美国宪法第一修正案之嫌,因为信托给谁的过程,难免让取得电波使用权的人,主动以特定言论内容讨好当局,消极来说,也有可能制造了诱因,致使传媒回避监督政府或批评当局的机会,因而增加,总之,信托模式让人疑虑,表意自由可能将因此受限。第三,最严重的是,官员从此有了寻租的管道,规范者(FCC)难免遭被规范者(广电业者)俘虏,但这些握有公权力的政府官员,却还打着公共利益的旗帜作为掩饰自利的行为。假使电波拍卖,业者无须遵守抽象价值与原则(如 1927 年以来就有的"公共利益、便利或需要",public interest, convenience or necessity),这样就能阻碍寻租行为的出现,也不会有第二个缺点,因为此时的业者出价之后,只需"依据自己的经济利益⋯⋯增加利润"。

　　但如同前文所引所说,这些见解忽略了 20 世纪二三十年代的美国,有关广电产权的社会争议很大,若说这些反商的社会动向,对于国会及行政官员,也会产生影响,显系常理。其次,毛斯与范氏回溯当时国会的立法过程及各公听会的发言记录,他们指出,这些材料业已清晰展示[1],当时的民众代表及行政官员,包括 FCC 创设之前的商务部长胡佛(Herbert Hoover),并非一无所知,事实上,他根本就已经知道依据司法判例,可以通过创设电波的私有产权,避免电波干扰的问题。唯胡佛刻意并不采取这个方案,而是让国会在 1927 年创设电波法(*Radio Act*),采用授权的信托模式。总之,当时的美国要人确实明明白白认知了电波的特出之处,在于它将比报纸有更大的政治意义与影响力,因此他们刻意创设信托而不是价格模式。

　　胡佛等政治人担心私产权之后,特定少数人或财团"要不了多久,就形成垄断",所以"预先"防制而采信托模式,它是"为了避免重要资源落入

---

　　① 本段及后段引述字句见 Moss and Fein(2003:402—403,409)。

集中的局面"而提出的"紧要弹性措施"。科斯说配用电波与其他资源完全相同:"并无理由显示电波是一种例外"。唯毛斯与范氏说,真正让人不解的是科斯的说法,因为,电台的"巨大政治效应",当时的一般人大多已经有了体会或预见;科斯未见于此,反倒是"真奇怪"。科斯等人再三把民众代表、法官判决都说成是他们误解了问题的本质,或坚持他们从事寻租行为。论者说,纯粹就史料看史料,这些民众代表审视电波的动力,明显是公共利益的角度多于自利。何以这些经济学者必得坚持,寻租之心,远大于其余? 何况,科斯不但在 40 年前,很豪迈、雄壮地呼吁:推动电波拍卖的事情:"应该怎么做?",不可能"由业界提出行动,他们有自己的利益要维护;不能由 FCC,这个委员会毫无能力想象,未来不会是当前的重复。所以,谁来执行任务? 在我看来,理当由学院经济学家来担纲⋯⋯不是学院经济学人的技术能力最佳因此适合担待这个责任⋯⋯但是,除非他们挺身而出,再不会有任何其他人"[①]。到了本世纪的 2001 年,科斯、哈兹雷特等人在内的 37 位经济学者联名写信,也曾要求 FCC 主席以"公共利益"为重,此时,假使科斯与这些经济学者并无或少有寻租之意,何以官员或民众代表在制定政策时,就一定是以自利之心,阻碍了公益呢?

政治人如同任何人(包括商人),多有利己与利他的动能,多是有限理性与有限不理性的组成;个别角度的立论,与结构的视野,也不能混同。究竟公共政策的制订,是国家真基于公共利益而为之? 是出于相对自主的结构动能,也就是维护本身科层之利益的倾向而坚持? 或确实是个别乃至众多官员的自私自利而寻租? 这些并无固定的答案,总得看具体事实而定,善于爬梳历史而发言的科斯,这次遭遇到了同样诉诸史料的毛斯与范氏,但双方的史实认定,显然有别。美国无偿使用电波的信托模式,如科斯再三表明,确实在每次股权买卖时,图利了业者。[②] 对照之下,1955 年开始有私人"独立电视台"(ITV)的英国,虽然也是信托模式,但兼取了价格机制。英国从 1965 年就通过公司税与特别税的课征,致使 ITV 的利润等同有了上限(1975 至 1985 年的平均利润是 3.167%,前两种税则合计高达 18.334%),ITV 在竞争已经更激烈的 2003 年,还得缴

① Coase(1966:466—467).
② Coase(1959,1965,1966,1979).

交 2.25 亿英镑特别税,至 2010 年才会全部取消。① 这笔特别税包括,ITV 负责公营但播放广告的"第四频道"(C4)无线电视从 1982 至 1992 年的全部营运所需;1993 年起,C4 广告收入若超过 C4 与 ITV 广告总收入的 14%,须缴交其中的一半给 ITV,1998 年降低为 $\frac{1}{3}$,并从 1999 年才取消。由上可知,英国的做法等于是兼取公共信托与收费模式(虽然不是科斯所主张的电波拍卖),借此调节电视市场,使其维持比较高程度的寡占竞争,无论是公正性或电视表现(如前所述),成效应该说是比较好的。在财产私有的前提下,信托模式不能阻止资源的集中,只能延缓之,可能付出的代价是行政主管机关图利或至少坐视业者得到不当利益,这是美国的情境,就此来说,科斯可能是对的;至于美国当年何以不是信托之外,兼取电波使用费如英国,是个值得提出的问题,但本文已经无法回答。

四、财货市场与意见市场

FCC 电波政策一文,等于是对政治人物的检视。15 年后,科斯有一文章,论《财货市场与意见市场》②,考察的是知识分子本身。在这篇论文中,科斯指人们礼赞观念的、意见的"自由市场",却又认为一般财货的自由市场不足为训,以至于接受颇多的政府介入,从反垄断措施至食品安全,政府管制可说林林总总。他说,这是知识分子自利及自恃之心在起作用:"除此之外,我想不出还可能是哪个原因可解释这个奇怪的局面"。他呼吁人们采取更一致的观点,把"一般物质财货"与"观念财货"等同看待,不特别歧视国家介入,也不特别歧视市场自主:"研拟公共政策时,应该用相同'取向'看待各种财货市场……假使政府应该干预一般财货的市场,那么政府更有理由对观念财货的市场,有所介入。"③

---

① 分别参见 Curran(1979)译附录;http://www.cpbf.org.uk,以及 http://www.channel4.com/microsites/F/foia/five-4.html.

② Coase(1974a),Hazlett 在 1997 年就此论文访问科斯,见后。Hazlett.(1997)"Looking for results — interview with Nobel laureate Ronald Coase",Reason January. 2005 年 4 月 16 日读取自 http://findarticles.com/p/articles/mi_m1568/is_n8_v28/ai_19087808/pg_8.

③ 同前引 p.386、389。

　　这里,我们应该可以清楚看到,科斯的逻辑一贯,同时也正是相当有效的书写策略,更容易达成科斯的目标,也就是扬举市场机制,压制政府规范的正当性或必要性,至少是降低政府介入的范围或深度。以这篇文章来说,1970 年代初,美国舆论及学界的凯因斯风潮及余韵犹存,但同样的这些机构却认为国家不能介入传媒。于是,通过暴露这两种态度的吊诡与冲突,可以推演得出两种逻辑。一是知识分子转向接受政府对于传媒的更深入之管制。二是知识分子转向认为政府对于传媒以外财货的管制,应当松绑。既然自由派知识分子或舆论(为了自己的利益与信仰,因此)不太可能接受前者,那么,历来接受或赞同较多政府之财货规范的人,就得因发现自己的不一致而改变。也许,转化意识形态的前哨战,已经很轻巧地开打。

　　1997 年,科斯接受《理性》杂志的深度访谈[1],其间的问答过程,应该足以验证以上的推理或解读。访问者说:"如果人们认为消费者这么无知,政府规范者理当加以保护,人们也就应该认为,政府应该介入与逡巡教授、政治人物或饱学之士的言论。"科斯的回答是:"正是如此,假使政府力能及此,政府也力能及彼。"访问者立刻紧接着说:"这样一来,我们应当设个联邦哲学委员会(a Federal philosophy commission)啦。"最后这句话自然属于玩笑之语,以其俏皮,轻巧说明了发言者的倾向。科斯最后表示:"就是这样。当时的报业对这个说法感到骇异得很。如果规范传媒与规范水泥的道理完全相同,那他们就说我是在论称应当这么规范报界了。"显然,科斯认为水泥与报纸并无不同。在科斯看来,由于外部性与公共财是可疑的概念,至少,以这两个概念为由,主张政府必然应该介入市场机制的论点,很是可疑。经过这个论断,主张传媒"内容"(观念)有别于一般财货,因此应该得到不同的政府待遇,也就是一种可疑的说法了。

五、广告与言论自由

　　与前文发表的年代相去仅两三年,科斯的笔势前进到了"广告";[2]在

---

[1]　Hazlett(1997).

[2]　Coase(1977).

该文之前与其后,科斯仅在抨击 FCC 不肯开放电视的订户付费,致使电视节目反映厂商而不是观众的需要时,两度在短文约略提及广告。[①]

在美国与几乎所有地方,对于(传媒的)广告及非广告内容,都是不同对待,若在传媒中混同两者,各地的认定宽严有别,重则属于违法行为,轻亦为伦理所不容。[②] 在经济方面,许多教科书都说,接受"垄断式竞争"[③]主题的人认为,广告导致了新厂商的进入门槛、广告造成产品的非价格竞争[④],是垄断形成过程的一部分。但一般称之为芝加哥学派(及奥地利学派)的人,并不接受"垄断竞争"的看法。对于据此发展出来的哈佛"结构—产品—表现"模式(Structure-Conduct-Performance Model),他们深不以为然。这两个学派认定:"垄断"是一种静态观点,不符合市场经济的动态进展。其中,也是诺贝尔奖得主的产业经济学家施蒂格勒(George Stigler)表明,大厂商难道一定违反了消费者的利益吗? 常见的看法认为"广告"是一种垄断企业执行、维持与强化其垄断地位的一种非价格的竞争机制,因此广告不可取;相对于此,施蒂格勒表示,完全竞争虽然不存在,但在全球经济体的竞争对手之压力下、在广告等不完全信息的宣传下,大厂商形同是处于类似完全竞争的市场,就此来看,广告适足以证明竞争之存在,无可非议。[⑤]

在有些条件得到满足的前提下,垄断或独占确实比竞争,更能有效分配传媒资源与取得比较丰富的传媒内容[⑥],但是,铸造"科斯定理"一词的施蒂

① Coase(1965),Coase & Johnson(1980),我认为,科斯夸大了订户志愿付费对于广告效果的牵制作用。

② 过去几年,传媒混同内容与广告的例子,越来越多。即便如此,2006 年 6 月 14 日修订的《广播电视法》第二条仍"称节目者,指……内容不涉及广告者";第三十三条则说:"广告,应与节目明显分开",若违反,则依第四十三条:"电视事业处五千元以上、二十万元以下罚款;广播事业处三千元以上、三万元以下罚款"。

③ 一般称之为"剑桥学派",因为英国的剑桥大学,及美国的哈佛大学(所在地是美国麻州的剑桥)在 1933 年同时出版了 Jone Robinson 夫人的 Economics of Imperfect Competition,以及美国学者 Edward Chamberlin 的 The Theory of Monopolistic Competition。相关议题可参照 Bagwel(2001)编辑的论文。

④ 参见张清溪等人(1990/2004 五版),1990 第一版:228;林全等人(1998/1999/2004:178—180);Stiglitz(1997/梁小民等译,2000:409—412)。胡春田等人(1996/1998/2003:288)则说:"广告产生的利益与广告的成本……如何量化与比较,对经济学家而言仍是颇具挑战性的问题。"

⑤ Skousen(2005/杨培雷译,2006:173)。

⑥ 如 Collin et. al.(1988);Baker(2002)。

格勒,其前引文的论述,把存在的现象作为举证,这似乎不无套套逻辑之嫌,用意则是削减政府介入市场过程的必要性。假使我们将科斯对于广告的评价,放在这个大架构中考察,就可以更见适切而不足为奇。科斯以罕见的急切口吻,作此表白:"我一直备觉疑惑,何以研究政府规范的作品……几无例外地显示,这些规范要不是没有什么用处,就是会将事情弄得更糟一些……我已经暂时得到了结论:以目前的水平来说,政府太大,以至于已经到达了负边际生产力的阶段……"。科斯很清楚,广告固然会误导或虚假,以至于会使得经济系统的表现更糟些(市场失灵),但他很快接着问:"是不是政府规范广告后可能会改进整个情况呢?"未必。科斯并且引述近年来著作大量被翻译为中文的波斯纳(Richard Posner)之考察,提出以下结论:"我们没有理由认定,就欺骗性广告的规范来说,即便带来了任何好处,其幅度足以抵销管制规范所带来的伤害。"如同"错误、偏差的"言论可以由更多的言论加以淡化或淘汰,理性的个人也应该能够自己判断广告的真伪,政府纠正引来更多的问题:"广告……显然是言论、意见市场的一部分"。[①]

科斯并举 1942 年的判例,生动有趣地表达了言论与广告之间,一纸之隔。案中,有位先生购买了一艘潜水艇,停泊在纽约市。他想对外招揽生意,展览潜水艇,收费赚钱,因此油印单张广告传单在街道散发。唯警方说,依据公卫法规,假使传单内容是商业性质,则散发的是广告,因此非法;警方又告诉他,如果传单散播"信息"或"公共抗议之事",则可以。这位先生于是印了双面传单,一边是稍修正后的原广告,另一边是抗议警方的做法(加上,抗议市政府不让潜水艇停泊在纽约市,他只好停在纽约州,而这会影响人潮)。但警方还是不让他散发这份新的两面传单,相关诉讼因此开始。科斯说,人们在论称广告与非广告的区别时,真有那么容易吗?广告是为促销,那么,他说,难道律师为客户发言、教授写论文追求较好名声,不也是某种促销吗?[②]

---

① 　这些引述依序分别见 Coase(1977:6—7,12—13,8)。

② 　Coase(1977:15,20)这里,科斯刚好又与庇古的广告观,完全对立。庇古说,很多广告是一种"邪恶,不妨由政府通过税或禁止"(Baran and Sweezy,1966:124—126)。巴兰与史威济的结论是:"福利经济学几近毫无异议,他们谴责广告,认定广告是资源的大量浪费,持续在抽干消费者收入,系统地扭曲了人们自由选择真正互有差别的产品",包括广告造成了一种结果:"消费者支付的产品价格,远高于没有广告支出的同型产……价格竞争大大降低了……"

六、付费打歌有理,政府管制适得其反

广告是一种付费传播,出资的人公开为之,并且希望接触该传播内容的阅听人,记住是谁出钱,认知其产品的存在。与此对立,正好相反的是,付费的人想要使特定内容现身于传媒,但却执意不肯或不敢让阅听人知悉该内容得以存在的理由,肇始于金钱给付。后面这种情况包括,记者写作有偿新闻或评论员撰述有偿文章(含收受礼物)、电影剧本或镜头取酬而安排特定产品或情节、电动玩具互动游戏收受酬劳而设计部分内容,以及歌手、电台或其 DJ 接受私下给付而演放或播放歌曲……。科斯在论称广告是言论、是信息,因此应该得到相同的法律保障之后,再将笔锋推进到了俗称"贿赂"(payola)的现象。科斯认为,由于美国法律及 FCC 压制 payola 这种"特殊的广告支出",在 1960 年传播法修正后:"毫无疑问地助长了"大公司的市场寡占占有率,从 1959 年四大唱片公司的市场占有率是 34%,至 1979 年,六大占有了 85%。[①]

政府行为(法律修订及 FCC 依法的行政取缔)的介入再次失灵,致使市场"自然"衍生的现象(以科斯的例子而言,就是对于相对小型的公司,对于新的音乐类型,及对于年轻的音乐听众比较有利的情境),成长为之顿挫。

科斯回顾历史,指出早在 19 世纪 80 年代的伦敦剧场就有类似记录,即有些音乐商出钱让歌手在剧场演唱某些歌曲。类同实作也在美国出现,于是围剿行动在 1890 年首度浮现了。只是,压制归压制,到了 20 世纪 00 年代初期:"反复打歌"(song-plugging)……似乎已经稀疏平常,于是有了 1916 年末第二次的封杀。1917 年,一般说法是 payola"已成过去",但其实并非如此。第三次压制于 1933 年登场,至 1945 年二战结束仍未能消灭 payola。20 世纪 50 年代时,payola 已经从支付电台转至直接(由公关公司等)支付 DJ。1959 年国会开始调查 payola 现象,政治人认为这是"不道德的、错误的、该受谴责的贿赂行为",因此 1960 年 9 月 13 日国会完成《传播法》的修正,使 DJ 个人取 payola 亦属犯法。[②]

---

① 　Coase(1979:317).

② 　前引文页 273、277、286 与 305。

科斯说，在与大音乐厂商竞争时，小公司推出新的摇滚乐，很难排上节目，此时，他们以直接付费的方式，让日后得到支持的音乐，有了出头机会，不但并无不妥，更是扮演了开创新品味的角色。反观大厂，品味保守，遇有触怒主流的风险时，往往无意冒险。如今，政治的干预后果却很荒谬，创新的小厂失去发声的机会，创新的果实却遭大厂挪用，增加了大厂的寡占地位，已如前述。但电台本身呢？何以它们不干脆将 poyola 公开，这样也就没有欺瞒而入罪的问题。科斯在分析三种可能的原因后，认定最大的责任还是 FCC 的行政能力不彰：电台岂不愿意公开哉？假使方式合理。但实情却是，FCC 要求电台宣布的方式会让听众很辛苦。科斯还有点不平，他问，新闻评论并不要求发言的人公布他的财务、宗教与论政立场或背景，何以赞助音乐产品的人，非得宣布自己的意图与身份？①

这段历史故事相当动人，科斯的娓娓道来，让文章的政治作用，得到了更大的渗透与发酵空间：存在是正道理、历经压制犹然存在乃至于扩散则更证明了正道理，既然如此，运作在流行音乐市场以外的人（如政府），最正当的做法不是让市场遵循自然的轨迹，听任其演化运行吗？毕竟，禁绝无用，payola 还是存在。

事实上，不但存在，支付 payola 的公司，如今更是蔓延到了大厂，更精细的手段层出不穷，而政府的反制也还是相当严厉。如 2002 年时，美国演艺人员及其他团体（包括有声出版公会）联合致函 FCC，要求调查 payola 的实况。2004 年至 2006 年 6 月，在纽约州检察官史丕泽（Eliot Spitzer）介入后，Sony BMG、Warner、Universal 及 EMI Music 等世界四大唱片公司，先后同意支付巨款，并同意停止 payola 行为，换取不起诉。其中最近者是 EMI，史丕泽宣布，同意让 EMI 比照前三家公司，提交 375 万美元，由慈善机构中介运用，协助非营利音乐社团，推动音乐教育，以及雇用专人，监督电台与这些唱片公司是否再有这些行为。②

从最晚近这篇论文看来，难道科斯的见解更为正确？既然美国政府

---

①　同前引，页 310—311。

②　*Economist*(2005. 7. 30:54)；另参见 http://www. dontbuycds. org/payola. htm，以及 http://www. itnews. com. au/newsstory. aspx? CIaNID＝33866&src＝site-marq.

禁止暗地付费打歌已有 100 多年,却仍然不能终止这类行为或现象,显见其合理性,它成为不合法的 payola 罪行,出于政府对于市场自发行为的压制。赞成科斯的人可能会说,除了 payola:"植入性营销"(product placement)也是是一种付费传达特定内容,但刻意不让阅听人知道他们所听所见是有特定人付费的现象。但既然电影当中的植入性营销手法,行有多年且均合法,合法的美国植入性广告也以电视为大宗,在 2004 年达 18.8(总额是 35)亿美元①,那么,早晚 payola 也会如同植入性营销,得到合法地位,政府最终仍得撤除管制。

　　但这个论断未能正视一个事实:即便人们不得不接触商品化的传媒"内容",阅听人接触广告的意愿仍然偏低,致使厂商费尽心思,求能克服这个倾向。但从早年的遥控机、近日的个人影像机(personal video recorder),都在增强人们跳过电视广告的能力。这类因素,再加上因特网发达后,人们接触电视等媒体的时间更少,广告商的压力也就更大,于是植入性广告日渐增多。换句话说,阅听人抗拒广告,厂商因此欺瞒,并且在造假过程,引发传媒内容创作人员的不满与对抗②,他们认为植入营销对于其创作过程造成了约束。既然一般人与传媒内容生产者均不肯接受欺瞒,也对欺瞒所衍生的工作自主之伤害,感受深刻,何以政府能够听任市场的甲方(厂商)行为,但却不能受理市场乙方(阅听人)与丙方(内容生产者)的"诉愿"? 政府管制植入性营销,不一定出于政府主动,而更可能是政府响应阅听人及传媒工作者的要求,也就是一种负责的民主作为。欧洲联盟执委会在 2005 年 12 月 3 日开始修改 1989 年首度制定的《电视无疆界指令》,至 2007 年 5 月 24 日完成,除改名为《影视传媒服务指令》(Audiovisual Media Services Directive),该指令仍要求植入性营销不能用于儿童、新闻与纪录片这三类节目,烟与酒这两类商品则不能运用植入性营销;并且,传媒在节目之前或之后,必须告知阅听人植入性营销的进行;英国的传媒主管单位 Ofcom 则表示,将采取比欧盟更严格的标准。③

---

　　① *Economist*(2005.2.5;33;10.29;16,61—62)。

　　② 刘昌德与罗世宏(2005),刊登该文的《中华传播学刊》(2005 年 12 月,第八期)以植入性营销为主题,多篇论文均值得参考。

　　③ *Financial Times*(2006.5.25);http://ec.europa.eu/avpolicy/reg/tvwf/modernisation/proposal_2005/index_en.htm.

假使美国政府响应市民及劳动者需求的有效度如同欧盟,不但 payola 不太可能合法化,就连目前在美国合法的私人植入营销,也还会持续被质疑,甚至有朝一日,还会由合法再成为非法?

七、结语:政府介入与传媒特殊性的问题

在前述对话或批评之外,有关科斯对于传媒规范问题的意见,还必须从两个层面,分开探讨。一应然,一实然。

就应然的规范价值面向来说,类如科斯的立场,在于不但接受,而且应该说是礼赞"纯粹"的资本运作逻辑,任何阻碍其畅行的因素,而特别是政府介入这只巨大且有形的手,都应该予以排除。以本文所引述,科斯论述传媒的论文为例,科思先是负面评论或讽刺"时代精神",不满它带来了英国广电的垄断与公营体制。其次,科斯嘲讪政府官员与知识分子及传媒,认定他们如同"理性的"经济人,工于算计自己的利益,却要用公共利益装扮门面。继之,科斯要开脱而意欲使其"正名",使其登堂入室于"自由市场"者,依序是言论(传媒内容)、传媒(公开付费的)广告,以及(传媒不愿公开而只私下收费的)payola 打歌。这样看来,科斯可以说是一个理想论者,并且老而弥坚,愈加坚持理念,或说,科斯越老越激进,一直认定国家(政府)越小,则市场更能自由。约略早于科斯一个世纪的马克思,如人所知,刚好是一个彻底的反市场论者。虽然马克思认知在私人资本的积累动态过程中,政府具有能力,可以暂时调控而延缓资本文明总危机的爆发,但他也别抱乌托邦理念,遥想未来的情境,人类能够联袂成为自由人的联合体,进入没有政府、没有市场的共产社会。马克思在论"生产性劳动"时,同样辛辣且讽刺地说:"犯人不只生产犯罪,也生产刑法,由此引出教授讲授刑法,还有必然不可免的讲义纲要,让这位教授把他在课堂上的讲课内容当作'商品'……犯人还生产所有的警察、刑事法庭、狱卒、法官、绞刑执行者、陪审团等等,犯人的事迹还会予人印象,部分有道德的意义,部分有悲剧的意义……如此又激起公众的道德感和审美感……犯人不仅生产出刑法的讲义纲要,不仅生产出刑法法典,以及制定刑法的人,也生产出艺术、纯文学、小说,甚至悲剧……如果没有小偷,锁能发展到今天如此完善的地步吗? ……如果没有民族的犯罪,世界市场怎能成

形？……自亚当时代以来,罪恶之树不同时就是知识之树吗？"[1]

假使对比马克思与科斯,两人所表征的终极价值并无对话空间可言。但无论是哪一种终极价值,必定如同止于至善的那个时刻,永不到来,不同的价值必须创造对话的余裕,因此就有本文之作,探讨 payola 等传媒现象(马克思的例子是"犯罪现象")的议题,究竟我们应该认可现状的无可如何或主张其正当,因此政府不宜管制,或者,政府不可能坐视其存在,遑论其扩大。这里就进入实然层次的观照。至今为止,并无市场大国家小的趋势,真正的情况可能是国家与市场的规模一起"茁壮",甚至,是一种"强大的国家"压制了社会的自我保护倾向[2],所造就的"自由(市场)经济"。[3] 假使"税收"(taxation)可以作为国家规模大小与职能多寡的一个指标,那么,美国与加拿大在 1975 与 2004 的税收占国民所得之比例,分别由 32.0%增加至 33.5%,25.6%略降至 25.5%。所有的 OECD 国家则是 29.7%至 35.9%。[4] 如果我们认为在这 30 年期间,市场在扩大也在走向自由,则国家显然也是如影随形,跟着成长。"就历史的真实图像来说,所谓的弱政府(weak-government)之自由主义有个黄金时代,是个幻觉。"[5]当然,政府职能扩大并不必然为善,它也经常带来让人很难接受的"服务"。主张极小政府的芝加哥经济学派另一领航人傅利曼,其货币主义固然为 1980 年代上台的里根总统奉行,但却是选择性地奉行,傅利曼认为美国国防支出应该大幅度削减[6],唯实况并非如此,里根同时发展出了凯因斯军事主义,他大幅度增加武器研发、制造与采买的支出,甚至弄出俗称星战的太空防御计划。就传媒来说,或许因为如本文所说,传媒具有公共财与外部性的特性,各国原有的公共广电机构并没有随私有化浪潮而消失,反而有所扩充[7],

---

①　Wheen(2000/洪仪真、何明修译,2001:312—313)。

②　在这方面,博蓝尼(Polanyi, 1944)的历史社会学作品著作最知名。

③　英国人甘伯(Gamble, 1994)以此解释英国撒切尔主义(Thatcherism)。

④　2007 年 6 月 18 日读取自 http://www.finfacts.com/irelandbusinessnews/publish/printer_1000article_10007581.shtml.

⑤　*Economist*(2007.6.16:91)对 Starr(2007)的书评。

⑥　Friedman(1962,2002/张瑞玉译,2004)。

⑦　唯一例外是法国,算是三重讽刺,一是法国向来号称重视文化,二是法国至今还有高于其他大国的国营事业,三是私有化法国最大电视机构 TF1 的是社会党的总统密特朗(当时是 1985 年,法国左右共治)。公视王菲菲等人(2007)编有专书,罗列 37 个国家公视材料与解说。

虽然增长幅度远逊于私有传媒。最后,理当注意的吊诡现象是,号称奉行民主的国家却走向另一种操弄传媒的道路,也就是向企业学习,投入更多公关或广告预算,试图让传媒内容出现更多有利于政府,或政府指为具有公共利益面向的讯息。① 以美国联邦中央(尚未统计各州与地方)政府为例,它与大型公关公司的合约额,从 2001 年的 3700 万美元,增加至 2004年的 8800 万。2005 年,若干美国作家在其专栏及电视节目中植入政府公卫信息,再次引发争议,是这股趋向的晚近脚注之一。②

　　上有(政府)政策下有(市场)对策的情况无所不在,这是事实。政府确实如同市场,经常失灵,但若因政府失灵(包括寻租现象),所以就不要求政府介入,似乎逻辑与实质,都有困难。问题没有改变,市场失灵仍得纠正。假使责成政府撒手不再规范,市场失灵必定持续存在。假使政府虽然介入,但继续失灵而未能改善,问题确实有可能恶化为双重打击,可能等同于政府失灵,乘以市场失灵,于是造成更恶劣的情境,可能性反而增加。然而,假使(或者,我们应该说,既然,)从历史发展过程来看,假使政府为了自利或利他而大致是在增长,那么,值得我们(社会)努力的方向,既不是纵容政府继续介入而不断失灵,也不是径自就此要求政府撒手,而是争取第三种选择,也就是建构更加有效能,而最好也是民主化的政府。晚年的施蒂格勒曾经表示:“在稳定的民主制度下的政府举措所具有的‘效率’可与自由市场的效率相媲美”。③ 弘扬“科斯定理”的人而有此转向,很是耐人寻味。

---

① MCS(1993).

② *Economist*(2005.2.5;33;10.29;16,61—62);另见廖淑君(2006)。

③ Skousen(2005/杨培雷译,2006:65 注 1)。

第六章　公共广播电视的钱、人与问责

一、前　言

"中国模式"不会只有一种论述,不会只有一种实践。同理,公共广播电视(Public Service Broadcasting, PSB)的模式也有许多种,各自烙印其历史条件的胎记,面对当代资本压力,各国 PSB 的奋进成果,亦见差别。

有些在商业影音环境中,被迫增加私人的赞助,如美国。与此相反,另有逆流而上,将原本是 PSB 部分财源的广告,从其收入剔除,为此而短缺之数,另从财政拨款与商业税捐挹注,如法国与西班牙。有些蓄势待发,先由民间社团酝酿鼓动,要求其政府创新组织与开征多样财源,巩固、支持与扩大 PSB 的能见度与影响力,平衡商业势力,方向之一是结合高教等非营利资源与机构,如美国。另外,同样或说可能更值得注意的是,已经有公广机构,如英国的 BBC,力能以其人之道还诸其人之身,却又因为其市场竞争力强大,因"成功"而遭忌,政治力在意识形态作祟,以及资本游说的压力与召唤下,出面阻挠 PSB 扩充。

"不是 BBC 就不可能是公共电视吗?",答案是明显的。何况,BBC 本身也历经变化,除 BBC 以外,PSB 模式林立、五花八门,本文的任务就在厘清与阐述,先说同,后述异,目的在于从中演绎理论的凭借、实践的取径,作为改革中国传媒的参考。

中国各层级的广播与电视机构,与世界各国的 PSB,至少有两个共同点。

首先,财产权都不是私人所有,20 世纪八九十年代以来的私有化浪潮,没有席卷公广领域,法国第一台之外[①],各国公广机构不但维持公有地位,其频道数量亦在扩张,包括香港特首在 2009 年 9 月宣布,香港电台未来数年内即将升级,收音机之外,另要自拥数个电视频道,不再如同现制,只是责成私人商业台播放其节目。[②] 其次,不断改革,随技术条件的变化,公广机构产制与采购的内容,不仅只是利用地表特高频无线电波传输,而是业已利用卫星与超高频电波,并进入了有线、电信系统与互联网,这就使得传统的 PSB 不得不与时俱进,成为公共服务"传媒"(Public Service Media, PSM),融合影音图文于一炉[③],虽然各国 PSB 进入这个新阶段的速度与表现,必有差异。

有共相,就有殊相。除了产权公有不变与服务范围的不断革新,各国 PSB 的内涵颇见差异。PSB 在各国诞生的条件与性质,是很重要,唯后天演变,更称关键。下文择要简述 PSB 出现的历史背景后,随即进入主体,分梳 PSB 的三个面向:一是财政收入的来源;二是人员构成,包括两类人,分别是经营团队与基层员工,PSB 员工的多寡与组织形式,经常又是 PSB 财政大小的直接反映;三是 PSB 通过哪些机制(市场表现、受众参与及信息公开),以示对其真正主人,也就是本国公民与社会负责;反过来说,社会如何向 PSB"问责",如何要求 PSB 对公民负责。最后,依据对各国 PSB 的共相与殊相的辨析,本文主张,在公有产权的基础下,承袭但又创新的财政与内容流通模式,可以是改革中国传媒的优先选项。

二、诞生背景

反对公共广电的众多论述当中,相当常见的理由之一,就在反复强调,该制度成为当年的世界主流,是因频道稀有,如今技术发达,频道过多

---

①　第一台遭私有化的原因,一是当时(1987 年)法国左右共治,社会党与共产党 211 与 32 席次,少于右派联盟的 265 席次。二是总统密特朗"最近"才"信仰社会主义",信念不深,手段则灵活,常借此化解纷争。见 Sassoon, Donald(1996/姜辉、于海青、庞晓明译,2007:613,640—641)。

②　请见 http://www.rthk.org.hk/about/orgchat/Annual%20Plan2010—11_English.pdf.

③　Iosifidis(Ed.)(2010).

而不再稀少,既然如此,公共体制就当退位。① 事实上,这个说法并没有正视史实,若能正本清源,予以还原,就会发现,无论是欧洲或美国,电波资源稀有都不是最重要,更称不上是政府高度管制这个新兴传媒的唯一理由。更不用说,不但早年已有经济分析,指陈广电的公共性与外部性,都是 PSB 问世的重要原因,迄今,更有精湛的专业解剖,指出在多频道的年代,公共服务广电制度不但并非明日黄花,反倒更见需要。②

英国广电协会(BBC)最早是私有,1922 年由电器商联合组成,1927年元旦改为公营,主要原因有三:先是民族与统治阶级的"文化"考虑,担心商业低俗,品味扰人。③ 其次是市场经济竞争的残酷性,导致第一次欧战:"社会"力量遂有反省,进而反制。④ 最后是"经济"因素,消费电子器材厂商无力供应制播节目的资源,公权力直接向纳税人抽取收视费,对硬件厂商无害,反倒有利于快速筹措生产广播内容的经费。⑤

美国的体制虽然不同,但仍保留两成电波作为非商业用途,商用波段不是如同土地按价出售,而是依据"公共信托"模式分配,申请人必须满足"公共利益、便利或需要"的条件。同样,电波稀有与否并非重点,20 世纪世纪 60 年代国会就此辩论时,议员清楚指认,电波是公共对象,电波承载的内容足以产生庞大的政治、文化……作用⑥,亦即广播具有明显的"社会效益",不容任何人完全占有其利。

只是,信托与公益,只能在小范围约束私有的商业电子传媒。美国公共电视的诞生,还要等到 20 世纪世纪 60 年代。当时,民权运动风起云涌,权利意识延伸进入传媒,除了抨击利润归私的传媒,美国人成群结社,纷纷要求政府创设公视。1967 年末,总统约翰逊(Linden Johnson)很快收割社运

① 如 Beesley(Ed.)(1996a)。

② 最佳论述可能是牛津大学 Balliol 学院经济系教授 Andrew Graham 与高盛(Goldman Sachs)投资银行首席国际经济学家 Gavyn Davies 的著作(1997)*Broadcasting, Society and Policy in the Multimedia Age*, Luton University Press(中译见刘忠博、丘忠融,2007《多媒体时代下的广电事业、社会与政策》)。

③ Williams(1974/冯建三译,1992:48—50)。

④ Curran and Seaton(5 版)(1997/魏玓、刘昌德译,1999c)。作者称,关于 BBC 的诞生,通说都"忽略了在广播之外的政治社会变迁",页 193—205,特别是页 199。

⑤ Garnham(1979:143)的(4)之讨论。

⑥ Moss & Fein(2003:389—416)。

的果实,跳上推动公视的列车,要求国会快速通过法案。就在美国民众尚且沉醉于公视降临时,约翰逊迅速提名陆军名人——曾任"通用动力"(General Dynamics)公司总裁的培士(Frank Pace)作为公视首任执行长。培士表示,他将研究如何利用公共电视,作为控制暴动之用:现在,一度热情拥抱公共电视的支持者,不免纳闷"这下子公视岂不要被约翰逊拥抱至死?"①

　　创建公共电子传媒的动力,出于政治,不是电波多寡的技术原因,同样显现在亚洲,只是更戏剧化。1979 年韩国总统遇刺身亡、次年光州事件,随即有大众传媒重新组合的政策,一举将所有私人广电国有化②,残酷的历史际遇竟然意外地成为日后韩流的先河。2006 年,反对泰国首相他信(Thaksin Shinawatra)政府的示威活动长期盘踞曼谷大街,军方介入后,他信外逃,军方成立临时政府,没收他信拥有的电视公司。几经折冲,军政府顺应社会业已倡议一段时间的要求,亦即将该商营频道转变为公共电视。虽然不乏国会议员质疑,传播学者、社会行动人士及媒改社团的意见亦告分歧,有人认为军政府不可信赖而反对,但也有人主张顺水推舟并无不可。正反勿论,2008 年 1 月,亚洲最新的公共电视台诞生于激烈的社会与政治冲突声中。③

三、财政来源:政府拨款、执照费与广告

　　如同诞生背景有别,各国公视的收入来源及其规模,亦见差异。节目产制经费从何处取得,对于传媒内容的质量良窳、多样程度与保守改良或激进的性格,固然不是一对一的决定或影响方式,却不可能不生短期的牵制,也不会不对公视之长期性格与内部文化,发生长远的约制及塑造之能。如果彻底依赖商业收入,并且必须自行承揽广告、进入市场竞争的传媒,即便产权国有或公有,其表现究竟与私有商业传媒会有多少差异,恐有疑问。反之,纵使必须从事市场竞争、争取合适的收视份额,但只要其产权公有,且收入不取广告而是另由政府安排,全额拨款或取执照费,则

---

① Barnouw(1975:398—399).关于美国公视的诞生,较详细中文描述,可见郭镇之(1997:82—90)。

② 任鹤淳(2004:35—38)。

③ 洪贞玲(2010:295—325);刘康定(2010)。

其表现与"私有且营利导向"[①]的传媒，必有差异，甚至可以大相径庭。

综观各国及地区公视的财政模式，除泰国公视的年度营运所需取自烟草税捐，[②]可称"创举"以外，各国公视对国内（不含对海外）提供服务时，其经费除了其节目的贩卖所得，大致来自政府预算、观众收视费（执照费）与广告三种来源，大约分作五种组合，如后。

1. 单取政府拨款：澳大利亚、香港地区等；

2. 单取执照费：日本（NHK）、英国（BBC）、瑞典、挪威、芬兰、丹麦等；

3. 政府拨款，加上广告（含商业赞助）：荷兰、瑞士、美国等；

4. 执照费，加上广告（含商业赞助）：德国、奥地利、韩国等；

5. 政府拨款、执照费，加上广告：法国、西班牙、葡萄牙、意大利等地中海国家。[③]

传媒若从政府拨款或执照费取得唯一财源，理论上都可以说其服务对象只有一种，就是受众（纳税人），毕竟政府本身不创造财富，其拨款仍然取自人民缴纳的税收，以及国营或公营企业创生的收入。执照费不需政府编列预算，可以增加政府财政运用的自由度，但执照费不能保证公视财源独立，其增减依旧受制于政治力。其次，执照费是消费税，具有累退性质（regressive），收入多与收入少的人缴纳相同额度，对低收入户，相对不公；再者，执照费征收过程，扣除逃避征收及稽征成本后，100元执照费最后大约只有90元归由公视使用，效率不彰。[④] 因此，英国这个征收执

---

① 私有传媒不一定营利，如英国的《卫报》（*Guardian*）、台北的《国语日报》。陈平2005年入主阳光卫视，曾有豪语："公共电视不一定是由政府来做，这是有能力达成的人应当的权利和义务！"见陈韦臻（2011）《撇开收视率，媒体能怎么着？——专访阳光卫视媒体董事长陈平》，《破周报》4月14日。私有但不营利的传媒以宗教取向为主，但宗教传播营利化的例子已经越来越多。（*Economist*，2005.12.3：56—57）另见 Moore（1994）；Buddle（1997）；Steinberg & Kinchelo（2009）。

② 年度上限是20亿泰币，约4.5亿人民币；创台经费另由泰国政府提供。

③ 韩国、日本与意大利的海外广播与电视，英国的海外广播（不含电视），均取部分政府预算，亦由原公广组织 KBS、NHK、BBC 与 RAI 负责，美国虽有海外广播（与电视），但另立组织，未纳入原公广机构。

④ 2009—2010年间，BBC 执照费稽征成本是1.264亿英镑（与 BBC 商业部门回流 BBC 的额度1.51亿已很接近），占执照费收入35.19亿的3.592%，另有5.2%用户逃漏执照费，比例似乎已是历年最低（*BBC Annual Report and Accounts* 2009/2010：2—99，2—100；*the BBC Executive's Review and Assessment*，2009/2010：2—87；*BBC Worldwide Annual Review* 2009/2010：8—9）。漏缴执照费最高约10%（1992—1993），2000—2001也是5.2%（*BBC Annual Report and Accounts* 2000/2001：30）。

照费历史最悠久的国度,历来都有两种声音,要求废除执照税,一种是反对 PSB 在先,自然就对执照费及其他任何政府提供的经费,一并反对。唯另一种反对的人,不但支持 PSB,并且要求扩大 PSB,他们曾经要求废除执照费,是基于公正与效率考虑。[①]

传媒若是从广告取得财源,服务对象就有两种:一种是受众,一种是广告客户,必然致使传媒不能完全忠诚于受众。即便是主流经济学者如科思(Ronald Coase),对此亦有深刻理解。他曾经为解开广告商与受众的利益冲突,主张美国政府理当核可,而不是阻止有线系统开办付费电视的业务。[②] 美国各地公视加盟台取自工商等非政府部门的赞助比率,1975 年是 5.8%,1987 年是 15.1%,到了 2006 年高涨至 60.4%(另有17.3% 与 22.2% 来自联邦,州及地方政府)。[③] 假使 2010 年这个项目的公共部门支出水平没有降低、比例不变,那么,美国中央与地方政府提供的公视经费,大约折合美国人日均收入的 0.065,还不到澳洲(政府拨款)的 $\frac{1}{10}$(0.7 日),也远低于韩、日及欧洲国家的执照费额度。由于执照费仍需政府同意,不妨列为"间接的政府拨款"。准此,则下列国家支持 PSB 的经费额度,在韩国是 0.43 日工作所得(另有广告挹注);日本的计算基准有二,受众若只看无线电视,执照费折合 1.51 工作日所得,加看卫星频道则是 2.59 日;若以 BBC 列举的 12 个欧洲国家之执照费为准,平均是2.07 日,奥地利 2.82 日最高,德、英是 2.27 与 2.18 日,法国最低 1.38 日(唯奥、德公广另有广告收入,而法国还有广告收入与政府预算)。[④]

美欧对照,可知欧美的公视虽然同样兼取广告与政府拨款,但欧洲拨款至今仍然超过广告甚多,如 2009 年的荷兰政府,拨款其公视 7.38 亿欧

① Lambert(1982:57).执照费在英国已成传统,捍卫的意见参考 Murdock(1994a:155—183)。

② Coase(1965:161—167).

③ 2006 年联邦拨款 3.96 亿美元给美国"公共广电协会"(Corporation for Public Broadcasting),约 3 亿用于电视(其余是收音机、行政支出……);2008—2011 联邦政府的拨款额是 3.9亿、4.0 亿、4.2 亿与 4.3 亿美元。以上数字转引自 Carey(1989:209);*CPB Annual Report*2006:40;http://en. wikipedia. org/wiki/Corporation_for_Public_Broadcasting;http://www.cpb. org/annualreports/2009/images/stories/docs/CPB2009financialsFINAL. pdf,p. 5。

④ 计算过程繁复,请见 http://www3. nccu. edu. tw/～jsfeng/15countriespbspercapitaincome.doc。

元,将近是其广告额 1.9 亿的 4 倍。[①] 美国则相反,政府预算低疲,相比之下,广告或商业赞助的分量越发凸显。此消彼长,致使美国公视服务受众的能力,无法提升而只能减少,并且滑落幅度的比例,要比公预算减少的速度,还要更快,因为"企业的捐赠通常直接用于特定节目的制作与包装,政府……经费则有较大部分用在基本开销……于是工商界反倒变成了公视节目制作过程中,最具影响力的单位"。[②] 个中最讽刺的例子发生在 20 世纪 70 年代。当时石油公司为了排解社会大众因为石油危机而群起责难,大笔捐款各地公视以求移转视听,其资金的规模几乎到达可以操控的地步,人们因此戏称公视是"石油电视公司"(Petroleum Broadcasting System,PBS 也可以是公视的英文缩写)。[③]

广告作为美欧电视的财政来源,意义不同,关键原因有二,以英国为例,说明如后。一是英伦的广电结构(公视为主,私人电视为辅),美国则相反。第二个原因是,在英国,同属依赖广告收入的两家电视台,彼此具有"交叉补贴"关系,维续将近 20 年;其中 $\frac{2}{3}$ 时间(1982—1992)"完全"交叉补贴,另有 6 年(1993—1998)减半为之。美国欠缺这个公共政策,政府成为资本的俘虏,眼睁睁看电视台获利丰厚(从 1960 年的 19.2% 毛利,到 1970 年的 30%—50%)[④],却未能从中抽取盈余,挹注美国的公视。

英国虽有举世最早的公视 BBC,却也是欧洲国家最早引入私人电视的国度。1955 年,英人创设私有的"独立电视公司"(Independent Television,ITV),前两年亏损,此后,每年的毛利至少都有资本额的 1.3 倍。1965 年起,除公司税,ITV 另须遵守累进原则,缴纳"特别税"(levy),其课征基准不是"利润",是广告"收入",1975 至 1985 年间,ITV 平均税后利润是 3.167%,ITV 借此"向全民表达,我们提交一定成数的利润,是因为我们得到特权,使用稀有的全国性商品"。[⑤] 另一组数据显示,1974 至

---

① 请见 http://en.wikipedia.org/wiki/Netherlands_Public_Broadcasting。

② Aufderheide(1991)"A funny thing is happening to TV's public forum", *Columbia Journalism Review*, November/Decemper:60—63,引自 p.62.

③ Kellner(1990:202).

④ Minow(1961:301—312).本文是作者以 FCC 主席身份向美国电视公会讲演词;Herman(1993:95—96).

⑤ Paulau(1981:116).

1984 年,ITV 毛利 9.183 68 亿英镑、特别税 4.673 11 亿、一般公司税 2.413 74亿,纯利因此是 2.096 83 亿。[①] 通过一般及特别税的课征,英国政府宣告电视的性质与其他产业,迥然有别,BBC 不营利之外,ITV 的利润作为私人与公共分配的额度比例,是 1 对 3.38。

虽有市场,但竞争仍受节制,纵取利润,已在交叉补助的前提下,不能尽入私人口袋。私有电视的利润部分收归国库 10 多年后,英国在 1982 年底开办第四频道(Channel 4,C4),承袭这个财政设计。新的公有频道 C4 不再征收执照费,政府也不编列预算,而是由 ITV 全额补助,具体做法是 C4 播放广告,但 C4 只负责提出节目规划与所需经费,ITV 必须予以满足,C4 也不经营广告业务,而是由 ITV 统合承揽。1982 至 1992 年间,除给付前述税捐给国库,ITV 移转 16.076 亿英镑至 C4,ITV 统揽 C4 广告经营得 15.858 亿,因此 ITV 等于是全额交叉补助 C4 之外,另对 C4 有净补助 0.218 亿英镑。[②] 通过这个财政规划,C4 遂有脍炙人口、叫好叫座的表现,如重视文化的知名杂志说:"本刊不常报道电视,但 C4 在 1982 年一片沉静的广电世界紧急降落以来,对于英国文化的冲击允称可观",[③]海外人士艳羡之余,总认为 C4 难能可贵,肩负"社会责任与经济成功"这两个经常会有冲突的性质(目标):"第四频道是公共服务广播,市场取向但特色独具"。[④]

只是,商业竞争的动能不曾止息,ITV 与 C4 相安无事,各尽所能的架构,在政坛的保守力量挟持新科技所发动的攻击下,开始变化。英国的 1990 年广电法要求,1993 年起,C4 必须自行出售广告时间,若广告所得少于全国电视广告总额的 14%,差额部分仍由 ITV 补贴,若超过 14%,则超过之半数给予 ITV。政治人物激励 C4 自己贩卖广告,C4 经理人得

---

① 1984/1985 HC 400 House of Commons. Twenty-ninth report from the Committee of Public Accounts. Session 1984—1985;Independent Broadcasting Authority:additional payments by programme contractors. Home Office. Independent Broadcasting Authority 最后一页(p. 30/p. 16)Table II。

② 限于篇幅,这里无法交待这些整理自十多份报告的资料。连同 C4 诞生的背景及涉及的"趣闻",作者已另文写作中。

③ "Channelling The Past", *Sight and Sound*, 2007.12, 2008.1 读取自 http://www.bfi.org.uk/sightandsound/feature/49412。

④ Fišer(2010).

到了诱因,力图保有更多的广告收入,依此才能挪取其中的部分,作为薪资的提成。果然,其后没有任何一年 C4 的广告没有超过 14%,C4 自此反向补贴 ITV。1996 年的新广电法没有改变 ITV 与 C4 的财政关系,双方仍然维持有限的竞争。然而,C4 并不检讨 10 多年来的财政设计对其培育有功,C4 无意维护孕育其特色的体制,C4 尝到经济甜头后,反而想要开更多的疆、辟更多的土,它加入政治游说,希望突破 14% 的限制,最后,工党政府全面放宽,ITV 与 C4 从 1999 年起,转而从有限的广告竞争,移转至全面的竞争。累计 1993 至 1998 年间,C4 逆向补助 ITV 金额是 4.125 亿英镑。[①]

完全竞争之后,C4 的收视率相较以往并无逊色,2009 年 C4 主频道仍有 7.5%,加上 C4 旗下的 5 个家族频道,合计收视份额是 11.5%。不过,此时 C4 的节目构成,业已产生巨大变化。我们取 5 种节目,使其分作“知性”(时事、新闻与纪录片)与“娱乐性”(娱乐、猜谜等游戏及体育球赛)两大类,比对历年节目的分量,有两个发现,格外值得一提。一是 C4 与 ITV 财政关系的转变,清楚反映在两类节目的增减,1993 年,也就是 C4 自己出售广告第一年,知性节目比 ITV 代售的最后一年(1992)少了 379 小时,娱乐节目多 406 小时;C4 完全占有自己所售的广告收入之第一年(1999),知性节目比 1998 年(C4 需将总广告额 14% 的超收部分,半数回流 ITV)再少 88 小时,娱乐则多 379 小时。其次,知性节目大致逐年下降,幅度惊人,尤其是纪录片,2009 年仅存 143 小时,只有 1992 年的 38.2%。[②] 对于这个转变,观众并不认可,根据主管传播业务的“传播署”(Office of Communication,Ofcom)所做的调查,30% 英国观众认为,在 2009 年仍然占有 71.6% 收视份额的四大公共服务广电集团的 30 多个频道,[③]应该提供更多英国自制的写实取向节目,只有 5% 说可以减少,希望增加新闻的人(12%)是减少的人(约 4%)之 3 倍。[④]

---

① 限于篇幅,这里无法交待这些整理自十多份报告的资料。连同 C4 诞生的背景及涉及的"趣闻",作者已另文写作中。

② *Channel 4 Report & Financial Statement*(1992:18;1993:16;1999:40;2009:138).

③ 指依靠执照费的 BBC,依赖广告的 ITV,C4 与 Five,Ofcom(2010)*Communications Market Report*,pp.114—115,128—129,137—138。

④ Economist(2009.1.24:62).

显然,C4 进入完全竞争年代,虽然还能立足,但其原本清楚的创台定位,也就是挑战既存从而开创新的品味与观点,不再清晰,而是走向模糊。原本足以让 C4 自豪的传统(海纳品味、尊重少数、制作节目讨论社会主义在西方的前途……),招致侵蚀,商业竞争提高了擦枪走火的概率,如《名人老大哥》曾出现种族歧视的场面,备受争议,招惹政治人物干涉。其次是特定(两档真人实境)节目占 C4 收入与利润份额太高(15%)[①],经营的风险跃升,如今已经是竞争者的 ITV 摆出姿态,步步进逼,诱使 C4 炒高价格后扬长而去,徒留 C4 承担后果。C4 近年出现多次财政困窘,部分根源在此,却往往殃及近邻,如 2007 年英国文化部长宣布,将提供额外资金协助 C4,但来源不是国库,是 BBC 执照费。[②]

北欧四国以外的欧洲国家自有电视以来,除执照费作为财政基础,几乎都有电视从广告取得部分收入。但是,即便是播放广告,它们仍得在高度规范下的市场结构运作,表现得(相对于美国之)可圈可点。个中的关键就在于欧洲电视市场的广告竞争,仅属局部或说是一种协调式的竞争,而不是割喉竞争。竞争所得不由赢者通吃,而是必须遵循公共政策的导引,或是在一个频道之内,或是在一个集团旗下的各个频道,进行交叉补贴;或是在不同集团之间,抽取依法必然胜出的赢家之所得,把注因为政策要求而不可能,也无意获利的频道或集团。在欧洲多数国家,这些依赖广告制播的节目与频道,相对于不依赖广告(包括不自己兜售广告)的节目与频道,长期处于直接,或间接之交叉补助,因此在相当长远的时间里,就有"播放广告的公共服务广电"(Commercial Public Service Broadcasting, CPSB)这个概念与实践,反观美国,1982 年联邦传播委员会主席福勒(Mark Fowler)发表广为征引的论文,却有一个重要论点,虽有前述论文以最后 $\frac{1}{5}$ 篇幅详细阐述,却未见任何美国学者转述,唯一的引用来自英国学者。福勒指出,电视市场化后,必见失灵,因此可从商业电波取得资

---

① 《老大哥》两节目让 C4 进广告 8800 万英镑,利润 6800 万,唯 C4 否认这些数字,Brown, Maggie(2007:1—9)。

② "Jowell challenges Channel 4 to justify £14m of public funding", *Independent*,(2007. 6.21);该议在文化部长更替后,取消("Channel 4 switchover cash shelved", 2008.11.26,读取自 http://news.bbc.co.uk/1/hi/entertainment/7750501.stm)。

金,挹注公共服务节目的制播。这个符合"播放广告的公共服务广电"的议论,获得欧洲学者的反响,适巧反映了美欧广电体制的一个重要差异。[1]

然而,诚如 Ofcom 官方报告都已认知,如果商业竞争加剧而不是减缓,如果公营广电机构的规模没有通过组织调整或其他因素而扩充,那么,在 2012 年以后,英国两家私有的无线电视(ITV 与 Five)的公共服务义务就会因为超过其执照的价值而无利可图,致使 CPSB 难以维持。[2] 要之:"昭然若揭的是,当前播放广告的公共服务广电,再也无法赓续"。[3] 迄今,英国政府并没有因为 Ofcom 的分析,提出因应的短期措施,遑论长程政策,甚至,2010 年春,保守党与自由党联合政府掌政后,倒是以金融风暴为由,要在 5 年内削减各级各部门公务支出 25%,BBC 执照费虽然没有删减,但任务加重[4],等于经费遭砍 16%左右。一洋之隔的法国,却有新气象,即便外界认为,推动变革的总统萨科齐(Nicolas Sarkozy)动机可疑,但萨科齐改革的正当性修辞,赫然以英国为师:"要解放法国公视,使其不再依附于广告,创造法国风格的 BBC。"[5]2008 年萨科齐当选后不久,组成委员会,1 年后提出报告,并在 2009 年初完成立法,分阶段要在 2012 年将所有广告逐出公视,公视为此而出现的经费缺口,另从商业电视台广告收入与电信商营业收入,提拨足额以作挹注。法国的邻邦西班牙在社会党于 2004 年执政后,其党魁萨巴德洛(José L. R. Zapatero)随即开启公视的改革[6],至 2009 年春也推进到了 PSB 的财务领域,萨巴德洛的方案与法国接近,也已经付诸实施。南欧两国的电视新政,形同是一种中兴,活化英国曾经践履 17 年的历史经验。不但维新,法国与西班牙另有创新,两国认为,既然从手机至互联网等器材或传输平台,无一不使

---

①　Brown(1994:257—273).

②　Ofcom 对公共服务广电的第一阶段报告,转引自 Curran & Seaton(2010,10),pp. 380—381。

③　Ofcom's *Second Public Service Broadcasting Review*:*Putting Viewers First*(2009:1).

④　如 Sweney,Mark(2011)."Jeremy Hunt unveils plan for new national television channel",*Guardian*,January 19. 读取自 http://www. guardian. co. uk/media/2011/jan/19/jeremy-hunt-new-television-channel.

⑤　Kuhn(2010:162).

⑥　Martí & Pettit(2010:87—88).

用公视内容,那么,针对电信商,开征税捐并移转作为公视之用,道理俱在。这么看来,这两个地中海国家的政策,就又具有时代的新意,响应了数字融合的呼唤。[1] 法国及西班牙的推陈出新,重点不是其动机是否纯正,更重要的是这个改革方向,究竟是会持续与扩大、停留在两国,或是招致本国与欧盟反对力量的围攻而退缩。

四、公广人:组织规模及垂直整合

PSB 的员额及其组织形式,因其财政收入的多寡而见差异。管理该组织的经营团队之产生方式,则随各国历史、政治文化与社会结构的不同而有差别,先看后者。

在英语世界,任何关注传媒制度比较的人,必得阅读哈林与曼西尼的《比较传媒系统:三种传媒与政治的模式》。[2] 他们根据传媒市场(特别是大众报业)发展的强弱、政治与传媒的对比类型、新闻专业与国家介入传媒系统的水平与性质,将北美与西欧 18 个国家的传媒列入考察。据此,他们提出三种命名,英美加与爱尔兰等英语系国家是"自主主义模式"、北欧欧陆等国是"民主统合模式",而地中海南欧诸国则是"极化多元模式"。

他们以 PSB 的治理、经营团队的产生方式(分作四种),阐述"政治与传媒的对比类型"。首先是"政府模式",如 1964 年以前,法国 PSB 直属信息部,其后大致是执政党可以决定执行长(director-general, DG)及其他经营团队人选,随时间推移,这个随政权升降而更动 DG 的现象有些变化,但国会多数党大致还是能够影响与任命 DG。法国之外,西班牙、葡萄牙与希腊亦都如此。第二种是英美加及若干欧洲国家的"专业模式",当权者的干预程度低于前者。1958—1979 年间,法国广电部长更换 20人次以上、"国会多数每一改变,新影视法相应而生",这是"选胜者派遣人士的(分赃)系统"。因此,至 20 世纪 80 年代末,据说身处其境的法国广电人,最"羡慕的模式之一就是英国"。[3] 三是"国会或比例代表"模式,德

---

①　Levy(2010);Medinas & Ojer(2010).

②　Hallin & Mancini(2004:21,30—32).

③　Cayrol(1991:189,206);以及 Noam(1991:97).

语系国家及意大利属之。意大利的 PSB 有三个频道,分别由基督民主党、其他世俗党派,以及共产党决定经营人选。最后是前者的变形:"市民或统合"模式,控制 PSB 的团队由多种社会与政治群体组成,包括政党,但工会、公会、宗教与氏族团体也都能分享权柄,如荷兰、欧陆(如德国)的某些小区电台等。

通过哈林与曼西尼的区别,读者丰富了认知,得悉 PSB 的独立自主性,形式尽管繁复,但无法不从政治系统取得授权。对于哈林两人的宏观讨论,只需再做两点微观的补充。

一是 PSB 的自主形式仍在变化。随着南欧国家立法赋予 PSB"法理独立",其"事实独立"的空间,业已得到更多的拓展契机,它与英美等"专业模式"的落差,可能已在缩小,这是汉瑞悌详细研究 36 个国家的 PSB 所得到的结论。[①] 其中西班牙格外值得一书,在所有促使政府更透明与负责的各项工作,首相"萨巴德洛引进的最重要变化,或许就在公广集团RTVE 经改造后,当道政权不再能够支配。RTVE 的最高经营团队至此需由国会三分之二同意后,才能任命,DG 则由董事会径自选任。从任何角度评判,RTVE 的自主与独立,业已确认……实质上,公信力足够的评论者有了运作空间,批评政府再也不必然来自私人企业,RTVE 有了诱因证明自己的自主。形象上……共和民主不再等同于当道政党的专政……"[②]这里,另有值得一记的是,PSB 是否拥有员工董事,似乎与哈林与曼西尼的分类,没有明显关系,如丹麦、芬兰有之而瑞典与挪威并无,法国虽设但德国与英国未有,丹、芬、法之外,印度与韩国 MBC 是另 2 个设有员工董事的 PSB,统计 30 个可得资料的 PSB 机构,仅有以上 5 家设有员工董事。[③]

二是无论 PSB 经营团队的产生经由哪一种模式,都不可能得到百分之百的"事实独立",表现在两个层次:一是政治系统与经营团队之间,虽然前者授权,后者接受委任,唯冲突仍然在所难免。一个突出的

---

① Hanretty(2010).

② 同 101 页注 6。

③ 胡智峰、王健(2008)《北京市现代广播电视公共服务体系与标准建设》研究报告(北京市广播电视局委托中国传媒大学横向重大课题),杨乘虎等 17 人参与,页 240—243。谢谢黄学建提供这份报告。

例子是英国,其经营团队的党派色彩一般说来比较不明显,日常经营也多维持"一臂之隔"。[①] 但 20 世纪 80 年代以来,传统上出任 BBC 董事的人选,不再是各党派都能同意的"大佬与好人"(the Great and the Good),执政党任用自己人的倾向已告增强,[②] 又以撒切尔夫人(M. Thatcher)首相最称夸张。她在选任 BBC 理事的时候,不免先问:"这家伙是我们自己的人吗?"[③] 工党的布莱尔(T. Blair)政府任命的董事长与 DG 分别是戴维斯(Gavyn Davies)与戴克(Greg Dyke),戴维斯夫人是当时财政大臣、后为首相的布朗(G. Brown)办公室的机要秘书,戴克是工党长期支持者与献金人,虽然两人获得任命是出身经济学的戴维斯,多年来都以专业分析,主张 BBC 必须扩大规模,而戴克在电视业界的专业经营声誉与成绩,历来称善。其次,经营团队与一般员工的日常共事,难免另起嫌隙。这些摩擦与龃龉暴露后,会以什么方式落幕或歹戏拖棚,取决于社会及政治权力的集中与分散程度,也受制于监督传媒运作的社会力量。其中,PSB 机构的集体组织(工会)无疑是不能忽视的因素,以下再就工会略作讨论。

不同论者曾经指认,宣称法国公共影音节目制作机构的工会激进有力,曾使其 1978—1984 的节目成本上涨 2 倍(通货膨胀率是 84%);[④] 也有人指控,RTVE 负债累累,但"工会力量强大,不放过广电人已取得的一分一寸之权利",因此仍可坐领高薪。[⑤] 实质是否如此,不得而知,唯这些工会确实承载负面形象。相对于此,可能给予比较正面观感的是加拿大 PSB,其工会在 2005 年罢工两个月后,迫使管理人同意,将外包(临时约聘人员)的工作量,从 30% 左右,压回 9.5%,而任何员工只要约聘超过 4 年即可转为正式职工。[⑥] 毕竟,外包人力若是过多,就会形成两层(以上)的工作体制,危及工作条件之后,除了节目产出的质量招致不良的影响,同工不同酬的比例愈高,愈是不能符合 PSB 理当表征的平等理念。在韩国,无

① 同 93 页注 3。

② Sparks(1995).

③ 同 93 页注 4。

④ Noam 同 102 页注 3,p. 97.

⑤ Fernandez, Raquel(1997:386).

⑥ Economist(2005. 10. 1:37);加国广播公司劳资纠纷现转机・中央社,2005. 10. 3。

论是 20 世纪 80 年代军人总统卢泰愚、21 世纪初民选总统卢武炫或李明博，都曾因为任命 KBS 或 MBC 这两家 PSB 的 DG 人选不当，遭到工会，显见政体性质、总统政治信念的左右差异，并未决定工会性格。[①] 2003 年，BBC 因报道官方侵略伊拉克，交恶当道，董事长戴维斯与总经理戴克双双辞职，抗议政府的调查报告对 BBC 不公允；就此例而言，BBC 工会对于 BBC 经营者，英国民众对于 BBC 的支持，远远大于他们对于（新）工党政府的信任。[②]

　　最后，哈林两人对于 PSB 经营团队的选任机制之分疏，必须与他们对于亚历山大（Jeffrey C. Alexander）的"传媒分化论"的反思，合并考察。亚历山大认为，愈是现代化的社会，传媒与新闻事业就愈加重要，现代传媒越来越独立自主于国家、宗教与政治团体。哈林与曼西尼则说，亚历山大之见不是全豹，他们认为，哈贝马斯（Jurgen Habermas）与布迪厄（Pierre Bourdieu）都明确指认，受制于商业化的趋势，传媒其实更是表征"一个去分化的过程"（a process of de-differentiation）。传媒与政治系统，是有更多的分化，两者的关系，业已脱离王权或威权专制年代的从属或紧密联结，但在经济面向，传媒与商业日趋密切而不是分离，私人东主、广告商或其他个别利益都在阻止传媒（人员及内容）的自主（与分化），即便传媒人抗拒（或久之而不抗拒），信息娱乐不分、广告与内容不分的幅度，都在增加，挫折了传媒人希望专业自主的努力。商业化曾经促成传媒专业化，但滋润专业化的力量并非只有商业化，何况，历史有其辩证过程，如今，商业化伤害专业化之处，远多于促成与提携。"如果日趋商业化的传媒对于社会生活也是日趋重要，那么，传媒就会是这个去分化大过程的重要施为者（agent）。一清二楚，这是布迪厄的论点。"[③]"传媒商业化与中立的专业表现没有必然的关系"，专业化反而"可能"与市场结构有关，因此，美国地方报纸的垄断地位使其报道比较中立，而英国小报、澳洲与德国报纸的激烈竞争，或美国收音机脱口秀因广播市场竞争强化，致使出现"意见好卖"

　　①　Im，Yung-Ho(1998)；Economist(2003.4.19:28；2008.8.2:32;2009.4.4:32).

　　②　参见比较中间偏左的 *Guardian* 与 *Daily Mirror*，偏右的 *Daily Telegraph* 与 *Daily Mail* 在 2004 年 1 月 30 日的报道。

　　③　同(Hallin & Mancini)，pp.285—286、288、291.

(opinion sells)而并不中立的现象。[1]

商业化确实不等同于市场化,精确一些地说,商业化的归宿,是如同脱缰野马难以驾驭,或是仍然可能驯化为良性与多样竞争之驹,受制于下列因素:不同的市场结构、不同的竞争幅度、竞争金钱利益还是竞争其他标的(如观点、表现形式、城乡、年龄、阶级、职业、性别……),以及,最关键者,公共政策的有无及其性质。美国电视的市场结构,很长一段时期属于寡占而业者坐拥高额利润,但公共政策空有信托之名,致使 FCC 主席感叹美利坚电视直如荒原;英国与美国同属哈林所称之"自由主义模式",却在广电产权与市场结构的公共政策规范,差异巨大,英国曾有 C4 与 ITV 的财务交叉补贴关系,成效良好,屡得创新与多样的礼赞,已如前述。

ITV 与 C4 愿受规训的原因,就在英国的公共政策,包括创设 BBC 这个强大的 PSB 机构作为其后续政策的工具,有了 BBC 作为主导电视市场的力量,ITV 与 C4 等于先有 BBC 牵引其市场行为,后再接受政策的规约。电视市场结构能否在宏观调节下,维持或提振传播专业表现的条件,一个简易且重要的指针是 PSB 机构的规模:同一 PSB 机构的员额若能达到最低水平,该 PSB 制作节目的资源就等于是同步增加,从而提供比较合理与稳定的工作条件,有利于制播经验的积累与传承,在传输平台可获得确保的前提下,展现为组织形式就是"垂直整合",生产并同时传输节目。

PSB 要有多少员额才算最低水平?人与钱的规模,是一体的两面。依据 2010 年或最近可得的资料,澳洲(人口 2200 万)是 5442 人[2],加拿大(3500 万)约 8000 多人[3],韩国(5000 万)是 5212 人。[4] 日本(1.3 亿)的

---

① 同前注。再者,福斯电视新闻网在美国取得商业成功,2010 年营收 15 亿美元而毛利 8 亿,超过其两个主要竞争对手 CNN 与 MSNBC 之合:"意见好卖"的现象是否延伸到了电视,值得观察,见 Standage, Tom(2011)"The News Industry: bulletins from the future", Economist, p. 14, July 9th special report。

② 至 2010 年 6 月底,ABC Annual Report 2009—2010, p. 192。

③ CBC Annual Report 2009—2010 似未列员工数,但只 2009 年开始的志愿退休方案,目标是至 2011 年底裁员 800 人,同 93 页注 3 所引材料指 CBC 在 2005 年的员工数是 9 千,但前引年鉴指 CBC 在 2006 收入是 16.71 亿加币(汇率与美元大约相当),2010 略多(17.1 亿),因可推论 2010 左右雇员数仍超过 8 千。

④ KBS Annual Report 2009:3,50,并称未来 5 年要裁员 15%,KBS 在 2006 年的员工是 5287 人(Annual Report, 2007:38)。

NHK 是 1.0582 万人（执照费收入是 6926 亿日元，①折合约 51.73 亿英镑，另有商业收入可折算为 8.28 亿英镑，合计 60.01 亿），附属公司 5000 人左右；②英国（6100 万）的 BBC（执照费是 35.19 亿，加入商业等其他收入，总计 42.6 亿英镑）是 1.7238 万人（似不包括英国外交部拨款的"BBC 收音机海外广播部"约 1900 人），附属公司 2700 人。③ 德国（8100 万）PSB 第一台（ARD）是 2.3 万人（63 亿欧元）、法国（6500 万）France Télévisions 是 1.14 万人（28.53 亿欧元），意大利 RAI 是 1.17 万人（32.11 亿欧元）。④

　　这些 PSB 的员额介于 5000 至 2 万之间，迄今仍然是各国规模最大的影音文化生产（与传输）机构，虽然相比于 PSB 诞生时，它们完全垄断各国的影音生产，已经不可同日而语。

　　为了要在最大范围之内："生产"多元（不等同于多量）的影视文化品位并负创新、实验之责，PSB 必须设计合适的科层组织形式。一方面，善用"规模经济"的特性，透过组织的扩张而降低制作节目的成本，并祈求能够将顺此而省约的资金，转而再投入于开发他种类型的影视品味，以求得到"范畴经济"的效益。另一方面，PSB 如同任何私人机构，也会出现组织若是无边膨胀，将可能重蹈"彼得定律"因人设事的陷阱，亡失了照顾"公共"利益的原则而沦落为自身科层利益的辩护。相应于各国的人口及经济力，5000 至 2 万员工的组织规模，是不是合适的水平，无法轻易回答，它总是取决于支持 PSB 的论述与实质力量（包括工会），能否战胜总是企图将新科技纳为己用的商业与资本积累之动能。

　　在英国，1980 年代以前，BBC 与 ITV 的本国节目几乎都是自制，是典型的垂直整合机构。20 世纪 80 年代的商业力量奋起进击，10 多年后，也就是 20 世纪 90 年代，作用开始显现。最早是 2 家直播卫星电视在 1990 年 11 月合并为 BSkyB，1993 年起，保守党通过法令，强制 BBC 与

---

①　汇率计算以 2010.6.25 为准：http://www.exchangerates.org.uk/GBP-JPY-25_06_2010—exchange-rate-history.html.

②　http://www.nhk.or.jp/faq-corner/01nhk/05/01—05—05.htm（2010 年资料，男 9143 人，女 1439 人），谢谢本田亲史先生告知，本田先生又查出，2004 年 NHK 商业收入是执照费的 16%，2010 年比例不知，因此援引该比例。

③　The BBC Executive's Review and Assessment 2009/2010, p.63, 98.

④　http://en.wikipedia.org/wiki/ARD_（broadcaster）；http://en.wikipedia.org/wiki/France_T%C3%A9l%C3%A9visions；http://en.wikipedia.org/wiki/RAI.

ITV将至少25％工作量外包,从而缩小其人力,达到打击英国集体组织的最后堡垒"电视工会"的政治目标;[①]1993年ITV与C4也从不竞争进入有限竞争,再到1999年的彻底竞争,其间,第五家无线电视(Five)则在1997年取得执照,竞逐广告。面对大变局,ITV原本由英国14个分区的业者取得各自的制播执照,历经合并至2004年,14家成为1家,员工在1986至1990年间已经减少7000人,至2009年,员工总数只存4026人,节目自制率下跌至30.82％。[②] 相形之下,BBC"好些"。1979年,BBC是2个电视、4个收音机全国频道,及伦敦在内的11个广电节目制作中心,当时,全职员工2.5283万人,兼职1350人,总数达2.6633万人。[③] 至2009—2010年,BBC员工人数少了7000多,自制节目比例是65％[④],但服务范围与项目大举扩充,脍炙人口的互联网(含影音互动)服务是全新的服务,制作中心9个,另设20多个较小的地区或地方工作室,境内电视与收音机频道8—10个,独资海外商业电视频道7个,另有合资商业国内频道10个(当然,节目制作量的增加,远低于频道数的扩充)。[⑤]

在欧洲这个PSB发源地,欧洲联盟(European Union)在历经20世纪八九十年代经济新自由主义的、扁平化的、瘦身的喧嚣与实作后,它在1989年制订具有跨境法规拘束力的《电视无疆界指令》(*Television Without Frontier Directive*),1997与2007前令两度修改,并易名为《影音视听传媒服务指令》(*Audiovisual Media Services Directive*),三者均设条文,要求EU会员国PSB必须至少提供10％给"独立制片人(商)"承揽。2006年数据显示,EU电视节目来自欧洲自制的比例,平均达$\frac{2}{3}$,其中,由EU独立片商完成36％。[⑥] 由此反推,欧盟的PSB内制,也就是垂直整合

---

① Crisell, Andrew(2002:235).

② ITV Plc Report and Accounts(2009:19,27,36).

③ BBC Handbook(1980:66).

④ Nicoli, Nicholas(2010). 发表在注29提及的会议。

⑤ 7个海外独资频道是BBC America, BBC Entertainment, BBC Knowledge, BBC Lifestyle, CBeebies, BBC HD 及 UKTV(Australia),参考 http://www.bbcworldwide.com/.

⑥ "New Figures Show: Almost two thirds of EU television time is 'Made in Europe'"(July 25/2008, EU 发布)读取自 http://europa.eu/rapid/pressReleasesAction.do? reference=IP/08/1207&format=PDF&aged=0&language=EN&guiLanguage=en

影音生产的能力,依旧可观。PSB 虽有不少节目委外制作,但这些接受委托的、名称光鲜的"独立"制片人的工作条件并不理想,这个部门的发展规律是:"独立自主"的意识形态扮演了诱人的角色,而侧身其间的人至少分作两层,上层是能够流动的企业人,其余绝大多数的其他人则受制于无形的科层,毫无自主可言。[①]

通过这些扼要考察,我们可以说,经济效率、承担创新风险、提供稳健工作条件等三项需要,是催生影音垂直整合机构的重要原因。在欧日韩澳加等社会,这个需要沉淀为公营 PSB 机构的创设、持续与更新,在美国、香港等欠缺大型 PSB 的地方,这个逻辑由私人完成。在美国是时代—华纳等等大型影音组织。举个例子,具有独立公司地位,因此员工人数另见单列的"哥伦比亚广电集团"(CBS Corporation)在 2010 年的全职与兼职员工是 2.538 万人;未单列的"美国广电公司"(American Broadcasting Company),其母公司华德·迪斯尼(the Walt Disney Company)员工数是 14.9 万人。[②] 香港(700 余万人口)的"无线电视公司"(TVB),在 2010 年的营收是 46.75 亿港币(折合约 4.15 亿英镑)[③][④],仅有 BBC 的 $\frac{1}{10}$,但员工 4125 人超过 BBC 的 $\frac{1}{5}$。那么,公部门或私部门推动的影音垂直整合制播,何者更为符合社会需要?何者更能对社会负责?这就是本文下一小节所要探讨的问题。

五、问责公广:信息透明、受众参与、公信力与收视率(质)

PSB 以什么方式对社会负责?本文提议评估 PBS 的四项表现:(1)信息透明度;(2)受众参与;(3)公信力,包括记者形象;(4)市场表现,包括收

---

① Lee. David(2011).

② http://www.sec.gov/Archives/edgar/data/813828/000104746911001419/a2202111z10—k.htm(页 1—23,另见 http://en.wikipedia.org/wiki/CBS_Corporation);the Walt Disney Company Fiscal Year 2010 Annual Financial Report And Shareholder Letter,p.20.谢谢张时健提供数据。

③ TVB 周年年度报告 2010,页 1、169。

④ 以 2010.6.5 为准,1 英镑汇兑 11.2766 港元,http://www.exchangerates.org.uk/GBP-HKD-05_06_2010—exchange-rate-history.html.

视占有率,以及收视质量评价。除对比各类 PSB 在前举四面向的表现,公私广电的比较亦当纳入,分作三个层次,(1)洲与洲:美国与欧洲,前者私有为主,后者 PSB 仍然重要;(2)国与国:英德法意 4 个欧洲人口都在 6000 万以上国家的对比,英国只取执照费,另 3 国 PSB 兼取部分广告,财政有别,表现或有差异;(3)一国(英国)与一地(香港)的 PSB 与私有电视。

　　如果"问责"PSB 的四个维度,以及 PSB 之间、PSB 与私人传媒的三个"比较"层次,都能交叉讨论,自属最佳。唯数据无法齐备,只就能够掌握的部分,揭露与讨论如后。

　　任何 PSB 必定提供的服务,就是 PSB 本身持有的营运信息,无不全盘在年鉴公布。到了互联网年代,则又无偿通过网络对外提供,外界借此可以知悉、监督与评估其营运绩效。PSB 的愿景、成就与缺失常以文字交代,涉及财务则以多种统计图文数字表述,举凡不同层级员工的薪资结构,以及各类节目的产出时数与制作成本,都能完整且通体透明。相形之下,私人公司常以商业机密为由,鲜少主动对外发布,即便股票上市的公司,其报表的记载程度及项目,无法望 PSB 的项背;如香港 TVB 年度报告只有收支大项,并无细节。规模越大的 PSB 越有能力提供制作年鉴所需的资源;各国 PSB 的详细程度并不相同,部分原因就在其规模的差异。日、韩 PSB 晚近都开始提供本国语言以外的年鉴,特别是韩国,韩语外,另有中日英文三种,即便其翔实程度无法、也不可能如同母语版本,却对外人了解本国,会有帮助,从而 PSB 借此也能增益本国形象。制作定期的年鉴与不定期的档案,如今已经是 PSB 的常态工作项目,唯如同政府信息以公开为原则,保密为例外,PSB 同样有些资料,不一定对外公布,如 BBC 就其新闻报道是否公正的内部调查档。[①] 坚持不公开,兴讼亦不能使 BBC 改变其认知。

　　PSB 如同私人企业,无不宣称要倾听与响应受众的意见。两者差异在

---

　　① 2004 年 BBC 新闻总监 Richard Sambrook 因以阿双方均指 BBC 相关报道不客观不公正,因委请资深广电记者 Malcolm Balen 提出调查报告。2007 年,亲以人士要求 BBC 公布该报告,BBC 则称,根据英国信息公开法,BBC 所持文书,若与新闻业或艺文标准之衡量有关,BBC 有权决定是否对外公告。几经来往,上诉法庭在 2010.10.23 支持 BBC,终结本案。*Daily Mail* 指控 BBC 用了 20 万英镑诉讼费,滥用了执照费,但该指控并无充分证据。以上参见 http://en.wikipedia.org/wiki/The_Balen_Report。

于私人企业从消费者的角度定位受众，是一种消费式参与（prosumer），
PSB 则必须信守对于受众之公民身份的承诺，虽然这个承诺的实践，仍然
有其上限。一是如同现代社会的民主政治，代议为主，直接民主或公投为
辅，全职兴办传媒是主，受众以公民身份，业余地参与主流传媒（比如，公民
记者）的传播过程是辅。二是律师与医生等专业，因垄断相关知识，遂能主
导消费者的意识与行为[1]，传播与其不同，不可能、也不应该垄断对讯息的
编采与解释，因此就有必要在较大范畴，与受众有更合适的互动方式。此
时，对于受众参与的范畴，仍会因为传播专业的矜持、自尊、权力意识与工
作流程的实际需要，受到约束或牵制。三是倾听受众意见，或邀请受众参
与，同样得耗用 PSB 的资源，如 BBC 在全国有 16 个受众咨议委员会（Au-
dience Council），所用经费在 2008—2009 年是 153.9 万，2009—2010 年是
132 万英镑。[2] 英国的 C4 则从创台以来，在其晚间黄金时段的新闻旗舰
后，一周 4 天，每日提供 5 分钟，安排特定观众陈述意见，C4 宣称这是该台
的特色，是其"挑战偏见"的机制之一。[3] 韩国 KBS 似乎另有不同的设计，
虽非 KBS 主动提倡，而是来自观众的争取。韩国 2000 年施行的综合《广
电法》第六十九条规定"韩国放送公社（KBS）应该……播放直接由观众制
作的、观众参与型节目"。韩国人士为此成立"观众参与联盟"与 KBS 协
商，决定一周由相关社团申请制作 25 分钟节目，每周六下午 1 点 10 分起，
在 KBS 主频播放。节目播出需由 8 人委员会审议（2 人是 KBS 的观众委
员，另选独立制片人、律师、学者、广电专家各 1 人，民间社团推荐 2 人）。
这个节目在 2002 年 5 月首播，1 集约从广电基金得到 7500 美元资助。其
间曾生争议，如工会制作的《我们要工作》纪录片原已得到播出许可，财团
施压后，KBS 不予播出，群情哗然，许多市民社团、韩国总工会及"韩国传
媒活跃分子联盟网络"联手大举抗议。未几，KBS 观众委员会跟进，强力
抨击 KBS，终使该片得以放送。[4]

---

[1]　Johnson(1972).

[2]　*The BBC Trust's Review and Assessment* 2009/10,1—43,note 6.

[3]　指一周五次的"第四频道新闻"（Channel 4 News），周一至四晚间 07：00—07：55 播出，
观众时间紧随其后，该时段收视率为 9.2%，仅次于 BBC1(14.4%)与 ITV1(13.5%)，周五至周
日不设观众时间。*Channel 4 Annual Report*，2010,pp. 18—20,p. 42.

[4]　整理自 https://lists.riseup.net/www/arc/inter-act。

　　私有广电产业与 PSB 的最大对比,来自美国与欧洲,通过前两段叙述,不难推论,在信息透明与受众参与面向,欧洲必然优于美国,这是体制使然。除此之外,两地广电对于欧美民主的意义,显有差异。科伦(James Curran)等人执行跨国研究,先对芬兰、丹麦、英国与美国的主要电视频道与报纸,展开抽样(2007 年 2 至 4 月,取 4 周)分析,并设计 28 个难易不同的问题,由 4 国共 1000 位民众填答(美国限于注册选民,另 3 国填答者需 18 岁以上)。他们发现,美国人不但对于国际公共事务所知最少,对于国际软性新闻,所知比例亦最低,比如只有 50% 美国受访者知道 2008 奥运将在北京举行,另 3 国介于 68%—77%。作者又发现,因教育、所得、性别、年龄所造成的公共知识落差,美国远大于另 3 国;在这些欧洲国家,即便教育程度与所得偏低、即便是少数族裔、即便是年龄高或女性,其公共知识水平比起美国相同背景的群体,明显多出许多。相关的一个重要现象是,美国三大电视网在晚间黄金时段(7 至 11 点)安排娱乐节目,欧洲 3 国的电视则在相同时段安排 4 至 5 次每日新闻或专题。该文 4 位作者小心翼翼地讨论,有一重要结论:"欧洲电视在其公共服务传统下,更能将公共知识带给弱势群体……社会包容(social inclusion)的成效较佳",重要原因是 PSB 常被检视,要求服务所有人,否则其执照费或政府拨款将受威胁,商业电视为了利润,就会迎向社会条件较优的人群。[1]

　　假使公民身份的滋润与民主涵养是我们希望传媒服务的目标,那么,欧洲 PSB 胜于美国商业广电。再看同属欧洲、财政来源有别的 PSB,以下两个表格的数据,提供参照,从中可以推论若干值得认知的观点。

表 6.1　德国、法国、意大利与英国公营电视频道经济效益比较,1994+

	执照费欧元(1)	平均国民所得倍数(意大利=1)(2)	执照费占总收入比率(3)	加权执照费欧币(英国=1)++	收视率占市场份额
德国	99	1.439957	0.678 *	101.4/1.164	33.3%
法国	94	1.314274	0.605 **	118.2/1.357	42.%

① Curran, Iyengar, Lund and Salovaara-Moring(2009). 引述数字出自 pp.17—18、19、21。

（续表）

	执照费欧元(1)	平均国民所得倍数(意大利＝1)(2)	执照费占总收入比率(3)	加权执照费欧币(英国＝1)＋＋	收视率占市场份额
意大利	84	1.000000	0.589	142.6/1.637	34.7％
英国	76♯	1.011395	0.863	87.1/1.000	43.0％

资料来源：Council of Europe(1995)Cinema，Television，Video and New Media in Europe：statistical yearbook，1994—1995，pp.150—151，compiled by European Audio-visual Observatory；Commission of the European Communities(EC)(1996) Public Policy Issues Arising from Telecommunications and Audiovisual Convergence，comprising(1)main report；(2)summary report；(3)appendices，Brussel：DG XIII，EC

＋执照费占总收入的比率资料是 1993 年；＋＋(1)除以(2)及(3)的商数；♯ 英国电视执照费约有 30％为收音机使用，1994 年电视执照费是 109 欧元，乘以 70％是 76.3；＊执照费占德国 PSB 一台 ARD 收入是 75.4％，占二台 ZDF 是 60.2％，此为两者平均；＊＊F 2 是 50.9％，F3 是 70.0％，此为两者的平均。

表 6.2　英国 BBC 两个频道与 ITV/Channel 4 经济效益的比较，1994

	收入＊	收视份额(％)	其　　　他
BBC 两个电视频道（执照费为主）	16.88	44.0＊＊	另有北爱、苏格兰与韦尔斯地区节目及若干地区新闻
ITV＋Channel 4（广告）	29.06	49.8	有十余个地区节目

资料来源：ITC Annual Report and Account，p.104；表 6.1EC(1996)．

＊亿欧元，1994 年 0.651 英镑兑换 1 欧元；＊＊与表 6.1 有 1％差距，应是统计来源不同所致。

先说明表 6.1 的计算方式。首先，除了执照费以外，4 个国家的公营电视都另外拥有不等比例的其他收入，其中英国执照费收入比例最高（86.3％），其余来自 BBC 在商业市场上销售节目的所得，法国的 F2、F3、意大利的 3 个 RAI 频道，以及德国的 ARD、ZDF，除了执照费，都播放部分广告，或从政府预算取得若干补助。由于各国所得不同，执照费及其他收入均必须换算，才能确定 4 个国家每一家户实质支付的执照费。经过这道计算程序，英国 BBC 每年从每户取得 87.1 欧币，并供应观众 43.0％收视时间，德、法、意的公共电视分别从其观众取得相当于英国 1.164、1.357 及 1.637 倍的收入，但只供应其观众 33.3％、42.0％及 34.7％的收视时间。

再看表 6.2,BBC 两频道与英国播放广告的另二频道之比较,两者提供的收视时间是有差距,BBC 是 44.0%,ITV 与 Channel 4 合计是 49.8%,后者收视份额是 BBC 的1.13倍,但所得是 1.72 倍,即便扣除英国政府对后者课征的特别税(5.85 亿欧币),他们的收入仍然是 BBC 的 1.38 倍。

因此,从表 6.1 及表 6.2 的比较,我们应该可以说,英国 BBC 比德法意的公营电视,更为有效地使用观众的经费,若在英国内部比较,BBC 亦优于 ITV/Channel 4。事实上,英国历届政府最为敌视 BBC 的撒切尔首相为了先发制人,曾在 1980 年代延聘伦敦会计顾问公司检查 BBC 的经费运用是否恰当,目的是要搜集证据以便指控 BBC 浪费观众的执照费。未料检查结果出乎保守党政府的期望,这家公司的结论是,BBC 提供这些服务所花的钱:"很有价值"[1],这是 BBC 效率不俗的另一佐证。

这个效率在新传媒年代,似乎增强而不是减弱。2001 年,BBC 提议,在经费自理、无须政府额外拨款或增加执照费的前提下,BBC 愿意在原有服务项目外,增加 4 个数字电视频道,让英国观众自由观赏。没想到英国私人电视公司 ITV,加上美国迪斯尼、华纳、新闻国际等集团破天荒连手,游说英国文化部长驳回此议,原因就在质量毫不逊色、且无广告干扰收视的 BBC 频道,不向观众收费,这样一来,谁来看这些商业频道呢? 最后 BBC 的扩张规模只能减半。[2] 2003 年,筹备多时,BBC 的"数字教材计划"总算开张,但教育材料出版商及数字软件业者屡屡攻击,致使这个节省英国家长成本,也广受好评的在线学习系统,被迫先在 2007 年喊停,又在 2008 年关闭了事。[3]

到了 2005 年,数字收音机业者埋怨了,理由相同,大家都听 BBC,他们的数字频道怎么办?[4] 在互联网结合影音图文于一身的年代,2006 年居然报纸都感受到了威胁,谁的记者人数比得上 BBC? 现在还不只是纸本销售量滑落,接下来,公信力高、网页可亲、影音文字内容多样的 BBC 是不是还要袭夺报纸的网络读者? 这是问题。[5] 英国内阁办公室在 2007 年元月

---

① Davis & Levy(1992:467).

② *Guardian*(2001.7.6).

③ Harvey(2010).

④ *Economist*(2005.7.16).

⑤ *Financial Times*(2006.6.13).

宣布,由于民众对 BBC 等等"超级网站"的接受度与使用度日益提高,951
个政府网站将先减少为 551 个,最终将只保留 26 个,毕竟政府必须节约开
支与方便民众。[①] 确实,至 2009 年底,英国成人有 98% 每周都用 BBC 网
站,1 个月造访人次达 2000 万,依照人口比例,相当于脸书(face book)在
美国的水平。[②] 2007 年圣诞节,BBC 推出随选视讯,节目播出 7 日内开放
英国观众自由观看,永久开放的内容也是有增无减,2010 年春,1 个月有
1.2 亿次点播该服务(包括电视与收音机节目)。[③] 2009 年,BBC、另 3 家无
线电视,以及若干电信业者,联合想要共建影音随选平台。为了对付 BBC
等影音及平台业者的联合行为,平日竞争激烈的英国直播卫星与有线两大
平台,就此协议而暂时偃旗息鼓,有线与卫星两大业者携手合作,他们劝导
政治力介入、迟滞 BBC 参与的这个平台之进度。最后,两大传输平台的随
选系统在 2010 年 10 月先上路,受到 BBC"牵累",BBC 参与的平台虽然先
发,至此只能后至,最快要到 2012 年才能启动。[④]

若是只看传统服务,亦即电视收视市场的份额,那么,BBC 在 2009
年的收视率是 32.1%,ITV 与 C4 各是 23.5% 与 10.5%,Five 是 5.5%,
总计这 5 家英国法定 PSB 的 30 余个频道市场占有率是 71.6%,节目投
资是 30.05 亿英镑,私有且法律不责成其公共服务的 BSkyB,投入 20.86
亿英镑,提供 50 多个频道,但仅得收视率 7.4%。[⑤] 如果只以主流价值标
准(收视率)衡量,显然受法律约束而必须 PSB 的机构或企业,效率远高
于纯私有的公司,虽然 BSkyB 的 1000 余万收视家户的收入高,因此其较
低的收视率搭配无线 PSB 无偿在其平台播放,仍然拥有丰厚的利润。

市场占有率高,这是"数量"的优势:"质量"又将如何?日本的 NHK
收视份额在东京只有 20%,却有相当高的公信力,灾难(如 2011 年 3 月
的大地震与核灾)发生时,收视率随即增加至 50%,原因在其形象较佳,

---

① 《英大刀阔斧整顿政府网站 500 个公共服务网站走入历史》(2007/1/17),http://www.find.org.tw/find/home.aspx? page=news&id=4674。

② Economist(2010.3.6:62—63)。

③ Economist(2010)"Changing the channel: a special report on television", May 1st.

④ 指 YouView(主要由 the BBC, BT, TalkTalk, ITV, Channel 4, Channel 5 and Arqiva. 联合),Guardian(2011.3.24)。

⑤ Ofcom(2010)Communications Market Report, p.114—115, 128—129, 137—138.

最受信赖。① 香港中文大学 1997 至 2010 年的多次调查都显示,香港所有(含平面)传媒的公信力,以"香港电台"最高;②1998 年以来,香港电台、所有私营商业电视及学界与广告界合作的电视节目欣赏指数调查,历年评选也都是港台成绩最好,2010 年得分最高的 20 个当中,13 个是港台,若取 10 个最高者,则 6 个是港台。③

日港之外,下文先检视 BBC 的"机构形象"及"公信力",其次再进入"品质"的讨论;形象、公信力与节目质量三者密切相关。表 6.3 显示英法德 3 国的广电表现,在 3 个国家民众的心目中,并不相同。我们应该可以说,(1)德国人最信任他们的媒体,从报纸到收音机与电视,均在 70% 以上;(2)法国人最不信任他们的媒体,得到最大信任的收音机也只有59%;(3)英国人对于不同媒体的信赖度,差距明显,85% 的人信任电视,收音机亦达 79%,但报纸只得 48%。对于广电有较佳评价,持续至今,虽然随其市场竞争的强化,似有降低。如 2003 与 2007,4 年间的调查显示,相当信任 BBC 记者的比例,从 80% 降至 61%(ITV 降得更多些,从 80% 减少到了 52%),若将英国的报纸所受信任的水平分作三层,则上层报是63% 与 41%、中层报 36% 与 20%,下层报是 14% 与 7%。④ 2010 年,有关使用者对于平面、电子与网络传媒之政治新闻信任度的调查,BBC(在线与广电)仍有 50.3%,第二名的蓝天新闻(Sky News)只有 6.5%,ITV 第三(5.3%),报纸最高的《泰晤士报》是 3.3%。⑤ 这个结果与 8 年前(2002年的调查)的排序,大致相同,显见其稳定性。⑥

---

① 请见 http://www.aibd.org.my/node/244。

② 多为苏钥机与陈韬文主持的调查,见 http://www.liberalstudies.tv/pdf/ls_hongkong_05_credibility.pdf,http://rthk.hk/mediadigest/20110113_76_122704.html。

③ 彭嘉丽(2011:5—7)。

④ *Economist*(2007.5.5:55)。信任是一事,BBC 亦常遭批评,见 http://en.wikipedia.org/wiki/Criticism_of_the_BBC。BBC 称呼英美领袖是"美国总统布什"、"英国首相布莱尔",但提及委内瑞拉总统则说"争议的左翼总统查韦斯",玻利维亚总统则是"激进的社会主义者",显然宣泄了 BBC 的国际偏见,转引自 http://www.zmag.org/sustainers/content/2006—05/20edwards.cfm。其他批评见后文。

⑤ "PG poll:BBC is the most trusted source of political news"(2010.3.31)。http://www.pressgazette.co.uk/story.asp? storycode=45249。

⑥ 当时是 BBC(91%),ITV(89%),C4(80%),Five(59%),1991 开播的 Skynews 是 37%。转引自 Hargreaves Heap(2005)。

表 6.3　报纸、收音机与电视在英法德三国的可信度(%),1996—1997

	英国	法国	德国	英国	法国	德国	英国	法国	德国
	报纸的报道			收音机的报道			电视的报道		
完全或大致符合真相	48	47	70	79	59	80	85	49	74
完全不符合真相	44	48	30	12	33	20	13	49	25
不知道是否符合真相	8	5	0	9	8	0	2	1	1

　　资料来源:法国 *the Telerama* 杂志及罗马天主教日报 *La Croix* 委托 Sofres 公司在 1996 年 12 月及 1997 年 1 月,于英国、法国、德国、意大利与西班牙各以问卷调查 1000 人。整理自 *Guardian*(1997.1.29:4)。

　　如何解释这三个观察?何以德法对传媒的评价较为一致,英国则有很大变异?是人的素质或市场结构的因素所造成?即便这是因为德国人轻信传媒,法国人习惯于怀疑传媒所致,但民族性或文化角度,难以解释英国人对于广电及报纸的歧异评价。如果人的面向不能作为理解表 6.1 至表 6.3 的依据,就得从市场结构的角度,分析这个差异。这就是先前已曾表明,相于欧陆三国,英国广电市场在 1990 年代初,竞争程度在公共政策规范下,相对没有那么激烈,表现尚称持平,所以得到英国民众较高的信任。英国报纸则竞争压力大,商业手法经常纵容,甚至鼓励耸动的报道与呈现方式,读者固然多,评价却低,如同瘾君子吞云吐雾,但对烟草危害身体心知肚明。

　　最后,跨国评估广电节目的质量,难度可能高些,虽然曾有学者认为,英国节目的质量举世第一。[①] 另有统计,累积至 1984 年,英国的广播电视节目获得 26 个"意大利奖",比法、西德、日本与美国加起来还要多。[②] 有关美英法意荷瑞典与西德电视的跨国研究则说,英国电视的财政基础并非完美无瑕,但已是最可取的方式,提供最大范围与最佳质量的电视节目。[③] 有趣或说讽刺的是,评价 BBC 最具"公信力"的证词,来自于精英刊物《经济学人》周刊。该刊主张 BBC 分阶段私有化,并且欢呼英国新政府要在 2011—2015 年间,裁缩政府支出 25%,但它的评论说,BBC"必须大

[①]　Paulu(1981).

[②]　Collins, Garnham & Locksley(1988:1).

[③]　Blumler, Brynin & Nossiter(1986).

幅砍预算……这是政治压力所致，不是质量……BBC……在提升英国人生活质量以及海外形象的贡献，比起政府所提出的任何其他构想与作为，都要来得大。BBC 提供受众繁复多端、变化有致的广电内容组合，新闻、时事节目、纪录片与艺文内容，其他国家都很羡慕"①。

　　紧随这个评论，《经济学人》却说："但 BBC 太大……对竞争者没有好处。"②言下之意就是支持英政府以政治力量介入市场营运，缩减 BBC 规模。这真是不公平，违反《经济学人》等主流经济学所信奉的消费者主权信念，也违反市场的自由竞争说法。既然 BBC 服务受众大致良善，出于受众选择，何以"对竞争者没有好处"是值得关心之事？BBC 假使真是大到不灵活欠缺效率了，不就会在市场竞争下遭致淘汰吗？何劳外力介入，强制其缩小？何况，BSkyB 不是更大吗？至 2009 年 6 月底的这一年度，它的收入 53.59 亿英镑，1 年后已是 59.12 亿③，BBC 至 2010 年 3 月底的1 年，执照费收入 35.19 亿（用于电视只有 23.5 亿），即便加上商业收入也只是 42.68 亿④，谁大谁小不一目了然吗？何况，就在商业力量抨击BBC 坐拥执照费，不受广告萎缩的影响时，偏偏忘却收取订户费的BSkyB，亦复如是，而 BBC 并无自由向金融机构融资贷款以强化自己竞争力的空间，但 BSkyB 等等商业机构，深谙此道、热衷于斯。更何况着眼未来，BBC 从 2010 至 2016 年，执照费都不会增加，都是 145.5 英镑，BSkyB 的年订费 2007—2008 年是 427 英镑，2009—2010 年达 508 英镑，以后更会有能力调涨，但 BBC 等于 6 年实质收入减少 16％，因为 BBC 必须额外承担原本由公务预算支付的项目（3.4 亿英镑），包括（1）海外广播服务，（2）韦尔斯第四频道，（3）政府委托的监听业务；2013 年起，BBC 一年还得投入（4）1.5 亿英镑，引宽带入乡村，（5）2500 万英镑，制作地方电视与在线内容，以及（6）负责建置全国数字收音机网。⑤

　　BBC 诞生以来，外界的批评与压力，从不停歇。BBC 被隐喻为软性的、柔性的喉舌，是建制的最佳维护者："英国不需要格别乌（KGB），我们

①　*Economist*(2011.6.4:68—69).
②　ibid.
③　请见 http://en.wikipedia.org/wiki/British_Sky_Broadcasting.
④　*Annual Report and Accounts* 2009.10:2—99,2—100.
⑤　*Guardian*(2010.10.20)；*Economist*(2010.10.16:35).

有 BBC"。[①] 与此对立,BBC 被指为颠覆者,是"文化马克思主义"在英国的代言人。[②]

经济的批评是另一番风情,1980 年代的攻击,指作为一种公共机构的 BBC 欠缺效率,彼时已经难以服人,再至这个世纪,适应市场竞争的 BBC,经济表现竟至可能是太过成功:"压迫"私人传媒无穷无尽寻求商业及牟利的机会,致使商家屡屡动员国家压制 BBC 的市场行为,继而再让国家增加 BBC 以额外重担。

长此以往,BBC 是不是即将在商业压力之海,载浮载沉,即便没有灭顶,也再难从容领航? 这个严肃的提问不止攸关英国,PSB 作为一种体制的生命力,是不是还能否极泰来、更上层楼,不至于只是维系于 BBC,但 BBC 的成败得失对于世界各地 PSB,必有重要意义,应无疑问。

未来之事,不能尽知,检讨 BBC 迄今的发展何以还算可圈可点,则有必要。BBC 的相对成功,原因多端,其中,国家相对有效地节制,乃至于引导广电市场的运作,减少其市场失灵的程度,可能最是居功至伟。一方面 BBC 不取广告作为财源,因此在市场经济中,尚能兼理传媒"内容"的"外部性",增加正社会效益、减少负社会效益节目的制播。其他方面,在数字年代,服务全体受众的用心,超越求利之念,BBC 愿意将愈来愈多的图文影音放入互联网,促其自由流通,而不是滥用智慧财产权(intellectual property right,IPR),致使"公共财"的特性遭到约束而难以尽情发挥。[③] 利用多重平台,从手机、无线、有线、互联网至卫星,促其节目广泛与自由流通,正是 BBC 成功、受到欢迎与肯定的重要原因。权衡各国 PSB 的数字与在线服务,BBC 的执行绩效,确实最称优秀。[④] 面对预算锐

---

① 英国资深、曾被说成疯狂左派之一的工党国会议员班・东(Tony Benn)在 1994 年接受英国激进导演肯・罗区(Ken Loach)访谈的用语,引自 Nineham,Chris(1995)"Is the media all powerful?" *International Socialism*(Summer)No. 67.

② Gibson,Owen(2007)"Dacre attacks BBC 'cultural Marxism'",*Guardian*,23 January. 保罗・戴可(Paul Dacre)是英国保守的、民族风浓厚的《每日镜报》(*Daily Mail*)之总编辑。

③ 关于传媒具有外部性与公共物品的特征,因此必然需要公共政策介入规范的最深入阐述,见《传媒、市场与民主》(E. Baker,2002/冯建三译,2008),上海:世纪出版公司;关于经济学者以传媒为例,最反对这两个概念的说法及其批评,见冯建三(2007),收为前书译者跋文,亦已收入本书。

④ Brevini(2010);Humphreys(2010)。

减,BBC 不是将更多的 BBC 节目商品化,反之,BBC 的 DG 表示要将更多高质量节目与信息全部自由地、无偿地流通,BBC 要以图书馆为师、要以公立博物馆为师,作为所有人的公共空间,如此,不但是弥补市场的不足,更是百尺竿头,以创造"普通的、共享的文化"(common culture)为目标:"日后回首,或将察觉,如果这个新服务能够成功,它对市场(价格机制)的干预,将要超过 BBC 任何其他行为,影响势必深远"①。

六、中国传媒改革

本文从 PSB 的诞生谈起,主轴在于介绍与讨论不同模式的 PSB,就其财政来源、人员组织形式,以及问责方式,尽其所以地爬梳,无非是希望从中因革损益,继而借此引申,建构理想的 PSB 模式,作为传媒改革的参考。

中国传媒在历经 30 多年的变化,从完全政府拨款到逐步退出而由广告递补。在广电方面,广电总局发展研究中心的论文指出,2007 年政府财政(用于硬件、传输系统的建设,远多于用在广电节目的制作,且)投入只有"13.3%……(未来)还会降低……商业经营越来越成为广播电视机构的价值取向……越来越暴露由市场导向与公共利益导向的冲突和矛盾"。② 改革是个动态的辩证过程,原本具有正面作用的市场与广告机制,业已走到了对立面,成为改革的绊脚石而不再是推手。正是这个背景,关于公共广电作为一个必然的改革选项,是以浮现学人及政治人的眼界。

中国学界第一篇介绍"公共广播电视"的文字,最晚在 1994 年已经刊登,是大约 500 字的编译③,学者自行撰述,略有他山之石以攻错的第一篇长文,再要隔了 3 年才出现④,但稳定获得关注又要 8 年。亦即在 2005

---

　　① *Economist*(2010.3.6;62—63).

　　② 杨明品(2009).《中国广播电视公共服务建设实践与发展模式》,收于李景源、陈威(主编)章建刚、尹昌龙、张晓明、陈新亮编(2009)数字引自页 129。2009 年的财政补助是 245.18 亿元,占全国广播电视总收入 13.23%,引自 http://www.sarftrc.cn/templates/T_content/index.aspx? nodeid=65&page=ContentPage&contentid=374。

　　③ 汤民国(1994;45).

　　④ 郭镇之(1997).

年之后,篇名出现"公共广播电视"或"公共电视"的文章,开始每年都超过
10篇。[①] 2007年更有一书,径自命名《公共电视》,[②]作者指出:

> 学者提出,公共电视必须……改变对政府的经济依赖……如
> 何……改变……? 只有自谋生路,走市场化路线。然而中国的事实
> 已经证明,一旦非营利性组织卷入……市场……其性质裂变……在
> 所难免……最终……陷入……两难……媒体大王默多克……多次声
> 明……"任何人提供了公众希望并以可能支付的价格获得的服务,都
> 是在提供公共服务。"其实这与公共服务……的精神……背道而
> 驰……商业电视……是……煽动观众的消费情绪和购买欲望……公
> 共电视要……利用法律……加强……独立性……规范与政府的关系
> ……政府拥有……拨付资金这把杀手锏,但是公共电视……代
> 表……进步的民意,政府在运用不利于公共电视……的行政手段时
> 也不得不有所顾忌……

公共电视不是商业电视,并无疑问。可以深入思考的是,如前文提
及:"商业"的英文"commercial",另有一内涵,即"电视广告",因此欧洲
(含英国)的无线电视(通常迄今都还是各国的主流频道)依法都必须遵守
高于卫星、有线或网络电视的节目质量要求,这样一来,公有PSB之外,
另有前文引述与讨论多回的"播放广告的公共服务广电"(commercial
public service broadcasting,CPSB)一词。

在欧洲,CPSB已经因为广告竞争日趋激烈,屡现疲惫而不一定还能
维持。

面对商业竞争激烈至此的地步,中国还有机会建立公共广播电视吗?
又分作两个层次。首先,中国播放广告的广播电视能够是CPSB吗? 其
次,若能建立,则广告之外,显然也必须另有收入来源,这些经费来源是哪
些,其规模又要有多大?

---

①　数据计算至2010年,随数据库搜集范围增加,篇数或许仍会变化,计算说明与统计结果
请见 http://www3.nccu.edu.tw/~jsfeng/19942010ptvarticlesinchina.doc。

②　石长顺、张建红(2007:33—34)。

有经济学者认为,CPSB 并无不可,因此:"直接着手建立公共传媒,也可以采取'事业单位企业化经营'的模式,通过现代企业制度的模拟,由政府控股或全资所有的传媒企业,或企业化经营的事业单位实现内容产品的供给(无须由国家财政供给)"。[①] 对此,同样是经济学者的意见,判断不同:"事业单位体制下企业管理模式……在理论……存在难以克服的悖论"。[②] 哪一种判断更为可信? 其实,这可能不是理论问题。毕竟,过去一百年来,西方学界关于"市场社会主义"的五阶段论辩[③],换成微观层次的中国话语,就是对于前述命题(事业单位能否企业经营、播放广告能否及在多深层次仍然可以是 CPSB)的正反看法。中国能否建立 PSB 或 CPSB,属于哪种模式,与其说是理论问题,不如说是实践的问题,是政治意志是否愿意对于传媒的财政制度,作一创造性转化的问题。

在《动力与困窘:中国广播体制改革研究》[④]这本用心深刻的书,作者虽然引述新自由主义者健将的修辞,但与其说作者尾随政府最小化的意识形态而起舞,不如说作者只是对政府失灵、言论管制的过当及经济寻租,提出批评,他说"经济人"的理性选择与自利动机:"不是教导个人'应该'如何选择,而是改变选择结构";据此,作者对事业单位追求的社会责任与企业经营所要达成的经济效益之思辨,就是对这个课题的进一步澄清。

这种社会责任和经济效益的统一究竟是在一个国家或社会的范围内实现,在传媒行业范围内实现,还是在广播行业内部实现,或是在某具体广播机构或实体的日常运行层面上实现? 如果真正想回答这些问题,人们必须脱离空谈概念和原则,深入到现行广播体制、运行机制、社会功能目标设定和经济制度安排等一系列结构性和框架性问题之中……中国广播长期坚持的"为人民服务"、服务社会公众的社会主义价值,在新时期的改革中似乎不应该轻易抛弃,而应该通过公共服务的途径和机构继续保持和发扬……

究竟是只对单一机构要求,或是对整个行业,乃至于社会整体提出

---

① 肖赞军(2006)。

② 邓向阳(2006:157)。

③ Roemer(1994/冯建三译,2005);或余文烈(2008)。

④ 邓炘炘(2006a)。下文的引句,依序出自页 290—291、310、390—391。

PSB 的要求，层次显有不同。中国学人当中，是有人刻意（或说复制本文先前已经反驳的流行意识，）认定 PSB 必然效率低下、没有市场竞争力，因此虽然可以有公视，却理当只定位在"宣传与教育"。[1] 但也有不能同意的人，他们表示，公视必须是大多数中国人最关切的现象和问题，成为主流民意的集中体验……成为中国形象最真实、最全面、最有代表性的展示平台……（并且）在全球化、高科技化（表现为数字化）、市场化的世界潮流中，公共服务的使命和功能不仅没有被消灭，反而显得更加必要和迫切了。比如，在碎片化的现代社会中，不同社群需要人人皆可参与且免费进入的公共平台，以实现民主的交流与和谐的理想。又比如，在娱乐化、通俗化的国内外商业电视市场中，需要保存民族文化传统，丰富当代文化生活。[2]

但无论是将 PSB 当作摆饰，或是希望其成为主流，都还没探讨这个 PSB 的财政，要从哪些来源取得，规模要有多大？目前的提法包括"该用税收来保证"、"该有公共经费"。[3] 进一步的建言则说中国目前的 PSB 采机构"内部交叉补贴"会出现补助多寡取决于主事者的意志，难以确保，并且不同地区财政能力差异大，PSB 难以均等化，改善之道因此是"纳入国家公共财政预算"，设立"广电公共服务基金"，征收广电市场公共服务税并接受商业捐助。[4] 再多一些来源，则提及烟草……等特许行业的税捐。[5] 此外是"电波频率……收费……广告收入转移支付……（收取）视听费……"，[6]但也有人认为："不宜……征收视听费"。[7] 虽然如此，摊派入户的吸引力不减："根据……国情……按户一年……50 元人民币，农民、残疾人、低保户、老年人……比例减少或豁免……1 年就……有 150亿……超过央视 2003 年 75 亿的总收入……"。[8]

除了最后这个建言，将中国 PSB 的规模定为当年央视收入的 2 倍，

①　吴克宇(2004)引字出自页 209，余见页 39、46、142。
②　郭镇之等编著(2009:18—19,327)。
③　同前注。
④　同页 121 注 2，页 132—133。
⑤　石长顺，张建红(2007:267—268)，页 267—268。
⑥　邓炘炘(2006a:397—401)，页 397—401。
⑦　同注 5，页 267—268。
⑧　冯广超.产业化后呼唤中国电视的公共化.传媒透视,2005 年 4 月:8—10。

其余主张 PSB 的意见,并没有细说 PSB 经费额度。其次,这些建言对于经费来源的分析,只是列举,还没有将其体系化,亦即政府拨款(来自税收)与视听费,以及两者与消费税(使用电波,或烟草等特定产品之)之间,彼此关系为何?何者轻、何者重,各自比例为何?哪些项目该列而漏列?关于 PSB 的建设,若不讨论这些重要问题,就有规模大小都可,经费来源公正与否皆可接受的缺憾。

　　首先:"建立公共服务广播,其规模如何设计……不容易回答……"。[①]一方面这是事实,毕竟主流的实证经济学者认可公共财的供应必须由政府介入,但对于这是由政府自己或委请他人提供,提供多少,实证学者又说,答案欠缺"客观"依据,而"往往(必须)透过政治程序来解决"。这样一来,主流经济学者居然有了马克思式的意见及委婉表达:"到目前为止的一切社会的历史都是阶级斗争的历史……而一切阶级斗争都是政治斗争。"PSB 规模愈大,就是广电传媒的商品化程度低,等于阻绝了资本积累在这个领域的进展,个中谁得谁失,不言而喻。另一方面,是有产业经济学的研究指出[②],若要充分平衡商业传媒体系的缺陷,就有必要将非商业的投入量占有 45%—59%的市场份额。[③] 若以单一机构的市场份额为准(比如,BBC 在英国),至少得 25%—30%。[④] 以上这些估算,仅指单一传媒(经常是"广电")市场,未曾以全部传媒(从现在的报章杂志、广电、有线卫星电信互联网等各种平台与手机)作为计算基准,假使列入,是不是会因传媒倍增,致使基金所需要额度也跟随比例上升呢?

　　会增加,但可能相当有限,不会跃升,这是因为数字化以后,相同内容如果没有人为的法律限制,就可以运用科技,将其特性发挥得淋漓尽致:(一个节目)使用(收看)的人再多、流通的平台或管道再多,同时或分阶段流通,都不会增加这个节目的制作成本。事实上,本文前一小节

---

　　① 邓炘炘(2006a:401),页 401。

　　② 英国牛津大学产业经济学家葛瑞罕(Andrew Graham)与高盛投资银行首席经济学家戴维斯(Gavyn Davis),后者日后出任 BBC 理事长,但因工党对 BBC 不公允,在 2003 年与 BBC 执行长一起辞职抗议。

　　③ Graham & Davis(1992:218—219).

　　④ Graham & Davies(1997/刘忠博、丘忠融译,2007)(数字引自第 13 章最末页),可下载自 http://www3.nccu.edu.tw/~jsfeng/grahamdavies19972007.doc。

已经指出,BBC 在数字年代的竞争力,得以不减反增的一个重要原因,就在 BBC 善事运用数字融合之利,不求利而求服务,将越来越多的影音内容放入各种平台,任其国民自由使用。IPR 的辩证同样如同商业机制,一度可能具有的正面力量,如今在很多时候,可能是对于文化创造的扼杀,阻碍或萎缩多样性,不是提振、推进或丰富,这就是"早先的那些安排也许曾经是最有效率的,或也许是当时生产体系所绝对必须的。然而,在新出现的这些科技条件下,早先的那些安排可能就折损了、破坏了,而不是改进了新科技条件所能生产并提供的财货、资源或功能,社会政策应该以此作为分析对象"①。这个 21 世纪的观点,活似马克思 1859 年在《政治经济学批判序言》话语的当代版本,只有一点差异。马克思的修辞是:"社会的物质生产力发展到一定阶段,便同它们一直在其中活动的现存生产关系或财产关系……发生矛盾。于是这些关系便由生产力的发展形式变成生产力的桎梏。那时社会革命的时代就到来了。"马克思没有提及公共政策,但既然放弃了决定论,既然革命未必可取或可行,则如前一引述所说:"社会政策"必须进场分析,提供更符合时代需要的引领。

　　依照现行的 IPR 制度,原本是公共财的影音图文在政府立法创设财产权后,不再能够自由流通,而其产权人也通过"数字权利管理"(digital rights management,DRM)手段,刻意制造这些公共财流通障碍,并对未经其授权而径自复制或使用的人,施以处罚或求偿。假使更动法律设计,恢复所有内容的公共财本尊,并让所有人都能自通过互联网下载、复制与使用,那么"交易成本"必然大幅降低,创作人通过另一种补偿系统,可以得到更公平的保障。根据专精智慧产财产权的法学家暨社会学家之计算,现制强调 IPR 与 DRM,保障财团,对于整体创作人,并不有利。2000 年,扣除通过广电频道的收听或收看的花费,美国每户家庭购买、租借或订制影音产品的经费,平均是 470 美元。如果通过互联网自由流通与下载,厂商是会损失,但创作人整体通过另一套使用者付费的方式,会得到更为合理的补偿。依据宽带普及率、新制取代现制的比例,以及付费方式(加征所得税、课征影音硬件税捐、对互联网

---

　　①　Benkler(2004:331)。

服务提供者征税导致的转嫁等等）的差别，各家户为此摊付的额度不等，可能是 27、64.33、202 或 254 美元，无论是哪一种数字，都远低于现制。[①] 显然，新制度对消费者有利，表现为更低的金钱支付。对艺文创作者有利，表现为收入可以确保，艺术自由与经济独立性更大。对于整体社会，更是福音：不再需要巨额法律诉讼与繁琐稽查的支出，社会交易成本大幅降低，侵权之说不再而纠纷减少，现制视为违法的现象依据新制都可以光明正大进行；律师经济收入会减少，但知法犯法的例子可望减至最低，法律重拾尊严。

依此推论，假使中国的 PSB 规模够大，并且如前所指，占有市场 25％—59％或更高的份额，由其出资所制作的内容也能仿效这个原则办理，如此，不但 PSB 是非常有效率地运用资源，更可以因为有了这个实践的经验，进一步另生突破的效果。先前，桎梏人心、迫使人"犯罪"却又对于许多创作人员不能提供最佳保障的智慧财产权，至此已经成为意识形态，不再具有任何道德优越性。改变节目（内容）制作的财政基础以后，不只是经济效率大幅改善，更是对于政治与文化认知，带来深远的良性启发。甚至，若是放诸海外自由流通，对于中国的世界形象与软实力之增进，应该也是大有帮助；届时，或许还会另生指控，批评中国虽无倾销之意，却以自由流通影音产品于世之实，无意之间，反倒阻碍了他国之许多当地作品的制播机会？

前述这个来自于美国情境的设计，其影音制作基金来自两大类别。一是税收，一是硬件及电信、互联网业的消费税。相比于美国学人所提，有关中国 PSB 财源的许多具体建言，公务预算、广电业者广告提成、消费税等等都已进入考虑，唯独没有提及传媒硬件厂商。硬件本身少有功能，若无内容居间流通；若无硬件给予展现，内容无处容身，价值也就无从显现。软硬两相依附的事实，有其财政意义。早在 1970 年，影响法律与经济学界甚深的产权专家德姆塞茨就曾指认："节目一旦广播……至少有两组私人群体，愿意支付广播的成本……一是广告厂商，他们的利益在于让将自己的讯息，传送至家家户户……二是收音机与电视机接收器的生产商，即便没有广告厂商支付，他们也能知道，广播受人欢迎的流

---

① Fisher(2004/李旭译,2008:196,202,216,228,221—224)。

行节目,于他们有利,因为这样他们就可以贩卖机座。"①多年过去了,影音传播的技术进展已经进入数字年代,道理没有改变。由于影音内容一经制作完成,就可以通过不同平台在大小有别的各种载体,无穷无尽地显现,永远不会耗竭。因此,许多国家在公务预算、收视费、广告之外,已将内容制作经费的来源,延伸到了电信业者、网络服务提供商,以及更多的终端接收设备厂商,收音机、电视机、录放机、计算机、手机……通通纳入,也对当年还不存在或不普及的储存设备如空白影盘片、硬盘、随身碟等课征内容捐。除了英国,几乎所有欧洲国家都从中取得部分财源,支持影音等文化创作。② 在美国,除了前引学者早在 2004 年详细引证并在其规划中,列入硬件及电信业的收入,1967 年卡内基委员会在为美国公视构思财源时,即曾建议收取所有电视机销售额5%,其后亦见论者间歇重新提出③,到了 2008 年金融风暴后,这个构想更在美国引领一阵风潮④,虽未落实,却已经有人夸张地说:"新马克思主义者正影响奥巴马的传媒政策"。⑤

假使传播硬件与软件(内容)业者的部分提拨,再加上公务预算,已经足够让 PSB 的规模平衡商业电视,那么,再从消费者课征收视费或其他消费税,就显得比较不必要,或说,对其课征之数,理当少于课征自业者的份额,特别是下列三个情况若是一并列进考虑,或许就会认定,再对消费

---

① Demsetz(1970/1988);重印于 Cowen, Tyler & Eric Crampton(Ed)(2002). *Market failure or Success: The new debate*, pp. 111—126, Cheltenham: Edward Elgar,前引文出自 p. 126。

② House of Lords, Select Committee on Communications(2010)"*The British film and television industries:Decline or opportunity?*" January, pp. 64—66(特别是第 265—267 段)。

③ 其中较为全面的分析,见 Baker(1994:111—115)。

④ Thierer & Szoka(2010)"*The Wrong Way to Reinvent Media*, *Part* 1: *Taxes on Consumer Electronics*, *Mobile Phones & Broadband*", http://www. pff. org/issues-pubs/pops/2010/pop17. 1—the_wrong_way_to_reinvent_media. pdf,美国联邦交易委员会在 2009 年 12 月及 2010 年 6 月,两度召开工作坊或公听会,检讨传媒经济及其变革,席间,麦克切斯尼(Robert McChesney)教授等人提出筹措公共服务传媒基金之议,包括对硬件及电信业课征税收。这里引述的文章是"进步与自由基金会"(the Progress & Freedom Foundation,PFF)批评麦氏等人建言的系列文章之第一篇,PFF 已在 2010 年 10 月关闭,见 http://www. pff. org/closing. html。

⑤ "*The Neomarxist who is helping to influence Obama's media policy*",2011. 6. 11 读取自 http://dailycaller. com/2010/06/11/the-neomarxist-who-is-helping-to-influence-obamas-media-policy/。

者取财,正当性与公正性可能减低。一是使用人必须定期斥资购买传媒硬件,也必须支付电费,总加起来,这笔费用很可能超过广告投放额度。二是政府预算来自于国民在生产与消费两端所缴纳的税款,因此政府支出其实可以计入消费者的投入。三是对业界课征的硬件设施税捐,假使业界不肯减其利润以作支付,就会以增加营业税的方式,转嫁前述税捐给消费者。

创建 PSB 的经费来源,除了公务预算,取自传播软硬件业者的"利润"多一分,由使用者从其"劳动"所得的支出就少一分,谁多谁少,就是政治角力所决定;稍前谈及公共财的规模要有多大、从哪些来源筹措时,业已提及这是"政治程序的决定",至此,这个结论遂有活生生的内涵。既然 PSB 财源有此构成,则其成品的流通,同样可以共享。一个可能的做法如后。中国 PSB 系统拥有若干时间的优先使用权,但不一定需要拥有贩卖这些内容的权利。其次是不属于 PSB 者,可以在 PSB 使用期间的同时或稍后,拥有不排他的使用权,并有权将这些节目编辑组合后,另作销售,至于非 PSB 业者的无线、有线、卫星、影音讯道、IPTV……及其他各类出资入基金者,是不是还要依据某些原则,规范各自权利行使的分别与先后,可以另作更详细的规划。最后,业者享有前述权利一段期间之后,一般人(消费者)也可以通过任何方式,在不涉及牟利的前提下,自由使用这些内容(此时,业界仍可在市场中销售)。

七、结　语

PSB 诞生以来,面貌不一、体质各异。只取政府预算的澳洲 ABC、单取执照费的 NHK 是 PSB。公有的英国 C4 或韩国 70% 公有的 MBC,以及英国私有的 ITV,也是 PSB,但三者全取广告作为收入,因此亦可称作是 C(播放广告的)PSB。公有但只取部分广告(通常不超过 30%)作为财源的德国 ARD、意大利 RAI、西班牙 RTVE、法国 FT、加拿大的等等,介于 PSB 与 CPSB 的中间。

通过公共政策,强制各频道或公司在特定市场结构下,交叉补贴,CPSB 遂有生存空间,特别是如同英国的 C4 与 ITV 之关系。但若市场结构改变,如 1999 年起,C4 与 ITV 的 C,也就是商业竞争的压力渐增,

PSB 的成分减色,最后可能是 CPSB 都要难以为继。反之,法国与西班牙从 2009 年起,将以 3 年为期,将其 CPSB 的 C 拔除,回归 PSB。英国的 BBC 则试图力挽狂澜,想要联合公有及私有的 CPSB,共同恢复广电市场结构的稳定,借此制衡英伦第一大传媒,私有的跨国企业"新闻集团"(News Corporation)。[①]

在人力运用与组织形态方面,无论是 PSB 或 CPSB,除英国的 C4 是例外,最早都是接近 100% 的垂直整合,英国及其余国家的 PSB 在 20 世纪 90 年代、韩国在 2000 年以后,开始变化,因政治要求与市场竞争的压力,节目开始外包。PSB 工会响应这个压力,转而要求兼职或短期契约员工数量,不能超过特定比例。是以,PSB 员工迄今最低是 5000 余人,较高则是 BBC 的 2 万多。由于员额及财政相对充分,BBC 遂能在数位融合的时代,善用影音图文具备的公共财特征,从公共服务"广电"蜕变为最成功的、全方位的公共服务"传媒"。虽然吊诡地,BBC 功高震"商",英国传媒资本多次联袂劝说英国政府,压制 BBC;另一方面,BBC 在市场竞争中脱颖而出,最终是否将会改变或损及公共服务的性质,已是问题。

中国改革 30 余载,传媒以其产权形态跨行政区及跨传媒经营改革尚未全面展开,于是,所谓传媒市场化不足的话语,往往成为传媒改革的论述框架,限制了改革方向与内涵的讨论之深广幅度。殊不知,传媒"内容""本来"就难以利用市场价格机制,影音图文具有公共财与外部性两大特性,主流经济学亦不得不坦承,传媒内容的制播若是委诸市场,致使内容成为商品,若受众变成商品的程度愈高,传媒市场的失灵程度就会跟随上升。资本主义国度对于市场、对于利润归私、对于牟利竞争的信任,已至迷信的地步,即便如此,他们仍然对于广电服务提供较大规模的补助,亦使广电产权维持相当数量公有,于是 PSB 或 CPSB 得到生存空间,广电市场的失灵程度为此减轻。

改革不易,传媒改革更难。传媒提供公共论坛,检视其他领域的改革,频次多于传媒提供资源与空间,讨论本身的改革。究竟传媒的社会效益与经济效益:"公共文化服务体系建设"与"文化产业振兴规划"孰轻孰

[①] "BBC's Mark Thompson: Sky needs to pull its weight", *Guardian*, August 27, 2010.

重,有无机会及能以什么方式完成辩证的统一,或是各自能够得到多少比例的认同与落实,以及,是谁的社会与谁的经济效益更能得到彰显,在传媒改革议题化后,应该会有澄清与集思广益的时候。

案　例

第七章　论欧洲联盟的《电视无疆界指令》

一、前　言

相信放任自由迷思的人，扛举全球化的论述，宣布国家主权已不再相关。在新科技迷思底下不见天日的人，扛举数字电视、宽带、因特网之名，压顶问世已经 70 余年及近 50 年的收音机及电视广播，认定这些产品已将成为明日黄花。

欧洲联盟（the European Union，以下简称欧盟或 EU）各国就电视的规范历史，提供了反证，有助于更多的人，从沦陷的国家主权及过时的广播电视之漩涡，及早抽身，另寻出路。

1989 年欧盟通过了《电视无疆界指令》，指望欧洲能够成为一个大的视听市场。但当年最大的争议之一，也就是各国是否应该在国内法之中，强制各种电视频道，播放 50％以上的欧洲作品，如同 Machet（1999）所回顾，经历了多次争论，至今仍然无法取得一致做法，亦即有些国家强制实行，有些则是法条聊备一格，显见各国对欧盟这个准国家层次的要求，10 年来并没有松动立场，而是各行其是。假使如此，吾人就不难理解，为什么 WTO 这样适用范围更广的规范组织，无法就视听等文化产品取得协议，从而使得各国仍得以自凭需求，制定本国视听政策。

Machet（ibid：73）另外也提供了很有趣的一笔数据。他说，德国科研机构 1998 年的调查显示，欧人用于媒体的时间，在 2015 年的时候，会比现在（1998 年）略多 30 分钟，也就是大约 7 小时，其中用在广播与电视的时间,是会从现在的 80%,下降为 68%⋯⋯但这样的数字,其意义显然不能说是"旧"科技的过时,而是新科技其实对旧科技的增添,相当有限,广播仍然将是最重要的媒体。如果我们有机会得知各国的社会科技史,一定会发现,广播与电视对于人们日常生活的冲击,以及带来的新鲜感与持续度,远远不是时下的计算机科技所能比拟。(可以说,这个意见得自于 Günter Grass 的《我的世纪》,作者以 100 个小故事,记录庶民 100 年的生活。在这本奇特的书中,这位 1999 年诺贝尔文学奖得主分别以收音机及电视,作为 1925 及 1952 两年的指标事件。)[①]

欧洲人不乏批评欧盟是资本利益所推动之下的统合组织,也不乏人指出,电视无疆界指令的制定,始于影视资本的驱力所主宰。本文则从动态过程,将欧盟的意义视为不同主张的角逐,而现状之表现只是停格于一时的结果,其进步或保守的性质,都存在不稳定性的因子,无法定论。

欧盟作为一个超国家(a supra-state)组织,它与其他国家的冲突,它的各会员国之间的冲突,欧盟组织本身各组成单位的冲突,乃至欧盟特定组成单位的内部冲突,较诸单一国家对外与内部的冲突,只有更多更复杂,而不是更少更简单。因此,以下就依序检讨欧盟的性质、欧盟与美国关于(影视)媒体的争执、英国与法国对欧盟媒体政策的分歧、欧盟执委会与欧洲议会的立场差距,以及欧盟执委会内部各署的龃龉。

二、欧洲联盟的性质

EU 有 4 个主要机构。(1)执委会(European Commission):行政部门,主要职责是提案以供"理事会"制定政策,雇员 12000 名,除有关竞争的政策与农业事务外,不能有决策权能。1996 年起有委员 20 位(员额分配见表 7.1),任期 4 年,每周开会一次,讨论准备提给理事会的各项提案。(2)欧洲议会(European Parliament):立法咨询与建议。5 年改选一次,1989 年之前,共有议员 518 位,1994 年 6 月 12 日的选举,因两德统一而调整,席次增加为 567 位。(3)理事会(European Council):决议法案。最高权力机构,僚员 14000 名。参加议事的各国政府的部会首长,

---

　　① Grass(999/蔡鸿君译 2000)。

依讨论的主题而变化,议事以外交、金融与农业等 3 种事务最为频繁,每个月一次;其余 9 种议题则每年开会 2 至 6 次不等。此外,12 会员国首脑每年 2 次协商,决定下属无法定夺的事项,议决分为一致决与多数决(62 票为多数)。虽然为最高权力机构,但应注意,由于理事会若要修正执委会的提案,需一致决,但若要接受其提案则仅需多数决,在这种情况下,曾有论者认为:"执委会占据的位置总是能够影响结局"。① (4)欧洲法庭(Court of Justice):EU 最高司法机关,各国在执行 EU 政策法令遇有争执时的仲裁机构,如 1996 年 11 月 12 日它裁决英政府未遵守 EU 工作时间的指令(见下文),据估计英国将有 200 万人因此裁决而得到更多的有给假日。

　　EU 的政策,分作 5 种形式:条规(Regulations,具有强制性,可直接约束会员国)、指令(Directives,亦具法律效力,但由会员国自行意会欲完成的目标)、决定(Decisions,呈送会员国、法人或个人,对受文者有约束力)、建议与意见(Recommendations and Opinions,无约束力,但有影响力)、通知(Notices,无法律效力)。制定 EU 媒体政策的三个机构,执委会第三署负责国际市场与产业事务(如"电视无疆界"由其草拟)、第四署主管竞争与垄断等事务、第十署负责信息、通讯与文化事务(如"米迪亚纲领")、第十三署负责电信、信息产业与创新方业务(如高画质电视的研发),理事会设有大众传播委员会,欧洲议会则设有"青年、文化、教育、媒体与体育委员会"(Committee on Youth, Culture, Education, the Media and Sport,以下简称 CYCEMS)。

　　虽然 EU 政策的形成过程,表面上是执委会草拟法案后向理事会提出,经后者审议、修正与决议通过后公布实施。但就实际运作来说,欧洲议会其实是媒体政策的先头部队,它常率先以决议作为动力,形同迫使执委会与理事会必须响应,而又由于近 10 多年的欧洲议会在政治立场上"左"倾的人数较多(英国前首相撒切尔曾指其为"欧洲社会主义"的最后代表),它的自由观是(影视)媒体应有资源,制作多元的内容,是一种积极、正面能够有所作为的自由,而不只是负面、消极不受干扰的自由观。②

----

① 　Collins(1994:17).
② 　Collins(1994:35).

这就种下了它与执委会乃至理事会的不协同（详后）。在一本论述 EU 的权威教科书中，作者指出，欧洲议会虽然欠缺完整立法权、预算权，也不能推翻一个国家的政府权威，但它是采取了一些策略要扩大自己的职权，而就实际作用来看，欧洲议会"是比许多由行政部门支配的国会，还要具有影响力"。[①] 虽然我们不能说欧洲议会的重要性大于执委会或理事会，亦不能确定议会的政治立场以左倾居多（1999 年的选举，因英国改变选举办法，加上工党支持者对新工党路线的反弹，前往投票的人数大幅下降，造成英国左翼选出的欧洲议会议员人数大举滑落，使得整个欧洲议会从左翼多数，变成右翼多数）。

如表 7.1 所示，维持上述四个 EU 机构运转，以及这些机构补助各国经费的额度，大致是富有的国家缴纳较多，相对贫穷的国家则从 EU 得到资助。在这个一般景象之下，似有三点值得注意：(1)德国人口多，虽然不是最富有，但它所分摊的预算绝对额，比其他 14 个会员国的总额还大，一般认为德法（但尤其是德国）是 EU 的火车头，确实与它在 EU 经济结构中所承担的分量，可作呼应。(2)法国是影响 EU 动向的另一个国家，但它对 EU 的经济贡献，却反而只有对 EU 向来较冷淡的英国的 36.6%，尤其是法国对 EU 影视媒体政策的文化方面之影响（对农业影响亦大，但这里不谈）很大，却没有表现于它对 EU 的经济贡献，颇堪玩味。(3)丹麦是第二富有国，却从 EU 得到资源而不是其提供者，是唯一例外，原因为何，值得探讨。(4)爱尔兰、西班牙、葡萄牙与希腊在过去 10 年来，都从 EU 取得了可观的经济援助。

解读这些数据以后，可以有两个完全不同的理解或推论。究竟跨国政治组织所可能具有的性质，会是比较倾向"扶贫济困"的方向进展，还是它只不过反映了或甚至加重了各会员国之间原本存在的贫富落差？再者，我们必须探询，若是欧盟确实在各会员国之间，重新分配资源，则这会是一种诱饵，以致长期来说，终将对贫国不利？若是欧盟加深了既存的国与国之贫富差距，则贫国理应没有入会的动机。以上两种方向以国家作为分析单位，没有考虑阶级等因素。比如，是否富国取自其较不富裕阶级的资源，多过于取自其较富裕阶层，而对贫国资助的过程，又是贫国的较

---

① Nugent(1994:205—206).

富阶级得到的收益，多过于贫国较穷阶级所得的收益。爱尔兰得到 EU
最多资助，过去 10 年来它的经济在欧盟中有最快的成长，但其贫富差距
亦告扩大；[①]德国挹注大量经济资源于欧盟，而其失业人口已达 400
多万。

表 7.1　欧盟会员国的经济实力与分摊 EU 预算的额度，1995(1986)

	实质购买力是 EU 总平均的%	每人分摊额 (一欧币)	总分摊额 (百万欧币)	购买力排名	每人分摊额排名 (95/86)
卢森堡	128.2	110.6	45	1	4/1
丹　麦	112.0	−58.6	−306	2	11/10
比利时	110.4	30.6	311	3	8/3
奥地利	109.3	109.3	905	4	−/3
法　国	107.2	29.6	1727	5	9/5
德　国	106.7	164.6	13431	6	1/2
意大利	101.7	10.7	614	7	6/10
荷　兰	100.4	129.7	2005	8	2/8
英　国	98.2	80.7	4720	9	6/4
瑞　典	95.3	105.5	937	10	5/−
芬　兰	92.5	32.3	165	11	7/−
爱尔兰	85.3	−526.8	−1887	12	15/12
西班牙	76.1	−184.0	−7218	13	12/7
葡萄牙	67.9	−241.8	−2381	14	13/9
希　腊	60.0	−333.0	−3489	15	14/11

资料来源：Economist(1996.11.23:61).

　　然而，这些复杂深刻的问题，本文只能提出，无法解答。我们只能从
表 7.2 得到一个形式的结论：各会员国对 EU 的经济贡献，完全与它在政
治上的代表权无关，非但如此，政治代表权又与各国的会员人口数量，没
有比例关联。若是按照经济贡献或人口比例，德国无疑有权取得最多的

---

① 　*Economist*(1997.5.17).

理事会、执委会与欧洲议员的代表权,但实际上并不是如此。因此,从这两个表的数据,我们的初步结论应该是,欧盟至少具备了形式上的、程序上的进步性格,它是否能够在实质表现,亦复如是,固然还须观察,但有此民主的形式与程序,应可先予肯定。

表7.2　欧盟会员国的人口比例与在三个主要欧盟机构的代表人数,1995/1999

	占 EU 人口%	理事会票数		欧洲议会席次		执委会委员人数		1999 年
		实际	按人口	实际	按人口	实际	按人口	人口数(万)
德　国	22.0	10	19	99	136	2	4	8230
英　国	15.7	10	14	87	98	2	3	5920
法　国	15.6	10	14	87	98	2	3	5890
意大利	15.4	10	14	87	96	2	3	5760
西班牙	10.5	8	9	64	66	2	2	3940
荷　兰	4.1	5	4	31	26	1	1	1570
希　腊	2.8	5	2	25	17	1	1	1060
比利时	2.7	5	5	25	17	1	1	1020
葡萄牙	2.7	5	5	25	17	1	1	990
瑞　典	2.4	4	2	22	15	1	1	890
奥地利	2.2	4	2	21	14	1	0	810
丹　麦	1.4	3	1	16	9	1	0	530
芬　兰	1.4	3	1	16	9	1	0	520
爱尔兰	1.0	3	1	15	6	1	0	370
卢森堡	0.1	2	0	6	1	1	0	40
总　计	100.0	87		626		20		37530

资料来源:Economist(1997.2.23:48;1999.11.13:55)。

三、欧洲联盟与美国的(影视政策)争执
以及欧洲联盟的内部分歧

第二次世界大战之后,作为推进市场经济的跨国政经机制之一的"关税暨贸易总协议"(General Agreement on Tariff and Trade, GATT),在

1948 年开始运作。当时,GATT 就对电影有排外规定,它的第四条说:"任何签约国,如果有意就电影图像影片制定或维持原有的数量方面的规范,必须以'屏幕配额'(screen quotas)的形式表达之……"。这个配额必须根据"每家戏院每年的总放映时间或同等时间作为计算基础",然后以"特定的下限比率"定之,但下限为多少,并无限制,甚至可以高达100%。[①] 此后 10 多年间,各国对此规定均没有异议,到了 1961 年 11 月,美国首次提出第四条的规定用于电影或许可行,但是否能够用于电视节目,则有疑问。12 月,GATT 就此组成工作小组,成员包括澳洲、奥地利、巴西、加拿大、法国、德国、日本、瑞典、英国与美国的代表。

其间,美国论称,第四条指的是"戏院电影",美国认为电影在公共场所播放,电视节目在家中收看,两者不同。美国又说,由于戏院在大多数城市为数众多,因此在竞争压力下,业者自会设法尽量以最低价格取得最佳影片,因此这个经济机能也就能够排除第四条所设定的政治阻力,自由贸易仍然能够进行,但电视节目应该不能适用,因为欧洲大多数电台均为公营,在没有竞争机制下,若是再有这个政治限制,电视节目的自由流通也就更不可能。

美国于是建议:"如果某个政府立法保障国内自制节目比率,它亦应提供'合理的'比率让其国内电视台收看外国节目,并且应对较佳的收视时段之外国节目比率'给予适当重视'"。美国的说法未被接受,有些国家说,电影与电视节目本来就极相近,有些则说电视是一种服务,不是商品,而既然服务业尚未进入自由经贸的范畴,电视自然也就无须列入谈判项目。[②] 在各国议而不决,没有共识的情况下,关于电视节目是否应该作为 GATT 的规范对象(也就是使 GATT 会员国的电视政策走向更为接受市场机能、商业的自由化),只在 1963 与 1964 年,两次由美国提出检讨后(同样没有得到定论),就再也未见提及,直到 1980 年代,这个议题才再度重新展开。

此时,美、英主导的经济自由主义浪潮,方当来袭,日盛一日。经济方面,美国贸易额占其国内生产毛额,1980 年是 15%左右,至 1997 年增加至 25%。同时,其贸易在 1980 年仍略见盈余,其后出现赤字,额度且连年升高,平均年逾千亿美元,至 1998 年入超仍达 1680 亿。与此对照,美

---

① Filipek(1992:339).
② Filipek(1992:341).

国从 20 世纪 80 年代以来，文化（软件、视听等）产品反而有大量出超，如
1990 年，美国在专利权与特许执照的出售金额，净赚 126 亿美元，日、德、
法、英则分别赤字 35 亿、19 亿、5 亿与 1 亿，美国卖至欧洲联盟各国的视
听产品是 25 亿，而欧盟出口至美国只有 2.5 亿。

在贸易长年亏损，而文化产品却日有进账下，美国资本开始施展压
力，游说或指使其政府对外交涉时，要求各（尤其是新兴工业）国严格制
定、修改并执行智慧财产权相关法令，确保美国的文化产品，能够取得利
润，减少被仿冒的比重。美国政府根据其 1974、1988 年制定的贸易法之
"三〇一条款"及特别 301、超级 301，将未能配合此经贸政策的国家，分作
三级，威胁将先后使其列为被报复对象。①

1987 年 GATT 的谈判重点，就在于要把服务业纳入自由经贸的对
象，以此使会员国的金融、保险等服务业，对外国资本开放。其中一个重
点就是电视节目是否能够被纳入服务业项目之一。GATT 除了设置"财
货协商组"（the Group of Negotiations on Goods，GNG），它又设置了"服
务协商组"（the Group of Negotiations on Services，GNS），后者在 1990
年 6 月 18—22 日分出"影视部门工作小组"（Audio-Visual Sector Work-
ing Group，AUS）。在这段期间内，美国准备逐一协商，突破欧盟的集体
力量，分别在 1989 年 9 月 1 日与 10 月，两度要求欧盟及其他欧洲国家，
与它进行双边协商。欧盟拒绝美国，指应该等到 GATT 的服务业谈判结
果之后，再作协商。与此同时，欧盟理事会又通过（1989.10.3）《广电指
令》（the Broadcasting Directive），一般称之为《电视无疆界指令》。②

---

① 王维菁（1999）。

② 它的全名是 Council Directive 89/552 of October 1989，Coordination of Certain Provi-
sions Laid Down by Law，Regulation，or Administrative Action in Member States Concerning
the Pursuit of Television Broadcasting Activities。1985 年欧盟执委会发布咨询文件 White Paper
on Completing the Internal Market，列入咨询的 279 个项目之中的一项，就是广电事务，1988 年
执委会据白皮书与外界反应而提出 Green Paper on Broadcasting，认为广电事务中，有四个领域
值得各会员国拟就合意的共同规范：广告、（儿童、种族、性别、宗教与国籍等）少数团体的保障、
答复权与版权。除版权外，1989 年的指令均已纳入。稍前（1989.5.25），另有 25 个欧洲国家（包
括欧盟的 12 个会员国，以及 Austria，Cyprus，Czechslovakia，Finland，Hungary，Iceland，
Liechtenstein，Malta，Norway，San Marino，Sweden，Switzerland，Turkey）签署了不具有法律
拘束力的 the European Convention on Transfrontier Television，它日后由 Council of Europe（与
欧盟无关）于 1990 年重印为 Explanatory Convention on Tranforntier Television。

促成这个指令的动力,主要是市场考虑,它打算在欧盟内创造一个电视市场,使各会员国不能对来自其他任何一个会员国的电视节目有所限制(但至今创造共同电视市场的目标无法达成,不是各国不让会员国的节目入境,主要还是为了文化消费无法快速比同,见后文),也就是在欧盟之内的电视自由流通,对外(主要就是美国)则实行若干保障与限制。它规定各会员国应该修正其国内法,使在1991年10月3日以前符合规定,其中最重要的修正事项,是关于电影及电视节目产制的振兴。内中引发欧盟与美国(以及欧盟内部)最大争议的就是"欧洲作品的保障额度",也就是指令第四条所规定的"扣除新闻、运动项目、游戏、广告与无线电读以外,会员国应该以合适而可行的方法,确保电视业者以符合本指令第六条所定义者,将其广播的多数时段,用作播放欧洲作品之用",若是无法达成,则欧洲作品亦不应低于相关会员国1988年的平均比率。其他规定包括,1991年10月3日起,会员国应每两年一报,提供两项统计资料:每家电视台符合额度及独立制片的情况,若是未符合,应述原因以及改进的方法。1994年10月3日以前,需就额度问题提出检讨。各电视台需以10%时间或制作预算,保障欧洲独立制片人。除非另有版权所有人与电视业者的协议,否则电影在院线下片2年以后才能在电视里播放。

美国认为,欧盟这个广电指令违反了许多GATT条款。[①] AUS在1990年8月27日开会,讨论服务业的协议,是否应当包括一个"文化例外"的但书。欧盟指出:"对于许多国家而言,保障或振兴本土语言、历史及传统,高度仰仗本国的影视产品",这个看法得到了加拿大、印度、埃及

---

　　① 美国认为指令违反了(1)GATT第一条"最惠国待遇"原则,该条规定会员国与任何国家签订的优惠待遇,必须亦让所有会员国享有;(2)违反"国民待遇原则",GATT会员国的国外与国内财货均应享有同等的国内税率与规范;(3)EU使用配额不合GATT第十一条之规定,该条禁止使用关税以外的任何限制方法(包括配额)。EU对美国说法的答复是(1)广电是"服务",不是"财货",因此不受《总协议》的限制;(2)国际贸易法之一般原则,亦认可具有"文化"色彩之产品,应有"文化例外"之适用:即便电视节目是财货,但鉴于电影、书与唱片等文化产品,反映、强化并塑造了一个国族的价值观与传统、语言、国族认同,因此必须以特视之。EU再引用OECD的《无形业务守则》,肯定了影视工业之文化意义。何况,《美加自由贸易协议》亦将文化工业排除在外,美国则限制外国人拥有美国广电公司的股权,不能超过25%,这些都是对文化、媒体特殊地位的确认。对于两造的论据,Filipek(1992:349—362)指出,GATT第二十四条亦规定,若签约国为关税联盟或自由贸易区,则第一条不适用。所以关键是EU是否为"关税同盟",EU有没有给予非EU国家优惠待遇。

的支持。美国反对,它认为"多国合制电影与电视节目,已是大势所趋,文化认同已是很难界定"。由于意见两极,GNS 没有达成协议,造成美国在 1991 年 4 月宣称,可能根据美国贸易法对欧盟采取报复行动。此后双方制片人、导演工会、演员工会等游说持续不断,欧盟的背景是,当时的英、德都是保守政党当道,法国在 1993 年 5 月后亦由保守政党执政,但法国对文化除外的立场并无改变,到了 GATT 达成协议前 2 个月(1993 年 10月),负责谈判的英国执委会委员 Leon Brittain 在会见游说代表团时,包括德国导演温德斯(Win Wenders)等来自许多欧盟国家的导演代表 20人,仍然表示若不将影视文化产品列入 GATT,将招致美国报复,会使得美国产品更是能够支配欧盟市场,德国总理 Kohl 更是暗示,若法国阻挡GATT,欧盟基础将受到重创。[1]

　　但最后在法国坚持下,这次 GATT 的乌拉圭谈判,仍以文化除外收场。法国等国及欧洲议会为主所代表的立场,仍然与英德等国代表的立场,不时地拉锯。前者主张广电指令对欧洲作品的保障(最少应该要在50%以上),且使其具有法律上的强制力,它并主张该额度是每一个个别电视频道均须遵守的规则,后者则认为,配额的规定应该让各国自行决定是否以法律强制执行,不必由欧盟强制,而类如卡通等主题频道(themat-ic channel)则可以不受此配额的限制。这两个基本问题,以及欧盟是否应该提供更多资源资助欧盟电影业的制片、发行等,就是日后美国与欧盟,以及欧盟内部的争论来源。

　　英国在 1989 年,坚持广电指令必须加入"where applicable"的字眼,使得 50%配额,无法具备强制力。1991 年 12 月,马斯垂克条约制定了"文化条款",赋予欧盟有规范文化事务的正当性。[2] 但这个正当性,同样在英国坚持下,在"artistic and literary creation"之后,再加上了"in"这个介系词,结果一来,只有事关"艺术性质的与文学性质的"视听产品,才是欧盟有管辖正当性的对象,不是所有的影视产品。其次,关于文化事宜也在英国坚持下,由多数决改为一致决。[3] 1994 年 11 月,负责影视业务的

---

[1]　*Guardian*(1993.10.14:14,24).

[2]　Fraser(1996).

[3]　Collins(1994).

葡萄牙执委会委员 Joao de Deus Phiheiro 表示,他想要取消广电指令的
"where practicable"字眼,他认为此二字提供了太大的漏洞。他并想要将
新闻、运动比赛、综艺节目排除在欧洲节目的计算之外。若不能达成
50%欧洲作品的规定,他则想要求各频道花用 50%节目成本于欧洲作
品。① 1995 年 2 月 14 日至 4 月,法国再提案重申强制的主张与提高
MEDIA II 第二阶段的补助至 4 亿欧币,前者遭致英国、瑞典、芬兰、丹
麦、德国、奥地利、荷兰等反对,但得到希腊、爱尔兰、比利时的支持;后者
得到大部分国家支持,英、德、荷则认为额度太高。为了舒缓法国的强力
游说的冲击,好莱坞就想示好,于是在欧洲议会穿针引线下,在 1995 年
12 月宣布以 200 万美金培训欧洲导演及电影片技术人员,从 1996 年起 5
年,1 年训练 22 人。欧洲议会在 1996 年 2 月 14 日又通过决议案,要求
执委会修改广电指令,使 50%配额的规定,具有强制性,且适用于"所有"
电视频道,此议得到电影工会与作家协会的支持,也再度引起欧洲议会与
执委会、理事会的紧张。② 到了 1997 年 4 月 16 日,以上争议以下列结局
收场,(1)仍然强调必须保障欧洲文化;(2)各电视频道的节目要 50%以
上是欧洲产制,仍然维持"where applicable",不是强制;(3)欧洲议会仍
然提案要求重要的体育活动,不能只由卫星等按频道付费的电视拥有转
播权。③ 此一情况,如 Machet(1999)所说,至 1998 年 10 月还是相同。
1999 年 11 月 30 日至 12 月 2 日期间,WTO 将于西雅图举行部长会议,
安排 2000 年春季起,3 年为期的另一回合 WTO 谈判。法国左右的共
识,也就是将文化免议(文化保护例外原则,各国可自定政策,免除自由贸
易的多边协议之拘束)的规定,明白而具体的写入 WTO 协议。④

四、欧洲议会与欧洲联盟执委会(影视政策)的内部龃龉

作为一个政治实体,国家之内蕴涵了多种不同的意见与利益,因此展
现为冲突。与此相同,作为一个跨国组织,欧盟同样存在这些冲突,从欧

---

① *Economist*(1994.11.12:85).
② *Guardian*(1995.2.15:5;3.2:13;3.20:8;4.4:10;12.28:8;1996.2.14:17;2.15:14).
③ *Financial Times*(1997.4.17:2).
④ 中国时报(1999.11.30:13).

盟对美国有关影视产品,长达将近半世纪的争论,至今仍然因为欧盟各会员国的立场差距,以致无法平息,我们已可清楚得知。

如表 7.2 所示,欧洲议会与理事会由各国组成,因此各国对影视文化的政策差距,也就分别由其欧洲议会议员及执委会委员具体展现。从 20 世纪 80 年代初期到 1989 年间,欧盟执委会为了响应欧洲议会的决议案,陆续提出多次影视政策提纲,在市场经济的考虑,以及文化、政治多元的要求之两极之间摆荡,最后遂有广电指令的出炉。[①]

早在 1980 年 9 月,欧洲议会就将 William Hahn 拟定的建议案交付 CYCEMS 审查。CYCEMS 者则再委任 Hahn 为书记,筹划《欧洲共同体广电报告书》(Report on Radio and Television Broadcasting on the European Community)。1982 年 2 月 23 日报告完成后,它与另一个 Schinzel 报告一起提交欧洲议会,大会在 1982 年底通过,决议筹建欧洲卫星频道,后来欧洲广播联盟(European Broadcasting Union)的第一批卫星频道 Eurikon 及 Europa,就是由此而来。Hahn 的想法则援用甚多德国公营第二频道(ZDF)的建议,日后跨欧洲的非商业电视频道(如 1992 年的法德 ARTE),早在此时已见端倪。欧洲议会的"政治事务委员会"则论称,[②]"信息自由流通的原则是重要,但同等重要的是公共秩序的维持,如此才能保障各会员国的根本权利并存续各国的文化与政治认同。跨国商业化而不受限制,是很危险之事……相关规范应该从结构上确保各国之独立,否则欧洲广电大战势必爆发,各会员国的文化价值可能也就荡然无存"。

因应这些决议案,执委会在 1984 年稍早提出了欧体影视现状与趋势的绿皮书。接着,欧洲议会再以 Arfe 报告及决议案(日后的 Media Observatory、MEDIA、Euronews 的先声)加以补强,Schall/Schizel/Hahn 等报告更反复指出媒体商业化对意见多元化的损害。至此为止,执委会与议会的立场大致相同,都是以"文化"角度(政治、社会、文化认同以及模糊的欧洲文化之说)作为建议与呼吁建立欧洲电视频道的立论基础。但这里却有个问题,此即 1974 年在欧洲法庭裁决下,影视产业被视为罗马

---

① Collins(1994).

② Collins(1994:35).

条约定义之下的"服务"。在这种情形下，影视节目的"文化"内涵全部丧失于"经济"论述之下，也就是若执委会以文化作为出发点，它制定的影视政策之正当性，很容易遭致挑战（这个情况历经执委会第十署为首等力量的长期争论，到了 1991 年 12 月马斯垂克条约中第一次出现"文化"字眼后，才有改变，欧盟对文化事务的规范于是有了正当性）。[①] 也许有鉴于此，执委会改弦易辙，改从经济的角度来宣称单一电视市场的重要性，论称欧洲要有共同的影视市场，才能抵挡美国的影视产品，这就是执委会 1984 年稍后提出的"电视无疆界"绿皮书之背景。

但此举已使论述转了方向，从文化转至于经济，欧洲议会因此对执委会产生了疏离与不满。不过，两年后，这份绿皮书晋升为指令的草案时，文化论的声音又进占了欧盟广电影视政策的领土。可能的原因之一，或许是 1985 年 Jacques Delors 成为执委会的执行长，他把文化多元与国家介入的立场，灌注到了欧盟的政策。到了 1989 年理事会正式通过，明定指令正式于 1991 年生效时，经济论与文化论的角逐均衡又有变化，对这些反反复复的过程，著有专书研究欧盟影视政策的柯林斯对"电视无疆界"的意义，有如下评估：欧盟从经济论到文化论，都宣称它对广电影视具有管辖权，但文化论的目标（欧洲统一文化的提升、文化的多元）与单一市场的经济逻辑（竞争将加强而走向同质）之间的冲突，仍未解决。[②]

执委会的立场在经济论与文化论之间摆荡，显见它的内部存在着龃龉。倾向文化论的委员，对内之际，必须与倾向经济论的委员争论，但在对外之时，则与欧洲议会的 CYCEMS 发展出了良好的合作关系。遇有亲身连带时，这个关系发挥了更大的政策促成之功，如第十署曾委托文化论者 Maggiore(1990) 撰写欧洲影视市场的报告，他不但是第十署影视单位的副执行长之子，而且也是 CYCEMS 主席的贴身秘书[③]（唯从另一方面来说，这个亲身的因素也就并不可靠，政策或许可能较不稳定）。Maggiore 反对欧体统一市场之说，他认为这是放任市场自由竞争的托辞。他

① Fraser(1996).
② Collins(1994:52,55—56,63,67).
③ ibid.;87—88.

主张,唯有介入管制才能保障多元文化:"对于美国的发行业者来说,欧洲早就是单一市场……从今日起算,单一市场再行竞争四年的结果,就是美国与个别欧洲国家竞争的局面。美国人一点都不含糊,他们对此心知肚明,因此他们的总结就是说,所谓欧洲文化并不存在,欧洲的文化只能有法国人的、意大利人的、西班牙人的等等。美国人最后的结论是,任何配额保障就是保障特定工业,而与文化无关";他又说,欧洲影视产品的危机,在于电影、连续剧、剧情片等的生产,这些产品根深蒂固于民族文化,因此不仅欧洲单一市场并不存在,就欧盟来说,是存在着一个几乎已经统一的电视频道市场,但却有 12 个个别的,而且是相对小规模的提供生产机会的市场。Maggiore 再指出,运用配额作为管制是"特别笨拙"的手段,所以欧盟政策必须超越零星的规模,不能只是这里一点、那里一点,这是以个别国家为范围而各自为政,欧盟必须以整个欧洲为范围,经常为之,而且规模要可观。[①]

　　欧盟执委会第三署(主管欧盟内部市场及工业事务)与第四署(职司竞争事务)采取了"超级自由放任"(ultra-liberal)的立场,可以说是经济论者的代表,他们以"广播"(broadcasting)指称其政策。反之,负责影视、信息、传播与文化的第十署与负责电信、信息工业与创新的第十三署则使用法语,它们倾向于使用"影视"(audio-visual)来指称其政策,其立场则可说是"介入干预—严格有加"(intervention-dirigiste),是文化论者的代表。至今(2000)年初,第十署仍秉持这个立场。[②]

　　不过,我们必须注意两点。其一,并不是说经济论者就没有文化观,而是他们经常认为市场机能是促进文化多元的最好途径,文化论者也不是对经济事务无所理解,以至于一味强调文化的重要性而忽略经济压力,而是他们认为市场机能无法带来文化的多样表现。其二,前述执委会的内部权力构造与政策走向,类型固然大致如此,但这似乎不能说是一成不变的,因为执委会委员由各国派任,国内政党势力的消长,以及随之而来的政策立场的转变,也就可能逐渐从各署反映出来,就此而言,执委会与欧洲议会相同,在某种程度内,都是各国内部力量的折射,差别可能是执

①　Maggiore(1990:38,41,46—47,62;转引自 Collins,1994:141—142).
②　Wheeler(2000).

委会是执法的行政科层,变化较慢,议会是(准)立法组织,变化较快。[①]

五、结　语

过去 10 余年来,欧洲联盟各界有关影视的规范论战内涵与立场,并没有因科技日新月异而改变。即便全球化及区域化的呼声,响彻云霄,欧盟各会员国对各自的主权主张,未见松动。无论是民意代表、政府官员、学术或通俗论述,社会游说与运动,都还在生猛角力,争强致胜,从广播、电视延伸到了数字科技、宽带网络、"信息社会"等等。

欧盟各国的广电与科技规范,仍在国家主权及全球化的拉力之间,寻找空间,显现了多元声音及动力,兀自对抗制衡,是一种美国式资本主义及莱茵资本主义的较量,是一种欧洲式的第三路线或新中间路线。台湾则明显偏向于全球化的诱惑(或陷阱),反省的力量不大,产官学大致好言相向,或大同小异,可以说是展现了一言堂的风貌,最多也只能走向美国式的资本主义?

---

① Collins(1994:18—19,83,146—153)指出,在 1984 年—1988 年间"电视无疆界"的起草阶段,第三署与第四署的执委刚好都是英国保守党。第四署的执委 Leon Brittain 根据罗马条约的第 85 条与第 86 条而判定的影视广播业务的裁决:"形同制定新法,而不是只适用现成已有的法规或案例"(p.146),而在国内竞争法与 EU 竞争法冲突时,EU 的法律经常"占了上风"(p.147)。德国公营第一频道 ARD 曾独家取得播放 1350 小时的 MGM\United Artists 库存影片的权力,并拥有播放 1984—1998 所有 MGM\UA 的新制或购进之 James Bond 等影片的权力。由于 ARD 的播放权不限于德国,而是所有德语区,第四署于是认定它有权管辖,并判定 ARD 的转播权妨碍了竞争的进行,后来 ARD 同意其他广电业者付费与其共有播放权,才得到第四署的首肯。Collins 认为,这显示第四署刻意打压公共广电机构,对阅听人权益的保障不利;他又表示,这不能说第四署的意识形态本来就是如此,而亦很可能是它的人手不足,不能好好调查、研究与规范。1992 年,Karel van Miert 替换 Leon Britton,报端曾指出他对默多克在付费、数字电视市场所占有的垄断地位,深表关切,对于默多克、Carlton 与 Granada 合组 BDB 申请英国的数字电视频道,亦不以为然(*Financial Times*,1997.6.4:10);甚至有新闻指出,主管英国商业电视部门的 ITC,原本可能打算让 BSykB 在申请数字电视的财团中,拥有部分股份,但可能为了避免 van Miert 的反对而作罢(*Guardian*,1996.11.8;1997.6.19:4)。

第八章　公共性的诡谲:公共电视的产权争议

一、前　言

"公视频道邀你一起纵横华尔街"。在美国花旗银行赞助公视台币 1 亿 2000 万以后,从电视、收音机,到报纸与杂志,密集出现了插播告示及新闻,台湾的公视与美国的金融机构,齐步比肩,在阅听人耳目前,一起现身,公视取款 12 年,花旗增益形象 12 年。①

公视第一年经费得 12 亿,相较于历史悠久而经费以千亿计的 BBC 及 NHK,不能并论。若对比于人口为台湾 $\frac{1}{6}$ 的爱尔兰,亦属偏低,该国在台湾公视开播前 8 个月,新辟不播广告的爱语电视频道,一日只制播 3 小时,年度预算在 7、8 亿之间。② 更致命的是,《公视法》且有明文,规定

① 花旗银行于 1998 年 11 月 3 日与公视签约,1999 年起,连续 12 年每年捐赠一千万台币,是公视第一笔长期赞助计划,公视依约运用该款项,从 1999 年 1 月 3 日首播财经节目"纵横华尔街",余款另制作儿童节目等。本段首句是收音机台词,在 1999 年 1 月初频繁在台北国际小区电台(ICRT)播放。(中国时报,1998.11.4:26;今周刊,1999.1.2,封面及封底)1999 年 2 月 10 日,台北地方法院法官郑堤升以花旗银行信用卡收取年息 36% 的违约金,有触犯刑法三、四、五条常业重利罪之嫌,将花旗消费金融部美籍总裁函送台北地检署侦办,郑并认为:"花旗银行利用民事诉讼制度,却浪费诉讼程序,罔顾我国司法程序"。常业重利罪一般针对地下钱庄,本案是银行首次被依此罪函办(中国时报,1999.2.11:1,王己由报道;相关新闻及评论见同报三版整版)。次日联合报八版辑录数据,显示同样是未缴金额三万元时,台湾持卡人需月缴 900 元,香港、新加坡、菲律宾与马来西亚则分别是 75 元、75 元、112.5 元与 225 元。

② *Financial Times*(1996.10.30:2).

政府捐赠额度，逐年递降$\frac{1}{10}$。在这个背景之下，1997 年 7 月 1 日开播的公共电视频道，管理阶层自始就不可能不感受到未雨绸缪的压力，一方面呼应"小而美"的说法，再则寄望立委修改前举经费条文，或四处募款，以致有花旗成为公视入幕之宾。

具有象征意义，也就是其性质之一，理当质疑资本逐利动力的"公共"电视，在历经波折始告上路未久，就与最能表现当代资本象征意义的华尔街与金融集团，产生耀眼的共生关系，这似乎应该可以说是诡谲之一。复次，这个关系的营造契机，不单纯是公视主动追求，而应理解为政党角力后，由国家立法机关强迫公视为之，奉送名器给予（跨国）资本，以税金增益其广告效率，此似可称诡谲之二。接续，美国公视在政府补助连年删减，至 1990 年代中期仅剩其年度经费需求的 16％，其主管仍奔走疾呼，筹划"民主大业"（Democracy Project），企图将公视的问题，放回全美国及地方上的议题中心。[1] 受政商两面夹击的台湾公视，反应温和低调：感言前举预算条文将使公视成"植物人"，并募款及寄望修法。凡此似已穷尽公视之所能，未有一鼓作气之势与条件，亦未见串连社会之企图，似可说是诡谲之三。[2]

唯本文并不在此停留，鸟瞰所得的航照图像，毕竟只见其静而失其动，作者因此意欲俯冲，进入欧洲联盟（特别指欧陆国家的宪政法庭）、政党与社会运动者[3]的阵地，观看这三个动因（agent）各自如何相互渗透，又如何与资本对抗或联结，以致形成广电产权的（变动）规范。也只有在贴近查访后，有关动因所促动的变迁可能性与结构所设定的限制，才能看得

---

　　① 　Friedland(1995).

　　② 　美国公共电视执行长（President）是 Ervin Duggan，本人是民主党，但曾由共和党的 Bush 总统任命为联邦传播委员会委员。他在美学等品味上偏属保守，强调公视"教育"功能，但在为公视争取财政来源的独立时，不遗余力，强力主张电波拍卖所得，不能放进国库，而应将其一部分，以专款专用的方式，支持公共电视。Duggan 企图心旺盛，不惮大话："民主乱成一团、趑趄不前，杂乱无章。吾人理当放言共谋，必能重新占领高地。"（Friedland，1995）台湾公视的首任董事长吴丰山指"政府补助逐年降低 10％"的条款："让公视死不了，却成了植物人"。参见陈良任（1998.9）。《公共电视能敲响多久的锣？》，《卓越》，32—35。1999 年初，吴丰山曾劝行政院长萧万长辞职，并代写辞职信，引起了一小阵风波（新新闻，1999.3.4：3—6）。

　　③ 　这里的社会运动不全是英文的 social movement，而应该接近于 campaign，但若将此字译为游说或推广活动，又容易混同于政治请愿或商业行动，在此特别说明。

真确,而文题所说的"公共性之诡谲",日后究竟可能如何演变,是诡谲性变本加厉,以至于公共性名存实亡甚至名亦覆灭,或是诡谲性日被磨损,以至于公共性得以趋纯与扩充,才能得到稍见笃实的理解基础。以下依序铺陈并论述英德法意与台湾等五个案例,最后讨论宪法与广电规范的关系并作总结。

二、英国广电产权的政党与社会争议

英国在 1920 年代确立公营广播体制,战后延伸至电视,唯至 1954 年 7 月 30 日,电视法通过,西欧第一个私营电视公司(Independent Television Companies,ITV)亦率先在英国诞生,并在 1955 年 9 月 22 日开播。1964 年 4 月 20 日公营的英国广电协会(British Broadcasting Corporation,BBC)第二频道开播,公营电视比重,再超过只有一个频道的 ITV。1982 年 11 月 2 日,第四频道(Channel 4,C4)开播,播放广告,但不与 ITV 直接竞争广告收入,且产权公有;又,1993 年元旦起,C4 与 ITV 从互补而不竞争,转至有限度地竞争。[①] 1997 年 3 月 30 日,私营的第五频道(全国性,没有地域节目)开播。除前举利用地表电波营运的电视以外,英国原有两家私营卫星电视,竞争不满 1 年,在 1990 年 11 月 2 日合并为 BSkyB 以后,发展空间扩大;有线电视虽一区一家、私有且为集团持有,并可兼营电信业务,但普及率仍在个位数。

由于卫星与有线电视均属私营,且至今占英国民众视听比重不大,下文仅集中在分析地表电波广电产权的变动,先从 ITV 的诞生过程回顾起,也就是在公营体制中,是否应纳入私营电视的争议。

---

① 依据《一九九〇广电法》,1993 年起,C4 必须开始自己出售广告时间,若广告所得不足全英国地表电波电视(包括 ITV、S4C、GMTV 与 C4 本身)广告总收入的 14%,不足额由 ITV 补齐,若超过,则超过之半数予 ITV,1993 年至 1995 年度,C4 所占广告额均超过 14%,拨交 ITV 的金额分别是 3800、5700 与 7400 万英镑(ITC Annual Report & Accounts,相关年份)。这个规定至《一九九六广电法》均未改变,引起 C4 执行长 Michael Grade 抨击,虽然如此,在当时的保守党政府有意将 C4 出售时(政府可得约 15 亿英镑),却引起 Grade 与工党的反对。因工党于 1997 年胜选而将执政至少到 2002 年,C4 可望维持公有,继任 Grade 职务的人选于 1997 年 5 月 2 日宣布,是 Michael Jackson(*Guardian*,1995.1.19:3;2.9:7,21;1996.6.17:9;8.22:G2;8.31:22;1997.5.3:4)。

谁要商业电视来着? 公众悄然无声,各大报社亦表担心,许多工业巨子坦然反对。大学校长集结,群起谴责,英格兰教会与自由教会双双警戒。到底谁要商业电视来着?①

这部电视法的历史,最奇怪的一面是,保守党的领导阶层居然被一小群就政治上来说,并不起眼的保守党后座议员击败了。当然,实际上,他们并非不起眼,因为他们事实上是许多强大经济集团,纠合成为保守党联盟以后的代言人,这个联盟的成员包括了收音机与电视制造厂商、美国与英国的主要广告公司,以及金融机构。②

这两段引文,分别出自当年记录私营电视崛起过程最翔实的两本书,清楚显示,在许多公民及精英社团反对,且执政党领导者并不热衷的情况下,准许私人开办电视的法案,还是在资本戮力冲撞下通过了。唯其在此不稳定、意外的条件下出现,以至于 ITV 虽已获得执照,但尚未开播之期间,在野的工党仍然表示还要翻案,工党党魁 Herbert Morrison 在 11 月 2 日率先质询,进而在 23 日提出动议,要求修正或废止刚通过的《电视法》,以 300 对 268 票被击败(当时工党与保守党分别占有全部 620 国会议员席次的 277 席与 344 席),这个接近的票数显示,当时反对私产权电视的政治力量,还是很大,而保守党中,似亦不乏基于反商业庸俗,以致反对私营电视之人。③

在寻找投资管道及营销产品的需求刺激下,欧洲第一家私营电视诞生了。未几,同样是经济理由,却意外催生了第二家公营电视频道。

为了考察将英国电视输送系统由 405 转至 625 线的可能性,保守党政府任命工业家 Pilkington 筹组皇家委员会,展开调查。但该会在 1962 年提出报告时,由于温和的社会主义者、也是英国文化研究奠基者之一的 Richard Hoggart,运用他作为委员会成员的身份,发挥了影响力,提出了更为重要的两点建议:(1)痛斥 ITV 的商业走向,因此建议成立 BBC 第

---

① Jenkins(1961:17).
② Wilson(1961:14).
③ Sendall(1982:68—70).

二频道加以平衡；(2)预见日后成立的 C4，节目设计应与 ITV 不同。这些提案得以破土而出的背景是在此之前，无论是电视的实际表现，或是有关电视的公共论述："竞争不能增加电视节目的多元与创新，只有透过计划才能达成这个目标"的看法，已逐渐被人接受。[①] 就实际面而言，ITV 由 1955 年至 1958 年的收视率，上升到了 70%，它采用的手法，就是引进、模仿美国风格的益智游戏节目等，这个情况使得 BBC 为了保持收视率而跟进，到了 1962 年，BBC 落后多年的收视率再告与 ITV 打平。就公共论述来说，包括 BBC 本身也在 1956 年提出报告，论称电视机构之间的竞争，再具有任何价值，也都不能带给观众多元节目。

不过，应该注意的是，虽然保守党政府接受了 Pilkington 报告的部分观点，让 BBC 得到第二频道，但接受的原因，不全部是避免竞争以追求电视的多元表现，而是要责成 BBC 以这个新频道开始以 625 线传输，以此提供诱因让观众更新电视机，是经济理由。并且，它在 1963 年修正《电视法》后，其第十三条只说，若第二家播放广告的电视引进，则主管私营电视的"独立电视局"（Independent Television Authority，ITA）应该在可能的情况下，[②]确保两个频道的相同时段，不会播出同类型节目，也就是说，这个时候的保守党并没有说 ITV 原有节目供货商，不能得到第二家新频道，而只是说"时候未到"；另一方面，为了稍微安抚 Pilkington 委员会，它也只说"在可能情况下"，同时段节目不雷同。事实上，当时的邮电部部长 Reginald Bevins 在保守党国会议员的压力下，已经在国会说，政府将在 1965 年再开放一家私营电视频道。但不久后 1964 年 10 月的大选中，工党选胜："否则第四家频道很可能已经分配出去了"。[③] 新上任的工党邮电部长 Tony Benn 在 1966 年广电白皮书中，提及保守党政府是曾应允将第四家频道给私人经营，但英国另有更优先的政策要推动，因此打消

---

① Hoggart(1992:47—75).

② 英国以政府部门(1960 年代前是邮电司、1974 年以后是内政部，1997 年后是文化、体育、媒体部)管理公营广电，另设非政府组织但由前述机关任命委员的私营广电管理单位，职司频道分配与其运作成效之评估，先是这里的 ITA，在广播亦有私营时，改制为 IBA(Independent Broadcasting Authority)，1991 年后电视(包括卫星与有线)设 ITC(Independent Television Commission)，广播设 IRC(Independent Radio Commission)。私营管理单位的委员虽为政府意志的延伸，但独立性颇高，以台湾情况理解，约略可说是"独立的"新闻局。

③ Lambert(1982:17).

此案。[①]

　　换言之,如果不是意识形态对立的政党轮番掌权,则依保守党之意,在核准公营第二频道以后,它很可能已决定,再过不久,释放第二私营频道给 ITV 经营,使公私各拥双频,对等竞争。在此背景下,另有两个原因使得 ITA 翻转了主张,1971 年 7 月,ITA 首次向邮电部建议,日后若设 C4,则应使之与 ITV"互补"而不是竞争:[②](1)1967 年起,新任 Lord Hill 为主席,想法与主张竞争的执行长 Sir Robert Fraser 不同,两种力量在 ITA 内部起了均衡;(2)1965 年对 ITV 起征的特别税,只有第一年(1965)占 ITV 总收入的 10% 左右,此后则都超过 25%,[③]ITV 压力增大,于是更"振振有辞地说,BBC 有两个频道已经不公平,'更重要的,若是再有一家 ITV2 与它竞争,那会更不公平'",ITV 甚至在 1971 年 7 月拟妥详细计划(15 页,列为"极机密"),准备"接收"这家频道,ITA 亦就此与 ITV 及独立制片人协商。[④]

　　但最后结局却又与 ITV 的利益,不全重叠,也就是若新增频道,不归 ITV 所有,而是产权公有,新频道则另作定位,不营利而重创意与品味开拓,所需经费由 ITV 统筹广告收入而后支付。ITA 从主张新频道应与 ITV 竞争,先转向保障 ITV 利益,使 ITV 拥有之,此后二度转向,ITA "已被说服,认为再让 ITV 支配 ITV 2,既不可欲,政治上亦无法被接受。10 年来对 ITV 2 提案的……批评,总算生了效"。[⑤] 为什么生效? 批评力量是在怎么样的弯弯曲曲的过程中,产生效果的?

　　当时,ITV 的商业走向,引发 BBC 的趋同反应与 Pilkington 委员会及社会的批评,已如前述。到了 1960 年代中后期,BBC 由于电视饱和,执照费收入增加缓慢,ITV 则在利润与特别税捐的要求下,削减节目制作经费。公私电视的经费问题,使电视节目制作人察觉,他们的专业生存

---

　　① 　Benn 是世袭贵族,但放弃爵号,以激进左派自任。但他在 1964 年 11 月与 BBC 协商执照费额度时,交代属下,考虑是否可能从执照费以外取得 BBC 的经费,他说:"可以考虑的方向包括,将取自 ITV 的特征,当作赠予款给 BBC,让广告来提供娱乐节目的经费……将 BBC 第二频道改作教育电视频道,以广告支付"(O'Malley, 1994:4)。

　　② 　Lambert(1982:5,13—23)。

　　③ 　MacDonald(1994:88)。

　　④ 　Lambert(1982:23,25)。

　　⑤ 　ibid:84—85。

空间,日见困难,这个情绪高升至 1970 年 2 月,而有"七六社团"(76 Group,ITV 的执照于 1976 年届满)成立,抨击 BBC 与 ITV 寡头垄断,没有提供合理的节目制作环境,他们主张重新检讨电视的财务等问题。稍后,当中有 100 多人(部分人因恐就业问题而不具名)集资在卫报(Guardian)发表《电视与收音机陷入危机:吁请立刻筹组皇家委员会》。①由于 2 个月前(1969 年 12 月),工党邮政次长已在国会说,他正在考虑是否应该设置独立工作小组评估 ITV 的财务等问题,此时便在"七六社团"对首相等游说及舆论诉求下,在 5 月宣布 Noel Annan 教授已应允出任这个皇家委员会的主席。谁都没有料想到的是,6 月大选时,工党落败,由于保守党党魁 Edward Heath 早在半年前即已表明,这个委员会根本不必要,因为它"有如再把树根挖起来,就只为了看看树是否健康"。②保守党取消此议之后,并在 1973 年提出白皮书,表示当时的广电结构将继续至 1981 年以后,再作是否变动的决定。③

在这段期间,另有运动联盟产生。先是 1968 年"自由传播社团"(Free Communications Group)成立,稍后它与《出去走走》(Time Out)杂志社联合在伦敦中伦敦多技术学院(1992 年后改制为西敏寺大学)举办大会,然后在 1971 年 11 月成立"第四频道促进会"(TV4 Campaign),④但它对 C4 应有什么面貌,观点并未一致。于是:"七六社团"的主张(独立节目制作人的观点)、广告商的观点、电子出版公司的主张、纯教学频道、地方频道,以及先改变结构再说派(英国电视的整体改造,不是只要求C4 的非私营)等等不同的看法,均在其间流转。⑤

---

① *Guardian*(1970.3.17).

② Lambert(1982:42).

③ Issacs(1989).

④ Lambert(1982:39—61).

⑤ 曾任 BBC 制作人、著述丰富的 Anthony Smith 是第四频道应该作为准电子出版公司的倡导人,他在卫报撰文(*Guardian*,1972.4.21),主张这个频道应如同"电子出版公司",任何作者、纪录片制作人、戏剧制作人等等各色各样的人与点子,均可向其提出,由此公司承担编辑工作,决定是否或以什么条件采用哪些申请者的企划案,总目标是多元,许多小众若都能看些这家新频道的节目,总和就是照顾了各类不同人群的不等需求。Smith 当时主张,这家频道的经费亦应多元,分头取自广告、工会、各部会、政府预算……。日后,财源观点未付诸实施外,第四频道的重要创见可说本源于此。Smith 本人因得罪工党首相,未被延揽为 Annan 委员会的委员(Issacs,1989:8)。就第四频道促进会来说,先改变结构派又分为改革与革命两类人士,(转下页注)

1974 年工党再次组阁，首相 Harold Wilson 旋即执行 4 年前未完成的任命，组成 Annan 委员会，1977 年 3 月委员会提出报告，Annan 说："Smith 给我们生面团，我们把它烤得恰到好处"。[1] 但 Annan 报告未规划 C 4 的经费腹案。[2]

到了国会辩论阶段，扮演 C4 首任执行长 Issacs 称之为 C4"实际奠基者"的人，却不是工党党人，而是当时的保守党影子内政部长 Willie Whitelaw。[3] Whitelaw 主观上赞成 C4 节目应有独到特征，客观上他的选区不在 ITV 五大制作公司之内，而他对五大亦素表不满，因此采用委员会意见，确立 C4 由 IBA 拥有，[4]经费由 ITV 统筹。

不过，这个经费来源之设计，只能说不利于广告厂商，对于 ITV 节目公司来说，冲击较少。因为，由于 C4 的广告由 ITV 负责出售，不是由 C4 自行承揽，因此 C4 与 ITV 并无竞争，广告费率也就不会下降。C4 的财政安排显然对广告商不利，对于想进入电视节目制作业的其他资本部门来说，也是利空。就产权集中及跨媒体产权来说，这个财政设计又延迟了电视节目制作公司的产权集中进度，亦使报纸不能在其原有的电视产权上，再有延伸。C4 经费来源既已确立，其细节如何运作？Issacs(1989)如此判断："若说第四频道得自 Smith 的启发，则定案的影响力来自 Whitelaw，而最后的……呈现来自内政部与 IBA 电视部主任"的努力。[5]

这里对人，也就是行动者、动因(agent)在结构中所承担的动能(agency)角色特别强调，并非浪漫空想。[6] 结构压力设定了行动空间的上限，资本逻辑的量变，亦有上限，但在当下时空，凸显人的色彩，照射结构

（接上页注）改革派为 Smith 与 Leeds 大学电视研究中心的 Jay G. Blumler，革命派以日后创办《媒体·文化·社会》季刊的 Nicholas Garnham 为首，并包括现为伦敦 Goldsmith 大学的 James Curran 教授与 Leicester 大学大众传播研究中心的 James Harollan 教授等人，他们主张取消执照费，代以政府预算，并加上广告，然后合并两者由一个中央统合组织分配财源，设全国与地方频道各二个与一个，亦即第四频道由地方使用。Lambert(1982:57)说，事后看来，这很不可思议，但"1974 年时，结构变革的可能空间，是已浮现"。

①　Issacs(1989:8).

②　另见注 22。

③　Issacs(1989:9).

④　页 152 的注 2。

⑤　Issacs(1989:17—18).

⑥　Mosco(1996 冯建三、程宗明译 1998f:212—216).

主义的阴暗、挽救失败论调的犬儒,似很合宜。Whitelaw 以及稍后主管广电事务的 David Mellor,乃至于负责工业事务的 Michael Helseltine,固然都是保守党人,但可能都以不等程度与不等动机,从 1970 年代末期起至 1990 年代初期,捍卫了英国广电持续以公营为主的生态;虽然在这段长达 10 多年的时间,在前首相撒切尔领军之下,英国的政策走向,进入了新自由主义的经济潮流,私有化及铲除国家干预以迎合市场经济为其意识指导。可能出于广电媒体事务的文化色彩尚能对抗商业逻辑、可能出于保守党主政人物之间的有限度意识形态之特异与冲突(其中最主要的是 Whitelaw),甚至可能出于政治人物的误认,诉求少数与创新品味的 C4 才得以创设,商业动力的推展,才告受挫,[①]而英国的国家机器才对广电事务的日常运作,乃至国家对于市场纪律与权责的规范,更见增添而不是减少介入。[②] 英国最主要的媒体改革之游说运动团体,其产生动

---

① Whitelaw 是保守党 1979 年至 1983 年间的内政部长,后任上院议长并为撒切尔副手直到 1988 年,这段期间正是 C4、广电白皮书(1988 年)(1990 广电法的蓝本)的制定时期。他本人文化取向浓厚。也许这只是时机(timing)的巧合,但这里所要凸显的是,Whitelaw 的个人因素,是英国保守党的广电政策与其意识形态不合的一个重要因素,这与法国在社会党总统密特朗下,广电秩序大乱(详后),呈现强烈对比。Whitelaw 之后有 David Mellor,他在内阁中倾向支持公共服务的广电制度,Mellor 是 1990 年保守党新任首相 John Major 的近友,又是 Major 竞争党魁的战友:"最重要的是,在'文化或工业'之论争,他明显倾向文化"。Helseltine 向来是保守党内的国家介入市场派,曾在 1986 年与撒切尔不合,挂冠求去,他担心若是将 BBC 私营化,则 BBC 规模无法维持,英国将会失去唯一大到足以在国际间竞争的媒体(Barnett & Curry,1994:234—235,171,221)。以上观察,并有 Issacs(1989)的亲身佐证,以及中间偏左之学者的确认(Davis & Levy,1992:457—459),从事促进公营广电游说活动的学者(O'Malley,1994:80—82)亦有类似观察。至于因误会而有 C4 之说,至少对于一些国会议员及媒体确实是如此的。前者最传神的展示,是 C4 开播未久,遭到不少攻击,曾任保守党主席的国会议员 Norman Tebbit 对 Issacs 说:"你要弄清楚,你完全搞错了,弄这些同性恋等等的节目,根本就弄错了。国会从来没有指望这些东西。我们认为你应该加以满足的不同兴趣,不是这些啊。高尔夫、帆船与钓鱼……各种休闲娱乐。我们指的是这些。"(Issacs,1989:65)。关于媒体的误会,《New Statesman》周刊在 1996 年 10 月至 11 月的系列 Mid-England 文章,可见一斑。误会的可能就是行动的施力场域。

② Sparks(1995a);Sparks(1995b)所说的文化视野是指商业力量之受挫、电视机构之财务竞争的免除、对民族文化的质疑(韦尔斯第四频道 SC4 的创设等)与本国自制节目比例很高等。这个视野未明显撤退,有两个证据:(1)1990 的广电法虽然取最高标为原则,要求 ITC(参见注 11)应兼顾申请公司的质量信誉,结果 1993 年 16 家节目制造公司,以最高标取得经营权者只有 5 家,8 家则低标反而取得,另有 3 家没有竞标者。(2)SC4 继续存在,并新立 Gaelic 语的广电基金。英国政府并未放松对广电的管制,则至少有四个证据(另见 O'Malley,1994,尤其是第八章;Barnett & Curry,1994;Davis & Levy, 1992:258):(1)IBA 的电视部门改为 ITC 以后,主要人事未变,对节目的监督还是很严密,ITC 所属的"节目调度中心",年预算达 500 万英镑,(转下页注)

力,需放在这个背景才能理解。[①]

英国引进私有电视,历尽波折,政治立场上,主张生产工具公有的工党固然反对,强调私人财产权是经济发展基础的保守党人,尽管其主要意识形态赞成之,但广电产业与其他生产工具不同,除了经济属性以外,另有重要的政治与文化性质(控制广电的新闻言论,以及避免性与暴力而扬举中产阶级或精英阶层的文化品味等),这两个性质与经济私有产权产生了紧张关系,使得保守党人当中,不乏在重要时刻迁就政治与文化面向,以致牺牲经济逻辑的前例,尤其是在 C4 的创设与 1990 年广电法的制定过程,更见清楚。这个紧张关系以及阶级属性政党(工党)的存在(Tony Blair 领军后的所谓新工党,将使此属性改变至何种面貌,仍待观察、分析),使得主张广电公营体制应予强化的社会运动团体,增添了诉求空间。

三、德国(西德)广电产权的政党与社会争议

直到目前,德国没有地表无线电波私营电视公司,但从 1984 年起,在宪政法庭解释后,以线缆或卫星在特定邦传输电视节目,已经合法,其后,这些邦层次的公司,再发展为全德国性质的电视频道。在此过程,德国公营电台之一的 ARD 亦拥有了卫星电视频道;而德国线缆相当普及,超过英、法与意,原因之一,似乎是私营电视公司较为成功的游说,使国家在铺设线缆的过程,以公共支出承担了费用。

私营电视进入德国的动力,明显与英国不同。一是宪政法庭(法意亦有)扮演了一定角色;二是报纸等出版集团自始就主张私营电视必须存在;三是英国的广电决策权在中央政府,而德国是联邦,地方各邦(state)

(接上页注)有专员 50 人职司监督工作;(2)传统上出任 BBC /ITC(IBA)董事的人选,是所谓各党派大致都能同意的"大好人"(the Great and the Good),但此原则被打破了,执政党有较大的倾向只用自己人;(3)政府对于广电组织的攻击增加了;(4)政府设立了"广电标准咨议委员会"对于性、暴力的管制更为关心了。1997 年 3 月 30 日开播的第五频道,早在 1987 年就已宣布,1992 年招标时只有一家申请而流标,后在 1995 年由 United News and Media、Pearson、CLT-Ufa(德国电视业者)与美国 Warburg Pincus 投资银行连手取得。这家第五频道在开播前,即因政府规定而支出了 1.5 亿英镑,调整受其电波影响的一千万户家庭的录像机,这个例子也显示英国的电视市场,仍在国家强力规范下,负担颇重的义务(若是比较台湾开放第四家私营电视的过程,对比更明显)。

① Richardson & Power(1986).

拥有较大权力,其中之一是德国的文化事务(包括广电内容)归为各邦掌管。于是,德国的两大政党,基督教民主党(Christian Democratic Union, CDU;在 Bavaria 是 Christian Socialist Union,CSU)与社会民主党(Socialist Democratic Party, SPD)在任何一邦发生争执,致而必须诉请宪政法院解释时,往往一路要解释到联邦才告终止,这也就使得德国政党发生冲突而上推至全国的机会,远比英国大了许多。

在德国要求私营电视的压力,几乎均与报业难脱干系。1961 年 2 月 28 日,西德联邦总理、也是报业巨子 Springer 的朋友,CDU 党籍的 Konrad Adenauer 想设立商业电台时,由 SPD 执政的四个邦立即申请释宪,总理失败而未能如愿。[①] 1967 年,Saarland 邦 CDU 政府修改 1957 年法令,企图引进商业电视,此次反对党 SPD 一反常态,顺从之。原来,朝野两党都想借此掌握部分电视资源,不料,此时多家地方报业主闻讯,共组"自由广电公司"亦向邦政府申请执照,在未获许可后,报业主兴讼,多次在行政与宪政法庭之间徘徊 14 载,1981 年宪政法庭判定 Saarland 邦修法违宪,两党及报业主的希望,双双落空。1971 年,柏林多家报业主成立私人电视公司,要求获配电视执照,西柏林 SPD 政府及联邦行政法庭均驳斥之,但理由是"频道稀有"。[②]

Bavaria 执政党 CSU 在 1972 年 1 月 21 日修法,强化政党对广电机构的影响,使规范机关的政党代表最高比例,由 $\frac{1}{3}$ 拉升至 42%,[③]并试图引入商业电视。新闻传出,遭遇强大市民压力,在"消息灵通的领导与青年热情"的运动下,共有 9 万人签名反对新法。虽然反对声浪未能阻止法案于 3 月 1 日通过,但它持续推进,至 5 月 4 日,SPD 已准备提请邦释宪,而广电自由公民委员会则推动公民投票,要求邦宪法明定政党不能影响广电机构,并禁止私人在 Bavaria 营运广电事业。10 月 19 日,邦国会终于接受部分主张,且另提修正案,未料 CSU 再提法案,触怒 SPD 等反对

---

① Barendt(1991).

② Humphrey(1994:69—71;190—192).

③ 1972 年 3 月 1 日前,西德各邦广电机构的最高权力组织由 42 人组成,其中 28 人由社会相关团体自行推派,邦政府与上下院各政党则各决定 1、3 与 10 人,政府人员不能代表社会相关团体。因此,政治代表将不会超过三分之一。1972 年 3 月 1 日所短暂施行的法律是,最高权力组织增为 59 人组成,而社会团体由 28 人变为 34 人,但国会可决定的人数由 10 人增加至 21 人,这就使政治代表成为 25 人(邦政府与政党人数不变),超过 42%(Williams,1976:116)。

党再提释宪，最后，三党与公民委员会协商创置新法并于次年 7 月 1 日由公民复决，新邦宪法规定："收音机与电视完全由公共机构经营，由广电委员监督之……邦政府与国会推派的委员人数不能超过 $\frac{1}{3}$"。[①] Willaims 说，公民强力介入，是成功的关键，但不能确知的是，这是"只此一次"，或这个公民的"初试啼声"，将号召来者，20 年后，Hoffmann-Riem（1996）则说，答案是"折衷的"，Bavaria 的宪政与社会秩序仍在德国独树一帜，先有 1972—1973 年这场公民以行动反对私人从事广电行业，后有巴邦后来创设类似英国的 IBA，规范私营的广电活动。[②]

　　1981 年，宪政法庭指出，Saarland 邦为允许私人电视而创设的法律，赋予邦政府太多行政裁量权，事属违宪，至于邦政府辩称，经济力将可平衡行政权，宪政法庭则说，广告不是保障公益的可靠手段。1982 年 CDU 在联邦大选获胜，并在大多数邦执政，于是开始立法，准备引进私人电视，1984 年 5 月 2 日，CDU 在 Lower Saxony 制定媒体法，私人电视的创设如箭在弦，此时由 SPD 执政的 North-Rhine Westphalia 及 Hesse 等邦抗拒，并有 200 位邦议员在 ARD 支持下，申请释宪。[③] 但原本基于原则而反对商业广电的 SPD，却在此时于 Essen 举行的党员大会中，通过新"媒体行动纲领"，转为妥协，也就是只认定必须妥善办好公营广电服务，不坚决反对私营。党中央议决如此，但各邦仍有差异，如 Hesse 的 SPD 与绿党合作，依旧强力反对私营；North-Rhine Westphalia 愿妥协，但制定较有利该邦公营电台的条文，并以法律保障编采独立；Hamburg 因恐不引入商业广电媒体，将影响其媒体重镇的地位与税收（有 3 万人在媒体业工作）。[④] Lower Saxony 释宪案在 1986 年裁定，宪政法庭认定商业广电公司的存在，以及报业在其中得到股权，并不违宪，但它也说，商业广电能够存在的"前提"，是公共广电体系要能扮演必要的、符合民主多元信息提供之角色，这就是说，公私营电台的关系，不在"竞争"而在"互补"。这次释宪文字又明确指出，交叉产权会产生双元垄断的危险，也就是地方、地域的报纸产权集中情况，会延伸到商业广电体系。依据这个宪政解释，各邦

①　Williams(1976:113—119)；Humphrey(1994:178—179).

②　Hoffmann-Riem(1996:127—128).

③　Barendt(1991).

④　Dyson(1992:94).

在 1987 年 4 月签订条约,确立德国"双元广电体系"其中重要创举之一,是各邦议会据此条约创设了许多"媒体法人"(Landesmedienanstalten)[①],但各政党对广电媒体的公私营之争,并未就此偃旗息鼓。

导因是"媒体法人"在 1994 年 9 月建议重新规范媒体产权,它主张市场占有率,不再依据公司持股比例,而是依据个别公司所控制的阅听人比例。若是如此,则任何公司可独资拥有频道,但该频道若占 10% 以上的阅听人,则该公司最多只能拥有一家这类型频道,亦即以 10% 阅听人为上限,特定公司所拥有的频道数量,只要其总和拥有的阅听人不超过 10%,均非所限;任何节目公司若是占有一家频道 25% 以上的节目预算,则它所承揽的各频道之总和阅听人占有率,亦不能超过 10%。[②] 但出乎

---

①　媒体法人下设执行长及多元监督委员会,经费来自德国公营广电执照费的 2%,有些邦则另外再对有线电视订户征收,或对私营广电业者征税作为该法人的额外经费。根据 1987 年条约,1988 年至 1991 年,它可以资助基层设施的铺设,借此协助商业广电节目的普及。该法人的经费,在 1990 年是 1.09 亿马克,共有雇员 200 人,该年度有三个较大的媒体法人(北莱茵西发利亚的预算是 2750 万马克,雇员 40 人;Bayerische 是 2100 万,47 人;Baden-Wurttemberg 是 1790 万,18 人)。各邦并自行规定其经费用途,如 Lower Saxony 规定它的 90% 用在基础建设,只有 10% 用在监督执照者是否表现得宜;Bavarian 也只有 10% 用在监督,90% 用在线缆铺设及节目制作;最特异的可能是北莱茵西发利亚,它在 1990 年引进自我要求的条款,规定在 1993 年之前,其法人 45% 的执照费收入,将用来资助该邦公营电视台 WDR 与邦政府新设立的 Filmstiftung 合制电影(Humphrey,1994:276—285;340)。总计 1988—1990 年间,已有 9500 万马克用在铺设线缆(约占媒体法人总经费的 $\frac{1}{3}$,另有 $\frac{1}{2}$ 用在核发执照及监督,$\frac{1}{10}$ 用在支持公民频道),这就形同了监督部门取用公民的执照费,津贴商业广电部门:"规范者与被规范者的利益纠结在一起,密不可分了"(Dyson,1992:96—97)。这个情况与英国的线缆业者必须自行铺设线缆,又完全不同。台湾 1999 年 1 月 15 日修正通过的《有线广播电视法》第五十三条规定,有线电视系统经营者每年提拨百分之一营业额,其中 30% "用于有线广播电视之普及发展",对照于德,竟然也就具有进步意义了。

②　Ridder(1996:68);Hickethier(1996:115—117)。这个建议未责成市场产权结构信息透明化,因此也就不容易执行。此外,亦有人主张以营收作为计算市场占有率基础,未被接受。业者反应可想而知,纯然是从保障自己现有市场占有地位出发,因此,Kirch 集团认为,若是以阅听人作为计算基础,上限应该是 35%,因为这正是它的现有地位,另有些则认为不可行,如 RTL(Ridder,1996:69)。市场定义的争议在英国亦大约同时上演,见冯建三(1998a:24—26)。再者,德国各政党与广电资本利益,亦就什么才算是"广播"而有争辩,这个定义的重要性,在于是否列入广播,事关"市场"的定义,亦涉及管辖权的归属(若非广播而是电信,则归联邦政府;若为广播则由各邦自理)。当时由 CDU 执政的联邦政府认为,按片付费电视、video-on-demand 等不算为广播;媒体法人则认为以上两者,加上电视购物频道,均应算是广播。到了 1995 年 9 月,双方同意以负面表列方式决定以下情况"不是"广播——电子信件、电子测量、电子银行、电子目录、电子医疗、电子教育与旅行信息、video-on-demand、电子游戏、气象、股票证券信息、电子投票、电子购物(但不能展示画面)。然而,10 月 16 日时,Kirch 集团在 Bavaria 邦支持下,钻法律漏洞,以实验数字电视为名,开办购物频道 Home Order Television,利用 Astra 的卫星,以模拟讯号将此频道传至全德国。至此,法律规定不能有的 24 小时购物频道就开张了!(Ridder,1996:77—78)

媒体法人意料之外的是，其初衷是要规范媒体私产权的集中现象，稍后却因为保守政党从中作梗，话锋反而移转到了公共广电媒体。[1]

1995年1月28日前后，Bavaria及Saxony的CDU邦总理签署16点报告，针对ARD而来。他们论称，ARD地位寡断，不能确保多元，应予废除。此报告引发强烈反弹，ARD内部、SPD所控制的邦、工会、教会与一般公民，均群起攻击，最后使得联邦国会就此展开辩论。SPD各邦以三点计划响应：(1)确保公共广电的存在与发展；(2)严格控制私人广电产权的结构；(3)单一机关负责核发及控制广电执照，并强制私人透露产权持股信息。整个局面成为SPD控制的邦与CDU控制的邦的对峙，几乎陷入僵局，后延至1995年秋天国会再辩论。到了10月12日，SPD邦总理之一Schleswig-Holstein提出管制私人广电产权的方案，将电影、影带、付费电视、书籍、报纸等均列入计算，任何公司只要在其中一个媒体拥有5％以上的股权，就算是该媒体的拥有者，而且负有举证责任，任何公司市场占有比率未达上限时，在申请广电执照时，可获得优先考虑。10月底，各邦总理达成协议，ARD/ZDF获得确保另5年的执照费，但被要求必须节省开支，任何私人广电机构所拥有的阅听人比例，上限各邦同意是30％，但因公营ARD/ZDF计算在内，私人公司也就不可能超过这个限度。[2]

四、法国广电产权的政党与社会争议

若与英德对照，法国广电秩序相当突兀、不稳定，有谓"国会多数每一改变，新影视法相应而生"，第一部广电法实施后20年(1958—1979年)，职司广电的政府部长更换20人次以上，在此背景下，1985年11月19

---

① 稍前几年，类似情况也在英国发生。1989年12月14日，由于BSB与SKY两家直播卫星电视的竞争，后者经常利用Sun等同集团的报纸，大力进行交叉促销的活动。于是英国贸易暨工业部长以John Sadler(1991)为召集人，责成其就此提出调查报告。结果Sadler并不是对始作俑者提出建议，该报告反而建议垄断暨兼并委员会，应就BBC在本身频道为其商业图书等出版品作传达时，是否为交叉促销，以致违反公平法的规范，进行调查(Barnett & Curry,1994：128—132)。

② Ridder(1996：69—73)。

日,社会党政府核发第一家私营电视台执照,次年9月保守党上台再将最受欢迎的公营电视频道之一私有化,是迄今欧盟国家唯一私有化公营电视的国家,也许就无足为奇。① 至于法国与意大利私营收音机在1980年代初期崛起及其近况,已另文交代。②

法国社会党1981年再次执政,采取激烈手段企图约制报纸的产权集中,但在广电方面,表现大异其趣,原因之一,可能与社会党总统Mitterrand个人因素有关。社会党上台后,以将近1年时间,热烈辩论广电营运执照费的征收,以及执照需由政府事前核发,(1)是否违反言论与意见自由的宪法人权,(2)是否违反商业自由。最后,宪政法庭指出,关于前者,除了技术原因,政府采事先审核才能确保秩序以外,维持公共秩序、保障他人自由与确保意见表达的多元性质,也是宪法所要保障者。关于后者,宪政法庭则认为商业自由并非绝对,而是必须在法治架构下进行:"限制传播活动只能从商业广告中取得定额收入,并不违反商业或表达自由"。

1982年7月29日,新广电法通过,公共体系不再具有垄断地位,新的私营电视台,即将登场,唯可注意的是,即便在这样急急如律令的国度,从私有讯号的发出,到正式核发执照,亦达3年有余(英国第五频道则近10年,如前述;台湾的第四家无线电视,公告到发照,1年3个月)。1985年11月19日,出乎外界预期,社会党政府并未将这家私营执照(La Cing)给卢森堡的CLT,而是社会党总统Mitterand的朋友雀屏中选,囊括60%股份,另40%则由Berlusconi取得(见下文意大利部分)。③

1986年3月16日保守党选胜,公营体制再弱城池一座,9月30日新法完成,虽然对媒体产权集中及交叉持有等问题,首次提出详细规范。④但公营电视台中,最受欢迎的TF1频道,却被私有化,政府并出售Canal Plus按片付费电影频道的42%股份。其中,关于私有化TF1的问题,国会辩论200小时,创下第五共和的记录,并有1800个修正案、不信任案与申请宪政法庭解释案的提出,社会党的文化部门发言人说这是把法国电视卖给可口可乐,10万人签名请愿、反对。处于左右共治的总统Mitter-

① Cayrol(1991:189—190);Noam(1991:97).
② 冯建三(1995d:162—166;1997a:93—98);Machill(1996);Jauert & Prehn(1996).
③ Cayrol(1991:198).
④ Barendt(1995:121—133).

rand 说,他虽然对私有化"极端保留",却在 1988 年社会党再次选胜后,拒绝社会主义者及广电工会重新国有化 TF1 的主张,Mitterrand 的理由是,双方拉锯战,一来一往,意义不大。稍后,他发表《致法国公民公开信》,应允将广电规范纳入宪法,日后亦未兑现,唯一的成绩是在 1989 年元月通过新法,并以 TF1 未能遵守在黄金时段播足法语节目的承诺,罚款 TF1 3000 万法郎,创下法国历来最大罚金的记录。①

另一方面,社会党在开放第一家私营电视频道的同时,也企图新添一个公营艺文频道,此议进入规划阶段 1 个多月后,保守党在 1986 年大选获胜,本案戛然终止。新任的保守党政府以这个频道作为私营电视 M6 之用。② 因此,1987 年起,法国的地表无线电视已达 6 家,公营 2 家,私营 4 家,超越英德同期的频道数,造成只有 Canal Plus 这家电影数码频道能够盈余,其余 5 家公私营电视从 1988 年至 1991 年都亏损,并有 1 家因而关闭(1992 年 4 月 12 日),③而 1992 年时社会党已重新掌控内阁,立刻再续前议,同年稍后与德国 ARD 共同出资,将此频道命名为 Arte,开始放送公共服务性质的艺文节目,对象以法德国民为主。④

法国议员于庙堂上及选战上进行广电公私营的攻防战,与此同时,社会上也出现了反对私营电视的浪潮,一波接一波。先是社会党执政时,1985 年 9 月,大量艺文人士首次集结,反对开放 La Cing 频道。次年,Aubervilliers 市长 Jack Ralite 带领成立社团,并在 2、6 与 11 月等三个月份,三度集会,得到近 8000 人联署支持"影视宪章草案",他们认为"公民的传播权"被私有化绑票了,因此要求公共服务的规范,亦应延伸至私有部门。1989 年 5 月 21 日,这个社团与影视演艺人员合作,在欧洲议会于 Strasbourg 辩论欧盟《广电指令草案》时,集结示威。另一组上街示威的例子发生在 1988 年 10 月,数以百计的艺文人士带领,得到 20 万人签名,要求电视戏剧在播放中,不能插播广告,虽然这批人不主张把广告从公共电视频道中逐出。另有人主张,公共频道完全不能播放广告,其经费应全部取自执照费与征收自私营频道的广告收入,至于私营部门,那就允许它

---

① Loosely(1995:203—208);Sergeant(1994:237—238).

② Loosely(1995:206).

③ Legrand(1993).

④ Emanuel(1992);石世豪(1996)。

完全按照"自由市场"的原则去竞争,发起人是法国社会学界泰斗 Pierre Bourdieu 等人,往后一二年,再有许多知识分子及艺文人士加入,包括以解构主义闻名的 Derrida。①

至 1990 年代初期,法国公营广电体系颇见萎缩,唯 1994 年 1 月 21 日,宪政法庭判决指出,《1789 年人权宣言》的思想与意见表达自由:"将无意义可言,如果各种广电形式所要服务的不同公众团体,无法在商业或公营广电部门,收看足以确保不同团体表达自由的节目",这个判决重新肯定了观众行使选择的权利,需不受商业或政府强制,才有自由可言,或将是法国各政党与游说运动团体据以巩固、扩张或缩小公营广电体制的基础之一?② 而 1997 年 5 月社会党再度意外入主内阁,是否将对广电产权再造冲击,可待注意。

五、意大利广电产权的政党与社会争议

迟于英国,早于德法,意大利在 1976 年开始允许私人经营地方电视台,发展到了 1990 年,这些地方台已在 Berlusconi 的并购下,形成与公营 RAI 鼎足而立的局面。1993 年起,更有 Berlusconi 领导右翼联合政党,并在 1994 年大选获胜而出任首相,是欧盟各国唯一媒体巨子出掌国政的例子。这个兼领媒体与政治大权的反民主现象,引发意大利民众强烈反弹,并就 Berlusconi 是否应该卖掉所属 3 家电视网中的 2 家,举行公民投票(1995 年 6 月 11 日)。

略近于德国,意大利的宪政法庭也在规范广电活动时,担纲重要角色。最早起于 1960 年 7 月 13 日的裁决,以频道稀少为由,宪政法庭认为,广电资源全部由公共垄断,符合宪法精神。1974 年有两个决议案,一个确立地方设置有线电视台不违法,一个敦促 RAI 进行改革(国会据此释宪案于次年 4 月立法,强化国会对 RAI 的监督,在此之前,行政部门对 RAI 的影响太大;但实际上行政乃至政党对 RAI 的朋分,并未因此松懈,下文将再述及)。1976 年,它又裁决,RAI 垄断地方地表电波,实属违宪,

---

① Loosley(1995:206—208).

② Robillard(1995:61).

理由是设置地方电台的成本,并未过度昂贵,不致造成寡占而妨碍多元表现。[①]

　　1980 年,Berlusconi 创办 Canale 5,次年购买 Italia I,随即引发他与 RAI 的诉讼。1981 年宪政法庭裁决,RAI 垄断全国性质的广电事务,合乎宪法规定,至少在反托剌私法完成立法,并付诸施行以免除私人寡占的危险之前,均合乎宪法;宪政法庭并要求,国会应立法使媒体产权数据,透体通明,非如此无法使私人公司将股权分布及财政情况,和盘托出。1984 年,若干私人电台以侵犯 RAI 宪法赋予之垄断地位为由,被下令关闭。当时的意国总理 Craxi 虽然是社会党人,却因与 Berlusconi 素来友好,因此百般阻止立法。RAI 本身的三个频道亦为政党瓜分。第一、二频道分别为右翼的基督民主党与中间偏左的社会主义党控制。Craxi 为使 Ber-lusconi 免受制于宪政法庭,1980 年代中期起,同意第三频道(诉求少数品味)由共产党实质控制。[②] RAI 记者在此政党势力交相渗透下,为了维持自己的公信力,继续维持固有的"调查报告"等实务传承。[③] 规范私人媒体活动的法律,在 1990 年 8 月 6 日时,由保守党立法完成,一般称之为 Mammi 法,是 1976 年宪政法庭判定私人电台不违宪以来,第一次广电立法。[④] 它承认了当时状态的正当性,亦即允许意国广电资源由 Berlusconi 与 RAI 双元垄断,它禁止的是,两大之外,不能再有第三大广电集团的形成。由于 Mammi 法与社会期望,相去太大,当时执政的基督民主党,有 5 位阁员因不赞同本法,全部辞职。[⑤] 此后,意国广电进入更严重的割喉竞争时代,并导致了更见芜杂的纷乱,RAI 与 Berlusconi 竞相陷入财务困境。

　　RAI 方面(它的广告收入依法不能超过 1 万亿里拉),1993 年赤字是 4790 亿里拉,为了节流,管理阶层要冻结员工年终红利,引发全员罢工,并向政府请愿,在这些压力之下,1993 年 12 月 31 日,国会通过拯救 RAI

----

①　Robillard(1995).

②　Mazzoleni(1995:161).

③　Gundle & O'sullivan(1996:211).

④　Barendt(1995:127—131).

⑤　Gunter(1996:210);Barile & Rao(1992:265).

方案。① Berlusconi 方面,他在意大利所拥有的广电机构,至 1992 年已经串连成三个全国电视网,但他的集团至 1993 年底的总赤字,已达 6 万亿里拉,②电台数的增加,并未扩大其利润。并且,为压低成本而进口的节目量,以及因竞争致使节目趋向同质的程度,在欧盟国家中,意大利堪称相当严重。③

因此,Sartori(1996)指出,越来越多人已醒悟,认为意大利的广电体系所需要的:"不再是调整,而是彻底的改革"。这就是 1993 年 7 月 RAI 得以开始重组的社会背景,④原先政党色彩浓厚的管理单位解组,改由国会任命 5 人小组负责改革工作,此举明显不利政党,但为什么这些政党仍然创置这个法案? Mazzoleni 认为,可能有两个主要原因。⑤ 一是政府的正当性,已因连年的腐化、贪污而减至最低,当时又有北方右翼联盟的兴起,反贿赂贪污的调查,也如火如荼地进行。其次,RAI 本身也有财务及政治正当性的危机,若不改革而使 RAI 崩溃,更会使得广电体系全部进入私人资本的影响范围。这次改革是有些成绩(如 RAI 由亏损而到有了盈余),但 1994 年春季大选后,Berlusconi 所领军的右翼联合政党获胜,他出任首相,政治权力结构再次改变,以至于在 Berlusconi 下台后至 1995 年 7 月新的国会委员会起草新的改革方案前,5 人小组已经改组两次。在这段期间,是有证据显示,Berlusconi 决定自己参与政治选举的一个重大考虑,就是为了保护自己的媒体事业。⑥ 另外,在这次大选期间,Luca Ricolfi 与其 Turin 大学同事曾作分析,研究电视与选民投票行动的关系。他们以 1500 人为样本,询问其收视频道及投票意向,发现收看

　　① Gundle & O'sullivan(1996:212);Mazzoleni(1995:159,163)。方案大致内容是(1)执照费增加 12%,由 14.8 万提高至 15.6 万里拉;(2)RAI 付给电信局的电波使用费,由 1650 亿减至 400 亿里拉(意大利任何公私营电台均需向国营的电信公司租用电波,但私营电视网给付额很低,1993 年之前,只需年付四亿里拉,何以公营 RAI 反而给付高租金,又何以私营电台电波费如此之低,是否与 Berlusconi 等集团的游说有关,不知);(3)RAI 拖欠电信局的 3500 亿里拉电波费移转至财政部,使该款成为 RAI 资本账;(4)重新估计 RAI 资产,并减少 RAI 财政义务,使 RAI 资产增加 3000 亿。

　　② Gunter(1996:200)。

　　③ Humphrey(1996:88—90)。

　　④ Mazzole(1995)。

　　⑤ ibid:161.

　　⑥ Gundle(1996:199)。

Berlusconi 频道的人,有 300 万转而投票支持 Berlusconi 领导的联盟。①
又有论者指出(Gundle & O'sullivan,1996),②Berlusconi 胜选的重要原
因是,在他经营电视长达 15 年的期间,他相当有技巧地带动了中低阶级
这些政党连带最弱的一群人,进入他所带动的"前提条件":经由益智游
戏、猜谜、连续剧等等,他把消费至上、稳定、快乐、对未来的信心与期待等
等价值观,全部展现在所有节目,这是他"现代营销技巧"最为成功之处,
及待选举日到,选票跟着进来。

　　1994 年,反对 Berlusconi 最力的许多小型广电公司,联名向 Lazio 地
区的行政法庭提起诉讼,他们认为政府配用电波不公,违反宪法保障所有
公民平等使用电波的权利。同年 12 月 7 日,宪政法庭裁决,如果竞争法
未变,则 Mammi 法将电视市场的占有率上限定为 25% 或三家电视网,比
对报业市场的上限(20%)宽松,并不合理,应属违宪,必须在 1996 年 8 月
以前改变,宪政法庭裁定,任何人最多只能拥有一家电视网,但为了避免
混乱,它许可现状得以维持到 1996 年年终了。③ 依据这个裁决,Berlus-
coni 的集团必须在 1996 年 12 月以前,出售一家以上的电视网,但另有法
律见解认为,竞争法是在改变,所以集团无须释出电视网。④ 在僵持中,
宪政法庭再裁定,对此广电产权问题,应举行公民投票,结果是 43% 的人
认为 Berlusconi 必须释出,57% 则说不必。⑤ 对此结果感到愤怒的人说:
"这场投票真是既不正常又不公正,公民投票的客体,竟然是为自己赢得
投票结果的工具"。⑥

---

①　Williams(1996:13).

②　Gundle & O'sullivan(1996:216).

③　Gundle(1996:212).

④　Robillard(1995:120).

⑤　Gunter & O'sullivan(1996:220)。这次公民投票共有四个议题:(1)任何人或公司
是否可以拥有一个以上的电视频道;(2)电影或戏剧节目播放过程是否可以播放广告;(3)一
家广告商是否可以代理征收两家以上电视的广告收入;(4)RAI 是否一定要完全由国家拥
有。前三个议题的公投结果是:"可以",第四个则"不一定"。在公投 Berlusconi 是否必须卖
掉其三家电视网中的两家之投票日(1995 年 6 月 11 日)前一个月,他的电视只播出"必须"的
广告 42 次,但播出"不必须"的广告 520 次;同一期间内,公营的 RAI 则依法不能播放任何政
治广告。

⑥　Williams(1996:13).

六、各国宪法与广电产权

从前四节的介绍与讨论得知,除了英国以外,德法意的宪政法庭对于此三国的广电生态及秩序,均有相当大的牵制或影响(尤其是德国及本文未引介的奥国)。[1] 个中原因自然与英国没有成文宪法(因此也就没有宪政法庭)有关,唯其如此,这就使得有些论者主张,英国应制宪或改变BBC的法律地位,以便强化对广电多元与自主的屏障,其中广电法学教授 Eric Barendt 就此着墨,可能最为勤力。[2]

然而,有趣的是,若是本文前四节的举证及讨论并无失误,那么,我们可能必须结论,英国的公共电视及其管制绩效,在政治上相对地最为稳定,与不直接受制于政党的更替,在经济上也相对地最有效率。[3] 如此,难道我们就要主张,没有宪政法庭才能使电视有更佳的表现? 显然,这是一个无效的推论。因此,从英德法意的对照,我们或许可得到两个领悟。一个是一般理论的领悟。庸俗地说,法律是上层结构之一,反映了下层的政治经济力的角逐结果,或者,若用现在较为让人接受的说法,则我们知道后者设定了前者所能运作的范围、空间,一般法律的性质如此,宪法这个高度政治角力后的沉淀,亦复如是。不谈、不分析政治经济力的游动,径自跳过而奔向法律条文的耙疏与抗辩,虽然不是没有意义,但最好的情况是有如救火,疲于奔命而只能救急,下焉者却可能流于文字义理的打转,浪掷改革的时间。然而,法律亦自有其"相对自主"的运作逻辑与可能,以宪法来说,由于传播自由与多元作为一种普遍人权已广被各国接受,并有许多国家已纳作宪法条文,尽管至今它仍是宣示性重于实际作用,但两者之间的落差,就是某种矛盾与冲突的展现,也就是法律运用其相对自主动力的立基。

法国宪政法庭的裁定,迫使保守党政府在制定广电法时,不得不加入反集中的条款,[4]但法国仍然是欧盟 15 国当中,将公共电视私有化的唯

---

[1]　Robillard(1995).

[2]　Barendt(1991,1994,1995).

[3]　冯建三(1998a). 已收录于本书第九章。

[4]　Barendt(1995:121—133).

一国家。意大利宪政法庭 1974 年裁决 RAI 在全国层次仍可垄断广电资源，并要求行政部门不能控制 RAI 而国会需加强对 RAI 的监督、要有规则来确保 RAI 的客观/无私、为避免对报业产生不良影响 RAI 应设广告上限，以及应有法律确保各政治、文化与宗教等等团体能够使用广电资源。但真正有效执行的是广告上限，其余三者要到 20 年之后才真正展开。德国宪政法庭在 CDU 执政后，是隔了 4 年才裁定私人电视合宪，但它认定公私营的"互补"而不竞争，无法阻止 1988 年 Baden-WUrttenberg 邦政府的特权柄在手而高傲不恭，它拒绝遵照各邦协议，不肯提高执照费，甚至说这些公营广电机构，已经"'成为国中之国，宪政法庭的裁决适足以显示这个事实'；唯一将它们纳入控制的实际办法，就在执照费身上"。① 总之，德国的广电政策制定，固然是有宪政法庭的法律文化，以及

---

①　Porter ＆ Hasselbach(1991:117—118). 这两位作者又举出以下观察，论称、担心德国的法律对私产权的集中与跨媒体产权的规范，难以发挥充分效果(Porter ＆ Hasselbach, 1991: 125,129—138,143). (1)宪政法庭认定各邦在给予广电执照时，若偏惠报业，则属违宪，但许多邦却仍然优惠之，以致同鼓励联合持有与联合行为等等。(2)规范者无法取得足够信息，德国公司法规定只有产权变化达 25％以上时，才需要公布信息。(3)"据有支配性影响力"的解释空间很大，如 A. Springer Verlag 在购买 Tele 5 的 29％股份时，已经拥有 25％以上的 SAT 1 股份，依法应不准，但德国政府却认定 Springer 并未"具有支配性影响力"。(4)有人论称，既然广告资助的电台不以听众为公民，而是以其为消费者，则宪政上对于产权的规范(以媒体在意见形成过程之重要性为其规范理由)，也就与商业台无关，它应该只归联邦经济法规范。(5)联邦反托剌私局(Federal Cartel Office, FCO)虽然较独立，但仍从属于联邦经济部，因此还是反映了联邦经济政策的立场。FCO 的主任委员在 1987 时曾说"任何能够提供机会与公营广电体系竞争的活动，我们都支持"。(6)FCO 压制公营电台的目标，也得到垄断委员会(Monopoly Commission, MC)的支持。MC 再三说，公营电台播放广告而与私营者竞争，将妨碍其文化与信息等水平，却没有进而宣称市场竞争已扭曲整体媒体的文化与信息任务；MC 又说，完全不看公营电台的人应不必交执照费；它也想将公营电台纳入反托剌私法管辖，理由是公营电台也有广告收入，ARD 与 ZDF 的 1989 年广告收入，占全部广电广告额度的 72％，合制、节目销售与权利金等收入则是 1.1 亿英镑，MC 说至少这部分收入及活动必须适用反托剌私法，但既然节目好看才卖得出，则节目与广告无法分割，所以应全部适用。(但各邦及公营广电机构认定 FCO 等单位的看法，在宪政上站不住脚。因为 1986 年的宪政裁决已指出，私营电台只能"辅助"，其存在前提是公营者要完成基本公民传播权利的提供；而公营者之所以从事贩卖活动，主要还是为了执照费不足。1971 年的宪政法庭则认定，广电不同于其他公用事业，其执照费并不是因为它们所提供的服务已由公民使用，而是执照费乃是表示所有公民都"拥有"公营广电机构的股份，公营广电人员因此是社会的受托付者，不是反托剌私法定义下的商业企业体。)(7)FCO/MC 谴责公营广电组织拥有独家转播特定活动及体育竞赛的权利。1987 年 8 月 27 日 FCO 认定 ARD/ZDF 与德国体育联盟订约，优先给予公营单位四年转播若干竞赛的权利，妨碍了竞争。但事实上，列入契约的竞赛全部是无法赚钱的活动，也就是私营电台根本不会想要转播，而足球、高尔夫、赛车及任何国际竞赛等最受欢迎者均未列入。与此例对照，1988 年 Bertelsman 的子公司（转下页注）

各邦以宪政法庭的裁定为基础,进一步合作立法的政策文化,但它还是不能脱离政治"权力关系的行使"。①

再一个领悟是个别的论述。以 Barendt(1995)来说,他先回顾了管制广电活动的四项常见理由,②表示这些理由都有让人不满意的地方。Barendt 没有就此长足发挥,但是在两个地方提及私产权商业竞争之不可取,而主张宪法对于言论自由之保障,对于竞争之重视,应该强调"记者观点"的竞争,而不是收视率等经济性之竞争:"市场机能无视于弱势、少数品味及不受欢迎之观点的存在,但公共广电机构的独特责任,正是在确保社会公众能够知悉这些观点、接触这些品味"。若说 Barendt 尚有不足,则是他或许没有察觉其论述潜藏危险,亦即他认为市场机制不宜决定广电活动的理由,似乎只剩下政治信息之供输与符合民主要求,以及文化认同与品味,究其实,这似乎会让粗心的读者,误会公营广电的可取,只在民主的道德诉求,而不在于它的免除商业竞争,已经同时达到了经济效益,③这样一来,当前社会的主流意识,既已普遍以经济眼光衡量媒体及其他社会现象,则类似 Barendt 的论述,固然甚为有力,却容易造成曲高和寡的后果,甚至在经济不景气的期间,将危及公共广电机构与制度的正当性。④

(接上页注)Ufa Film und Fernseh GmbH 从德国足球联盟为 RLT Plus 取得独家转播权,对于公营者显然不公平,但 FCO 决定不介入。1989 年,Ufa 再度取得英国以外的欧洲区 Wimbledon 网球赛广电独家转播权,EBU 竞标落败,ARD/ZDF 也就无法播出,他们亦拒绝付 30 万英镑播出片段。(8)1989 年事件发生后,ARD/ZDF 联合向各邦首长会议诉愿,于是在 SPD 及部分 CDU 同意下,1989 年 10 月修正法令,公营电台得以免费简短报道(90 秒)在德国举行的公开活动。若独家转播权为某业者取得,则此业者必须允许其他广电单位(包括公营者)使用片段(这些单位则必须分担"合适的"费用)。总之,基民党掌政的联邦德国,其 FCO/MC 两个主管经济事务的机关:"总想要限制公营广电机构的财务力量,却刻意容忍私营广电业者违反竞争的做法"。

①　Dyson(1992:91).

②　(1)因为广电资源是公共所有,政府因此有权代人民分配;(2)频道稀少与进入市场之需要大资本、经营成本高;(3)政治与民意上的影响力大于报纸等;(4)现有、传统的报业较欠缺管制,表现不符民主要求甚多,因此对广电进行管制,可以作为补救报业缺失的凭借之一,不对报纸进行同样管制,则是因为担心政府将会有太大权力控制所有媒体,因此在媒体有个部门较不受规范,这种政府扩权的危险可望减少。最后这个说法由美国的 Lee Bollinger(1990)提出,他在 2005 年出任哥伦比亚大学校长,推动哥大新闻学院的改革方案。

③　冯建三(1998a),已收录于本书第九章;另见本书第五章第五节。

④　那么,何以英德法意四国中,英国广电的表现似乎相对可取?部分原因可能必须从这些国家的报业发展沿革及报业进入广电业而形成交叉产权的时序(timing)切入,详见冯建三(1997a,第三章)。

如此，不仅社会游说与动员所立论的知识基础不存或浅薄，以致更是难以张举已如前节所述，即令大法官的广电释宪，就法论法以言，首肯者谓其"类似糅合价值目标与因果预设……与……德国联邦宪法法院的论证方法不谋而合"，①非议者谓其"立意值得肯定，但是若要将之作为广播电视法修正的全盘指南……明显不足……恐怕……与作立法参考的咨询意见，相去不远"，②但就本文的旨趣言，则解释文及理由并未如同德法意等国，进入经济制度层次的褐橥、说明，甚至劝服，于是关于究竟广电媒体的公私产权、广电媒体的财源筹措，乃至于广电市场秩序的规范原则，究竟应当如何设计，始能平衡人民平等的接近使用权与传媒的编辑自由原则，似未进入大法官的运筹过程。以此观察，则大法官之释宪不足，或可谓略同于社会其他立法、运动者，停留在抽象与普遍人权的重新宣示，以法导进社会的能力，较诸欧陆三国，于是似又再弱一筹。

七、结　语

所谓"英国……报纸垄断政策，本来是要限制产权的集中，却以强化集中作结。自行规范的政策，本来是要保障公众，却以保障报业作结。广电政策，本来是要让英国广电表现维持政治中立与独立于商业势力之外，却让报业享有政策否决权"的指控，③完全强调结构的巩固及再生产的力量之余，④恐将不利行动者的思虑乃至于（论述）抗争的从事。是以，笔者不必否认这个结论，但宁举批判的政治经济学的立场，也就是既"体认结构之再生产的力量，但又要重视历史，在此两难中的一个解决方案，是要把分析焦点放在建构中的'过程'，至少要远多于对结构再生产的分析"。⑤ 毕竟，欧盟 15 个国家的公共广电机构，总称为"公共"，经济属性

---

① 石世豪（1997b：92—93 注 12）。
② 李念祖（1995：65）。以上两笔文献，及司法院释字第三六四号解释文与解释理由书（1994 年 9 月 23 日），由石世豪提供，特申谢忱。
③ Tunstall（1996：379）。
④ 另请参较 Kaitatzi-Whitlock（1996）；Fraser（1996）；Sparks（1995a）。
⑤ Mosco（1996：29，双引号为笔者所加）。

差别颇大,[①]但共通部分反倒是政治属性,亦即这些公共媒体与国家及政党的关系,密不可分,政党势力相互角逐,并与游说团体或社会运动者互动之后,形成(变动的)国家媒体政策。1970 年代才从威权体制转为代议政体的国家,如地中海沿岸的西班牙、葡萄牙与希腊等,固然如此,英法德意等较早建立议会民主的国家,如前文所述,亦复如是。在这个角度下,本文愿再次加重指出,公共领域及公共广电机构:"是实行民主的整套社会'过程'……我们……不将公共领域具体化……也不将公共领域比附为幽灵……我们视之为抗争的地带……无论是国家、市场,或是……社会运动,都是抗争地带"。[②]

---

① 所谓经济属性的分野,可以从它们的财源取得与产权来看。就财源而言,英国与瑞典至今都还不允许其公营广电机构播放广告,而几乎完全依靠执照费,另一个极端是西班牙,它的公营电视如今已经完全不收执照费,却依靠播放广告取得绝大部分收入,在这两极之间,则是大部分欧盟国家的现况,也就是兼取执照费、广告与政府预算。其次,这些机构的产权,甚至亦有局部差异,如瑞典的公共频道产权不属于政府,而是私人(非欧盟会员国的瑞士公共频道,产权不属于国家)。

② Mosco(1996:169—170,双引号为笔者所加)。一国之内如此,跨国组织如欧盟,也是这样。欧盟构成单位对于(尤其是视听)媒体的经济、政治与文化的认知,往往不同。比如,执委会负责媒体文化等事务者(第十署)及经济竞争等事务者(第三署),历来对于欧盟广电政策的主张,差异很大。执委会与欧洲议会之间,对于形成单一广电市场及确保多元的重要性,孰轻孰重,差异更是巨大(Collins, 1994)。其次是公共广电仍在欧盟国家占有重要分量,这个事实与过去十多年来,众多国家已经将很多公营事业私有化的情况,明显不同,其意义至少有二。一是公共广电的经济效率可观(冯建三,1998a:28);二是它似乎亦反证了媒体产业不同于其他事业,除经济属性外,媒体具有重要的政治及文化属性,前者追求市场的极大化,产生了同质化的压力,但政治意见与文化品味的多元,至少到目前为止还被欧盟及其会员国肯定,并且以实际制度设计加以确保。

第九章　公共广电、市场竞争与效率：
关于 BBC 前途的论述

一、前　言

　　除了人口仅 40 万的卢森堡以外,其他 14 个欧洲联盟(the European Union)国家的广播与电视产权,都有相当部分属于公共所有。以 1994 年的数据来说,爱尔兰公产权的电视频道,总共占有的收视率是 77.9%,在欧联国家中最高,最低的是希腊的 10.6%,其余国家则是 33% 至 50% 之间不等。公共收音机的总收听率方面,最近(1990 年)可得的数据是德国最高 83.0%,最低仍属希腊的 18.7%。[①]

　　现阶段(1998 年)的欧联公共广电机构仍很重要,固然是事实,但它未来的分量,会是减色、持盈保泰,或扩张,则尚难断言。

　　比较确定的是,无时无刻不在进行的学术及流行论述,究竟对公共广电机构与制度,采取何种立场,并不是只具有形式上的说理效应。这也就是说,相关论述对于广电文化的产制与使用,究竟是偏向于主张以公共组织来进行规划,或是偏向于放纵市场竞争来进行分配,将会迂回、辗转地对广电文化的性质,产生实质的影响。这也就是论述的力量,在经过某种锤炼之后,亦将是物质力量的意思。

　　作为世界上第一个拥有公共广电机构的英国,如后文将论及,也是欧联主要国家当中对市场竞争机制采取最严格规范的地方,一方面受制于整

[①]　CE(1996,appendices,pp. 3—69).

体欧联(及美国)广电文化的变动,另一方面其变动也对欧联(及美国)广电文化,有所影响。而关于英国公共广电机构(虽然英国的第四频道产权亦属公有,但本文所说的公共广电机构,仅限于"英国广电协会",British Broadcasting Corporation,BBC)的未来,论者究竟是主张其应该继续公营、私有,究竟是扩充或减低公营色彩,对于已在今(1998)年 7 月 1 日开播的台湾公共电视台,虽无必然与直接的关系(众所周知,台湾产生公视的历史机缘及公视的规模,与英国的 BBC 很难相提并论),但环绕在 BBC 未来之论述当中,相关的学理与价值观,或将具有普遍的参考意义,于是也就对台湾有关公视的论述,有些启发作用了。本文的写作旨趣据此而来。

二、关于 BBC 前途的五种论述

据笔者的阅读,从经济角度讨论 BBC(主要包括两个全英国性的电视频道、五个全英国性的收音机频道,以及若干地方电视与收音机频道)的产权,究竟应该维持公有或改为私有的立场,大约可以分作五类:(广电)经济自由主义者及其修正、(广电)民族主义者及其修正以及(广电)国际主义者。自由主义者与民族主义者都主张 BBC 应该私营化,前者之修正(自由市场机能应用在广电资源的配用,效果无法最佳,也就是市场机能将在此领域失灵)、后者之修正(BBC 仍维持公营,但应以内部市场机能促进其经营效率)及国际主义者等三类人则认为,BBC 应维持公营,并以执照费作为主要的经费来源。

第一种人彻底地信任市场机能,是广电经济自由主义者,他们的论文集大多由"经济事务协会"(Institute of Economic Affairs,IEA)出版。[①] 他们认为 BBC 应该彻底私有化;在他们看来,媒体的多量与多元,很难划分,两者是同义反复,因此:"没有什么证据显示英国的媒介缺少多元观点……六百多家报纸,将近八千家杂志……代表了我们所可以想见的各种利益与观点"。[②]

第二种人基本上信任市场机能,但认为 BBC 在内的广电资源,其产

---

① 　如 Veljanovski(1989),Beesley(1996a),又见(O'Malley,1994,c2,特别是 pp.17—19)。
② 　Shew & Stelzer(1996:112).

制与使用应该另作考虑,也就是他们并不主张市场机能干扰 BBC 的运作;与此同时,他们亦指出,BBC 终究必须在市场经济中存活,是以 BBC 还是无法跳脱市场逐利的压力,而这些压力日积月累,厚植之后,有朝一日将要逼使 BBC 只能扮演边缘化的角色。[①] 我们称这类人士为广电经济自由主义者的修正派。

第三种人亦主张 BBC 应该私有化,但其理由与其说是对于市场机能的信任,不如说是为了某种身为英国人的情愫,所以我们或许可以将这些人称作是"广电经济的民族主义者"。这类人的代表是哈葛瑞私。[②]

第四种人主张 BBC 继续公有,并主张 BBC 维持以执照费为主要收入,不播广告。然而,他们认为"市场对国家"的二分概念,以及"左派对右派"的双元政治立场,不再是最有效的分析标准。[③] 根据这派人士的见解,BBC 这类以执照费作为最重要收入的广播组织,应该实行"内部市场"(internal market)等措施来改善经营效率。[④] 他们并进而主张 BBC

---

① Foster(1992),Congdon(1995),Green(1995).

② Hargreaves(1993).

③ Collins(1993),Collins & Murroni(1996).

④ 主张私有财产权制度的人认为,竞争状态不存在的产业(如水电瓦斯电信等具有自然垄断性质的公用事业),可以透过三种方式来达到最大的效率(Foster,1992:36—49):(1)市场机能,如定期拍卖电波频道;(2)经济规范,手段包括报酬率管制与价格管制,后者如英国电信公司及 BBC 的执照费设限,以及我们这里讨论的;(3)内部市场,如英国全民医疗服务(NHS)仍然公营,但各家医院及医生之间,开始有竞争关系,国家及医院并依据竞争结果配给经费。此外,BBC 在 1993 年 4 月开始实行"制作人的选择"(Producer's Choice),将摄影棚、道具器材等等制作节目所需的资源,依据功能划分,制作人取得其定额的制作经费后,自行决定如何向 BBC 本身各功能单位或其外的相关功能单位,购买所需,若某些功能被 BBC 执行长等高阶管理者认定向外购买比自行提供更能省钱,则该功能单位会被裁撤(如戏剧服装部门)。"内部市场"的另一个例子是,英国保守党政府从 1997 年 4 月 1 日起,维持由国家担负部分育婴责任,但改为四岁以上小孩每年发给一千英镑纸券,让家长选择进入公立或私立小孩,也就是让各育儿院彼此竞争,这也是实行内部市场作为规范机制的例子。不过,这些手段是否有效,争论很大。如英国工党因应 1997 年 5 月大选的政策,就包括要额外征收水电瓦斯电信等事业的利润,作为青年职业训练之用,工党的理由是这些事业私营化以后,赚取了过度的利润;工党也表示 NHS 各医院、医生的竞争,对病患不利,而给予幼儿千镑会造成学校等差的扩大,均将予以废止。至于 BBC 的制片人选择,实施两年多以后,《经济学人》这家也主张 BBC 私营化的周刊,亦报道成效不彰(Economist,1995. 12. 23),BBC 内部与外界人士亦有质疑(Barnett & Curry, 1994:180—196;O'Malley, 1997),1997 年 5 月新任的工党传统部门部长 Chris Smith 则说,BBC 的内部市场措施:"如同镜子,贴近地映照了 NHS 内部市场的问题",他并表示将与 BBC 的董事会与执行长接触,就此多做了解(Guardian, 1997. 5. 12:3)。参见 O'Malley, T. (1997). Losing a sense of ownership. *Free Press*, 4—5.

应该另行创设在财务上与 BBC 完全分离的商业公司,使 BBC 能够进入国际市场竞争,至此,他们与第二种人的相同之处,也就相当清楚了,他们在思索英国之广电前途时,都具有浓厚的民族主义色彩。最能代表这派见解的人,应该是支持工党的智库"公共政策研究协会"(Institute for Public Policy Research),虽然它所出版的论文集《BBC 的未来》[1],就民族本位的立场来说,其实同样也是保守党政府的政策,后者在 1992 年提出其广电政策白皮书时,即已明白主张 BBC 应该维持公营以"服务英国",但政府应另立机制,以使 BBC"进入世界市场竞争"。[2] 我们称这类人士是广电经济民族主义者的修正派。

第五种人对市场机能抱持很深的怀疑,主张 BBC 公有、执照费作为 BBC 的最主要财源,除此之外,他们更呼吁执照费的增加幅度,应该远远超过物价上涨指数,而不是以扩张海外的营收挹注 BBC 执照费的缺额,因此,他们也就隐然反对广电经济民族主义者的立场,虽然他们并未明确论述这个问题。[3] 我们将此命名为广电国际主义者。

以下进一步讨论这五种经济观点。

1. 广电经济自由主义者对媒体市场的定义

首先是经济自由主义者,他们认为,BBC 必须彻底私营化的经济理由有二:(1)BBC 在市场上占据了垄断地位,以及与此相关,(2)BBC 的存在(乃至于英国政府关于广电的所有规范),违反了市场的竞争原则。

这两个理由的关键是,媒体市场怎么计算? 先撇开媒体的"地理"市场不谈,也就是不谈 BBC 究竟是在全英国性质的媒体市场,或是在地方性质的媒体市场运作。据新古典经济学派而来的这些放任主义者,存有特定的媒体"产品"观。他们认为,报纸、收音机与电视等等,都是媒体的一种,它们固然不是完全相同的产品,但却能够提供相仿的娱乐、信息等服务。于是这类经济学家援引"需求的交叉弹性曲线"这个概念,指出报纸(或其他媒体产品)所提供的服务,可以在某种程度里,由另一种媒体产

---

① Collins & Purnell(1995).

② DHN(1992).

③ Graham & Davis(1992;Graham, 1995;Murdock,1994b;Sparks,1995a).

品取代,这样一来,无分印刷或电子性质,所有的媒体应该是在相同产品市场中竞争的,报纸出而杂志忧心、收音机问世而报纸惊慌、电视出头而报章皱眉,互联网大行而各路媒体竞相奔入虚空间的经营,生动地说明了所有媒体,实乃存在于相同的产品市场。

如同本文稍后将表述者,这个观点颇为怀疑。退一步言,承认各类媒体可以算作是在相同的产品市场中竞争,接下来的问题仍然不容易取得共识,这就是说,产品市场的计算标准,应该是媒体的收入(revenue)、媒体的到达率(reach,指阅听人在某些时间里会使用某种媒体的比率)、媒体的阅听人占有率(audience share,以广电媒体来说,指收视或收听时间,以报纸或杂志来说,指其发行量),或是媒体的阅听人使用率(audience time,指阅听人真正用来接触某媒体的时间)? 这些不等的标准,将产生差异巨大的计算结果。比如,若是以 1993/1994 的数据为准,以上四种标准依序将使 BBC 的市场占有率,分别是 17.5%、26.0%、19.6% 与 44.9%。[1]

显然,以上数据的高低,会产生不同的政策意涵,其中以最后一种(阅听人使用率)对 BBC 最不利,而 IEA 正是这个计算标准的最主要倡导者。依此算法,BBC 将被认定在市场拥有支配地位,反之:"新闻集团"(News Corp.)的市场占有率变成只有 3.4%[2],而不是拥有全英国报纸发行量的 35.3%;[3]如此,必须绳之以公平交易法、反竞争法的对象,不是媒体大亨默多克(Rupert Murdoch),而是 BBC。表面上只是技术性的市场测量,至此浮现了政治内涵,若是这个测量标准被英国政府接受,公营的 BBC 将宛若被戴上紧箍咒,不能扩张之余,另有将被解体,甚至彻底拍卖之虞。[4]

采用这个标准,BBC 固然必输无疑,但遭殃者不会只有 BBC。法令

---

[1] Robinson(1995:68).

[2] Shew & Stelzer(1996:135).

[3] Peak and Fisher(1996:11).

[4] 实际上,英国政府是以阅听人占有率作为定义媒体产品市场的标准。如此:"新闻集团"既然拥有超过 20% 的全英国报纸发行量,根据英国 1996 年颁行的《广电法》(Broadcasting Act of 1996):"新闻集团"也就不能购买私营的第三电视频道及已在 1997 年 4 月开播之第五电视频道的股权。

松其绑,故已逃之夭夭的"新闻集团",不会静止不动,而是会在国家许可其扩充媒体空间之后,觊觎可乘之机,于是同样威胁到了其他私营媒体。这就是为什么"新闻集团"以外的四家全英国性报团(Associated Newspaper、Guardian Group、Pearson 与 Telegraph)在英政府尚未决定采取何种媒体产品市场定义之前,联合组成了"英国媒体产业集团"(British Media Industry Group,BMIG),继而在 1995 年 3 月 21 日提出自己的报告《跨媒体产权新论》(A New Approach to Cross-Media Ownership),主张以阅听人占有率,而不是阅听人使用率作为衡量准据。依据 BMIG 的这个算法:"新闻集团"将仅次于 BBC,占有 10.6% 的媒体市场。

对于以上来自不同业界利益的定义争执,英国政府在 1995 年 5 月底提出了媒体产权白皮书:"新闻集团"的默多克旋即表达强烈不满,主因就是因为该白皮书接纳了 BMIG 的意见。但它又主张,若保守党继续执政,则其长程目标是要可能以媒体交换率来计算媒体产权的集中度,以此安抚默多克;与此同时,白皮书又指出,由于 BBC 已经由政府监督、规范,因此在计算媒体产权的集中度时,应只以私营媒体为母数,BBC 无须列入。[①]

透过这些说明,我们应该已经对界定市场的技术标准,其实自有其政治性格,有了初步了解。但在这些业界政治利益的冲突之后,它们还是存在一个共同的想法,也就是不同的媒体可以互换,彼此之间具有需求的弹性。然而,产品(媒体)互换率之说,大有问题。一个产品可能并无很好的替代品,但可能会有一大堆很糟的替代品,若是放到媒体产品来看,不难发现这个问题将会更加严重。葛瑞罕[②]就指出,除了前文所说,不同的计算标准将会产生不同的产权集中度,从而对业者与国家政策有不同意涵,因此特定集团将各有偏好以外,这些测量标准都必须依赖独断的假设。比如,就算比较收入,但广告费、执照费、订费各自不同,如何合并? 若说是时间,则看报一小时难道与听收音机一小时或读报一小时相当? 最重

---

① DNH(1995)。公营广电是否列入计算,影响很大。英国政府发表媒体产权白皮书(5月)之后不久(1995 年 10 月),德国各邦总理达成协议,规定任何私人集团不能占有阅听人市场 30% 以上,但由于公营的 ARD 与 ZDF 均计算在媒体市场的之内,因此任何私人公司也就不可能超过 30% 的限制,换句话说,这些公司仍然可以继续交互兼并(Ridder,1996:73)。

② Graham(1995:40—42).

要的,这些比较都只是形式,但重要的是媒体的内容。亦即,就算媒体市场存在多元"产权",但其意见与新闻是否符合民主信息交流、传输的需要,不无疑问。人们花了时间使用媒介,但看了什么内容更加重要,如果不提这个问题,会很难使媒体产权政策符合民主的需要。假使在某种程度里,将媒体比作学校,则人们关心的是,学校的教育内容是真的教育,还是在"灌输"(indoctrinate)、散播不符教育所需的特定意见(如种族主义)。总之,就政治上来说,我们不可能得到"客观的"测量标准来满足不同的媒体主;就哲学上来说,媒体互换率之说,是一种类目上的错误;若以一般语言来说,这是不辨黑白,混淆粉笔与奶酪(mix chalk with cheese)。

2. 广电经济自由主义者对广电竞争与广电效率的看法

IEA 的新古典经济学既然认定市场机能是产制与分配任何财货与劳务(包括广电文化)的最佳手段,则必然排除任何公营生产单位,甚至国家规范的必要,于是其论文集说:"我们大有理由怀疑,是否真正'存在'媒体集中的问题;如果真有的话,原因不是因为欠缺规范所造成的,反而很有可能是规范所'造成的'……目前进入(英国电视)市场的障碍,正就是这些规范机制本身,它们限制电视频道的数量,并且把整个国家划分成不等的特许区域,而这些机制……都只是用来应对过去的问题,至于这些问题,可能为真,但也可能只是想象中的。我们不再需要它们了"。[①] 总结IEA 的两大立场:(1)英国广电市场的竞争不足,并且竞争不足的原因是国家的规范太多,包括国家所创设的公营 BBC 频道,适足以阻碍了业界进入广电市场的门槛;以及(2)增加竞争将使广电市场的经营更有效率,阅听人会得到更多元的服务。

这两大观点能够成立吗? 下文将论称,IEA 的第一个说法是真的,第二个说法是假的。

英国广电环境的特色,若与经济实力及人口规模相当的德国、法国及意大利等欧联国家相比,尽管没有宪法或宪政法庭的保障,但确实存在较多及较有效的规范,即便是最为强力主张市场机能的撒切尔首相执政期间所制定的 1990 年之《广电法》(Broadcasting Act of 1990),标举广电经

---

① Beesley(1996b:2,12).

营自由化与解禁的大旗,仍然无法摒除这个特色。[①] 其次,至少在 1993 年以前,BBC 及 ITV/Channel 4 系统所构筑完成的双元垄断体,私人产权仍然在国家规范下,维持了鲜明的公共服务色彩[②](这并不是说 1993 年以后这个私营却服务公共的特色全部消失,只是说它遭到了更大挑战,其日后发展还待观察)。英国的广电秩序遭遇公权力的强大规范,因此较为稳定地发展,确实是一大特点,若是对比于法国,以社会党的意识形态,却允许最受欢迎的法国第一国营电视私营化(1985 年),并快速开放新电视第五频道 La Cing(1986—1987),最终导致市场竞争恶化,使得第五频道于 1992 年关闭,实属强烈。与此类同,意大利在 1976 年起,由地方电视台,开始有限度与意国公营电视机构 RAI 竞争,最后竟使 RAI 产生巨额亏损[③],此情此景,更与英国广电的运作生态,不可同日而语。

IEA 的第一个看法,也就是英国的广电机构,彼此竞争不足,显然可以成立。接下来的问题是,它的第二个看法,也就是竞争愈多,是否就越有经济上的经营效率呢?

我们援引同样来自右翼经济学派的佛斯特的看法。[④] 他指出经济效率有三种:(1)分配效率(allocative efficiency),指在特定时间内,稀有经济资源可被引导至能够产生最高价值的用途,亦即其他使用方式无法为社会产生最高价值;(2)动态效率(dynamic efficiency),指历经一段时间,在市场条件发生变化以后,资源可被引导至能够产生最高价值用途(如创新与技术进步)的可能性;(3)生产效率(productive efficiency),指为了得到特定单位的产出,使用的输入量之多寡的测量。若是将这三种经济效率作个总结描述,则我们可以说"经济效率"是"在特定资源之下,各种可能之机会均已被使用来增加消费者的'经济'福祉,其表现是较大的产出量、较好的产品,或是某种混合的产出来满足消费者的偏好"[⑤](双引号为笔者所加)。

虽然媒体产品不只是经济属性,也就是不仅只是"数量"的问题,它还

---

① Davis & Levy(1992).

② Sparks(1995b).

③ Gundle(1996);Mazzoleni(1995).

④ Foster(1992:36—49).

⑤ Foster(1992:36).

具有社会、政治与文化等属性，也就是还有"质量"的面向。但我们仍然不妨遵照新古典学派的理论，先从"经济"层面比较，那么，究竟更多的竞争会带来更好的经营效率吗？也就是广电机构的节目制播成本（也就是阅听人支付的广电费用）将会更少吗？在纯就"数量"讨论以后，我们稍后再针对质量面向，提出探讨。

首先，据笔者所知，似乎还没有人透过以下这个方式，讨论广电市场竞争程度与广电经济效益的问题。因此，它只是一种尝试，它是提出更大一个问题的开始：如表 6.1 的数字显示，[①]透过公共规范而减少广电市场的竞争，则公营广电制度可以在经济上比较具有效率，那么，所谓公营事业效率较低，形成浪费的说法，若是能够适用在其他产业，是否至少不能适用在广电产业？

先说明表 6.1 的计算方式。首先，除了执照费以外，四个国家的公营电视都另外拥有不等比例的其他收入，其中英国执照费收入比例最高（86.3%），其余来自 BBC 在商业市场上销售节目的所得，法国的 F2、F3，意大利的三个 RAI 频道，以及德国的 ARD、ZDF，除了执照费，都播放部分广告，或从政府预算取得若干补助。由于各国所得不同，执照费及其他收入均必须换算，才能确定四个国家每个家户（household）实质支付的执照费。经过这道计算程序，英国 BBC 每年从每户取得 87.1 欧币，并供应观众 43.0% 的收视时间，德国、法国与意大利的公共电视分别从其观众取得相当于英国 1.164、1.357 及 1.637 倍的收入，但只供应其观众 33.3%、42.0% 及 34.7% 的收视时间。

再看英国本身 BBC 两个频道与播放广告的另两个频道如表 6.2[②]，两者提供的收视时间大约相当，BBC 是 44.0%，ITV 与 Channel 4 合计是 49.8%，但后者所得是前者的 1.72 倍，即便扣除英国政府对后者的特别税（5.85 亿欧币，也就是 ITV 转嫁给观众的费用），它们的收入仍然是 BBC 的 1.38 倍。

虽然收视率的比较，没有考虑其他因素（比如，德国与意大利的公营电视频道较多，德国的地区节目较多；就英国来说，ITV 的地区节目制作

---

①　表 6.1，请参阅本书第六章，页 112—113。
②　表 6.2，请参阅本书第六章，页 113。

亦多于 BBC 等等），但以它作为参考，应该还是可行，毕竟我们只是要就经济层面，考虑哪一种市场结构（商业竞争的激烈程度）比较能够有效运用观众的经费。过去三十年来，英国历届政府当中，最为敌视 BBC 的撒切尔政府时代，为了先发制人，搜集证据以便指控 BBC 浪费观众的执照费，于是延聘请伦敦会计顾问公司检查 BBC 的经费运用，是否恰当。未料到检查结果出乎保守党政府的期望，这家公司的结论是，BBC 提供这些服务所花的钱："很有价值"[1]，或许这也可以旁证 BBC 的经营，尚称具有效率。

因此，从以上对表 6.1 及表 6.2 的比较[2]，我们应该可以说，英国 BBC 比德法意的公营电视，更为有效地使用观众的经费，而就英国本身再作比较，则 BBC 比 ITV/Channel 4 的经营效率高。

其次，就广电的质量来说，这确实不容易比较，虽然不乏学者认为英国广电的质量表现，举世第一（如 Paulau，1981）。这里以表 6.3 的资料，[3]佐证英法德三国的广电表现，在三个国家民众的心目中，是有不同，至于这个不同，是否就代表英国的广电节目质量较佳，固然随人判断，但下文亦将简短讨论。

阅读表 6.3，我们似乎可以说，(1)德国人最信任他们的媒体，从报纸到收音机与电视，均在 70％以上；(2)法国人最不信任他们的媒体，得到最大信任的收音机也只有 59％；(3)英国人对于不同媒体的信赖度，呈现明显差距，高达 85％的人信任电视，收音机亦达 79％，但报纸却只有 48％。

如何解释这三个观察？德法的变异有限，或许是因为(1)两国媒体真正表现就是如此，或是(2)两国人民的文化态度造成了差异。与此对照，英国的大变异，很难用文化因素解释。

那么，为什么会这样？究竟是人的因素还是市场结构的因素，才能协助我们掌握英国广电的经营质量，似乎均较德法意等国为佳的理由？

若是从人的因素推敲，除非我们认定 BBC 人员素质优于同样是英

---

[1] Davis & Levy(1992:467).

[2] 表 6.1 及表 6.2，请参阅本书第六章，页 113。

[3] 表 6.3，请参阅本书第六章，页 117。

国籍的 ITV 与 Channel 4,并且也优于德法意的公营电视从业人员,否则无法理解前述的情况。但这显然没有说服力。因此,我们必须从市场结构的因素来理解这个差异,这也就是前面所说,英国与欧陆三个国家的广电市场最大的不同,在于它的竞争程度相对没有那么激烈。以英国的报纸来说,它与德国报纸相近,所受国家政策之规范较小,市场竞争压力极大,造成小型报纸以耸动的表现追逐读者某部分品味,却反而因此而诡异地无法得到读者的信任,如同瘾君子不免嗜好吞云吐雾,但对烟草于身体的危害,仍心知肚明。相对于英国的报纸,英国的广电媒体在以上国家,所受约束较大,表现尚称持平,所以也就相对得到英国民众较高的信任? 就广电经营成本来说,由于英国的竞争较低,因此节目制作成本较低,观众所需分摊的经费也就跟着下降,这就是《电视经济学》三位作者所说:"若是有人认为引进竞争以后,将使成本上升的内在压力减缓,那又大谬不然。其实刚好是相反,美国这个利润导向的竞争体系,每小时节目的制作成本,指数从 1964 年的 100 至 1976 年的242.9(译按:上升更快)。"[1]

3. 广电经济自由主义者对新科技的期望

最后,新传播科技(卫星、线缆等传输工具及影带、影碟等储存工具等)的出现,也让新古典经济学者在分析传播领域时,更为义正辞严地否定了公共广播的正当性。他们认为,即便以前因为电波资源稀少,因此电视必须管制或(部分)公营,但现在这种理由已经消失了。科技条件日趋成熟,使得广电资源亦如同出版,能够提供多元品味的文化,这就是"科技带来的自由"[2],广电如同出版,即将进入窄播时代,广播这个形式,随着按片或按频道付费的出现及成熟,势必进入历史,无须存在了。更严重的是,新古典学者认为,公共电视的存在,甚至妨碍了文化或其他少数品味节目利用新科技的机会,原本透过市场的运作,这些节目很可能会以按片或按频道付费的方式,得到存活空间,如今公共电视已经提供,并且"免费",等于是政府干预而扭曲了市场机能,若不是造成文化频道的萎缩,致

---

[1]　Collins, et. al(1988:16).

[2]　de Sola Pool(1983).

使公营广电声称要达成的多元文化无法实现,就是以多数人的经费,贴补少数人的观赏选择。①

反对这个说法的人则指出,对于消费者、使用者来说,广播这种"流动模式"(flow model)还是一种最为方便,也最省钱的收看电视节目的方式,广电节目是经验财,每一次使用都是新的,阅听人因此较难事前评估节目是否能让他们满足。所以,节目得以出现的频道或(透过影带或影碟)流通的机会愈多,观众愈是难以选择,也就是越发不容易亲自检验各个节目,是否值得观赏,在这种情境下,阅听人更是需要某种"代议"机制,协助他们以符合经济效益的方式,使用较具多元的"广播"频道。他们认为,若是透过市场机制的代表,按片或按频道付费,将造成节目的类型(genres)缩小,其次,按片或按频道付费,势必如同已经出现在美英等国的情况,将会侵蚀"普遍"的原则,扩大广电信息或娱乐的不平等。②

4. 广电经济自由主义者的修正:市场机能的失灵

佛斯特认为BBC有两种出路③,一是制播最重要的核心节目,也就是使用有限资源,只提供商业部门无法提供的服务;二是扩充服务,直接与私人部门竞争。佛斯特认为,前者虽然将使BBC边缘化,但却使其存在的正当性,为之提高。这个看法源于典型的市场经济学,它认为所有劳务与财货的生产与分配、消费,都必须按照市场机能调节,若是市场机能失灵时(在这里是指全部私营的电视结构,无法提供多元广电节目),再由政府介入管制即可(创置公共广电机构,并使之排除市场机能的适用)。康动也是这个立场,不过他换了一套修辞。首先,他表明绝对"不是批评价格体系与市场的竞争机能",而只是要说明"利润极大化与健康的政治多元辩论,分别在不同层次上运作",因此,前者由私营电台挂帅并无不妥,唯这并不妨碍公营广电体制的存在价值,毕竟后项目标的完成,正有赖非营利的考虑。康动唯恐落人口实,于是先发制人,再三强调他之所以如此建议:"绝无抨击……私人产权或竞争市场"的意图。④ 尤有进者,作此表

① Sawers(1996:96—97).
② Collins & Purnell(1995).
③ Foster(1992:55—56).
④ Congdon(1995:15—17,23).

白仍恐交心不足，康动必须再费唇舌，在最大可能范围内，于市场机能的霸权意识之下，为 BBC 维持一线生机，是以将 BBC 与商业电台的前途，说成休戚与共而不是对立，康动说："BBC 的存在，刚好怪异地让商业部门的广电表现，得以完全的自由化。BBC 与其他媒体产业说不定具有共同的利益呢。为了要完成这个任务，BBC 的收入，也许在很大程度上必须来自非市场的来源"。[①] 葛林则强调，[②]媒体运作不能全由商业因素来决定，其中重要理由之一是，媒体负载有"维持共同文化"的责任，他并引证古典政治经济学鼻祖斯密（Adam Smith）写在《国富论》的文字："受过教育而聪慧的人……比起无知与愚蠢的人，总是比较温文有礼遵守纪律"，宛若公营媒体在商业巨轮底下，尚可发挥最低的教化功能。葛林似乎是要以这位理论宗师作为后盾，以便若是再有人以财产私有与自由市场经济为由，质疑 BBC 之继续公营乃不合时宜之际，予以提出有效的响应。葛林企图先发制人，搬出了权威，想要杜绝经济自由主义者以市场机能为理由，封杀 BBC 等公营广电机构的存活空间。[③] 当然，这无妨于他本人笃信市场原则，仍可在其他领域适用。

5. 广电经济民族主义者及其修正

古典经济自由主义者主张 BBC 私有化的着眼点，在于他们认为市场机能具有科学性质，应该"普遍"适用在包括广电事务的任何生产活动，因此 BBC 必须私营化，实乃是任何公营产业都违反了这个市场的科学律令所致，并非他们对 BBC 怀有特别的恶意或期待。

与此相对，另一种主张 BBC 应该私有化的人，其着眼点与其说是强调市场机能，不如说是为了某种身为英国人的情愫，所以我们或许可以将这些人称作是"广电经济的民族主义者"。曾经担任 BBC 新闻与时事部

---

① ibid., p. 22.

② Green(1995:33).

③ 这些论点与德国宪政法庭在 1984 年裁定，准许商营广电公司营运的理由，似乎相当接近。这个见解是否为矛盾，或是其实具有正面意义，可以有两种判断。第一是它反而强化了市场的正当性，妨碍了真正造成困境之市场机能被严正检讨的时机，因此使社会不能集中力量构思出路。反之，它也可以让主张公营广电制度应予扩张的人，可以就此延后市场弊端全盘显现的时间，因而在与这派见解产生了有趣的连手，以"这借来的时间"，再开拓出路。

主任、英国最负盛名的精英报纸《金融时报》(*Financial Times*)副主编、《独立日报》(*the Independent*)主编，并从 1996 年 4 月起出任《新政治家》(New Statesman)周刊主编(该刊过去 60 多年来，不改支持工党的论政立场)[①]的哈葛瑞私认为："不受政治控制的 BBC，若是能够自由投资与扩张，自由联盟与开发服务"，将会拥有最佳的未来，BBC"将有最好的机会在国际媒体市场，成为英国主要的角逐者"。[②] 哈氏并以《新政治家》罕见的四页篇幅，邀请曾任《独立报》媒体主编，稍后则转服务于伦敦商界媒体顾问公司的霍士曼发表媒体宣言。霍士曼宣称："理论上，我们在文化、语言、传统与名声等，都占了上风"，也就是英国媒体应该可以在国际市场上大有出口斩获，但实际上"英国……榜上无名"，霍氏认为，主要原因是英国媒体公司在国内受到太多限制，不能完全自由竞争，以至于规模太小，包括"BBC……都无法参与"。[③] 唯应注意，这类人与经济自由主义者，至少有两点差别。其一，他们的政治立场中间偏左。其二，他们认为现有英国媒体市场的垄断程度很高，但问题不是 BBC，而是默多克旗下的"新闻集团"占有最高市场优势(这点与经济自由主义者的意见，如前所述，又恰相反)，因此应予特别的规范。

若说经济自由主义在关于 BBC 未来方案的立场，存在着不一致或冲突，也就是彻底自由放任者要将 BBC 私营化，而经济自由主义者的修正派则欲维持其公营的地位。那么，站在这里称之为民族主义者的立场，评估 BBC 应有的走向之阵营，出现的则是策略的差别，也就是前段所述的民族主义者，其策略首尾连贯、单纯，只追求 BBC 的私营化，祈使这个手段能为英国带来广电经济效应，但另一个基本上也是民族主义立场的论调则说，BBC 对英国仍应维持公营，服务英国民众对多元广电文化的需要，对国外BBC 却必须遂行商业手法，一切以对外产生广电贸易的顺差为要务。

这个修正主义者的代表，可以说是柯林士与皮内尔。[④] 他们虽然主张 BBC 应维持公产权、不播广告，并且应以执照费作为财源，但他们却极

---

① Smith(1996).

② Hargreaves(1993:45).

③ Horsman(1996). Manifesto for a new media age. *New Statesman*, November 15, 18—21. 以上两引句出自 p. 18,19。

④ Collins & Purnell(1995).

力强调，BBC 应该善用过去六十多年来，它在国际间赢得之声誉，设法将此令名化作生机，也就是国家政策要以转化 BBC 之形象资本为经济资本为目标。就他们看来，达到此一目标的做法不难，只需英国政府创造一个财务完全与 BBC 无关，却可使用 BBC 品牌的商业公司，则此公司在解除了公营对于逐利的束缚以后，必定能够一展长才，于海外市场竞争多有斩获。

这家对外的商业 BBC 公司与正宗的公营 BBC，则应有下列关系：前者将是有限公司，可以拥有后者向来不能拥有的自由借贷权力及发行不具投票权的股票，前者仍需向后者的董事会负责，但必须以市场价格向后者购买产品及购买专业能力。

对于正宗的公营 BBC，他们另有配套设计，主要的有：(1)它的经营管理及组织，必须相应调整，以便公共服务单位与商业单位分离，使其从业人员不会因为同一品牌，却有公营与商业之分，以致发生心理的调适困难；(2)为了更为有效地经营，正宗的 BBC 虽然仍是公营，但还是必须实行内部市场的机能，使内部职能尽可能分化，如工程与传输部门可以卖出等等。①

英国政府至今(1998 年 7 月)并未完全采取这个修正主义者的见解，但也点点滴滴在往这些方向移动，尤其是有关 BBC 内部市场之议。另外，在他们作此建议的时候，BBC 已经有了很多商业行为，最早是 BBC 另立子公司销售自己的影像、文字及有声出版品，以及与默多克在内的美国等商业公司联合开播数字电视频道等②，而 BBC 的发射设备也已经在 1997 年 2 月 28 日其主管首长传统部部长同意下，以 2.44 亿英镑卖给美商，其 500 名员工及设备一并转移③，唯 BBC 所得之款项，并未如同其他公营机构在卖出财产后，将此收入归进国库，而是在英政府许可及政府要求下，投入作为数字广播(含电视与收音机)之用。④

然而，柯林士与皮内尔的主张，遭遇到了两个层面的质疑。一个是逻辑上的矛盾，经济自由主义者认为，这种主张国内公共、国外商业的说法，

---

① 参见页 175，注 4。
② Barnett & Curry(1994:130—134).
③ Ariel(1997.3.4;3).
④ Economist(1998.6.27).

简直是"吃掉了蛋糕……还想保有蛋糕"。[①] 再一个是实质上的困难,包含了许多重要的悖论,诸如,(1)如果这个商业公司一定赚钱,BBC 怎么说服其他商业公司它可以拥有这家公司,而不是如同英国独立电视委员会的建议,应该将这样的公司拍卖以求最大经济收益?(2)就如同 BBC 的节目海外市场到过来会影响其国内节目的制作走向,那么,若是这家公司利润愈大,这个危险岂不更大,也就是伤害了英国国内公共服务的性质?(3)如果不能保证这家商业公司会有盈余,或甚至它将出现亏损,又有什么机制能够确保这个情况不会影响 BBC?(4)为什么这家公司使用BBC 品牌后,可望为 BBC 国内部门的公共服务,提供更好的支持,而不是这样一来,将使得 BBC 的品牌形象受损?(5)这家公司的首创基金取自BBC 或是透过借贷,原作者亦未明白陈述。

柯林士与皮内尔俩的这些设计,目的是要让 BBC 完全自由,以便在国际间竞争,赚取国际利润向 BBC 购买产品,协助 BBC 在执照费不足与科技变动状况下,仍然能够维持英国之内的公共服务。因此,就这个意义上,柯林士与皮内尔的主张与哈氏及霍氏相同,都是站在广电经济民族主义的立足点,为了英国本身的公共服务,反而要对外肆行作商业扩张,望之是有往昔帝国主义者的鬼影在其心田里蠢动。

事实上,说蠢动并不正确,因为广电经济民族主义的诉求,历来已经得到BBC 的响应。BBC 海外出口节目的商业营收,占 BBC 总收入的比例,是逐年增加,虽然这个比例还在 15% 以下。到了 1991 年 10 月,BBC更成立了子公司,营运商业性质的卫星频道,先欧洲,然后对亚洲播放节目。现在这里论及的广电经济民族主义,是要加深、加快这个趋势,不是无中生有。

问题在于,这个立场将英国广电业的问题,理解为市场"规模"的问题,也就是英国市场不足,需要鼓励其产业外销,很可能并不正确。柯林士本人在更早前与人合作的专书,就已指出,由于市场"竞争"的压力使然,广电业者的反应之一,正就是走向国际舞台,进入外国市场。[②] 因此,

---

① Beesley,1996b:22 注 30。

② Collins et al. (1988:16);作者提及的另两个反应是,(1)利用库存旧节目以延长产品生命周期,以及(2)竞争国内市场。

不待论者之言,生存在市场经济的行动者,已先被迫对外扩张,但这个扩张却也伴随本国市场同时必须成为他人(主要是美国)的扩张对象,两相加减,除了美国影视产业出口商以外,很难说其他国家是否真正从中获利,至此,民族主义者的情怀,正恰好是被浇以冷水。广电民族主义者所看到的本国广电困境,根源在于市场"竞争",由于竞争日趋强烈,是以造成公共广电机构经费不足,以及本国电视节目进口额暴增,如英国本身,虽然还是欧洲最大的电视节目输出国,但 1990 年起电视节目及影片的输出开始出现入超(如 1995 年则出口 9 亿英镑,进口 10 亿英镑),并且逐年升高,至最近可得(1996 年)的数据显示,这个影视入超的趋势,未见稍缓。[1] 所以,广电经济民族主义的论述,可能刚好是把病毒拿来当作解药,结果是本国的广电节目的入超额,年年高升。反之,假设英国广电民族主义者的算盘真能奏效,也就是是英国取代美国,成为举世最大的影视节目外销国,致使英美广电公司的优势位置发生变化,或者使英美两国分润世界市场,则这些节目的内涵,必然趋向于比同商业色彩之路,亦即其节目类型可能继续狭隘,那么,承受这些感官为主之节目的国家,只是由观看美国节目,转为观看英国(或英美为主)的商业节目,对于这些国家来说,只是支配者由彼置换为此,其自主空间之阙如,前后并无差别。这正如同当年法国政府立意要在国际市场中,与美国角逐影视市场时,岗恩(Garnham)对此策略提出的质疑:[2]假使法国政策真能奏效,吾人如何知道其结局,不只是法国以其文化帝国主义,代替了美国的文化帝国主义?

6. 广电国际主义者

广电经济自由主义与民族主义及其各自之变形,虽然分为四种取向,但也可以说四者具已拜倒在市场竞争与市场效率的神坛底下。自由放任者对市场的崇拜,固不待言,其变形毕竟只是嗟叹市场万能终有失灵之时;两种民族主义者在对内论述时,对市场是有首肯与针砭之别,及至两者对外,则口径一致,都认定市场竞争是健全英国影视业的

---

[1]　Collins(1994:89);Horsman(1996);Economist(1993.11.6:74;1998.5.16:65).

[2]　Garnham, in Mattelart et al.(1984:3).

唯一法门。与此相对,英国的广电国际主义者可以说是无分内外,彻头彻尾地质疑市场机能。比如,默多克认为,BBC的商业活动,无论是在国内或国外进行,早晚都注定会违反它的公共服务信守;[1]在这个认知下,默多克逐一检讨了取消执照费的若干主张(包括所谓让BBC扩充其国际市场的占有率,并以此外销节目所得回流本国,挹注BBC的说法)之后,他的结论是,执照费仍然不失最可接受,或至少说是BBC最不坏的一种财源。葛瑞罕与戴维斯则更进一步[2],他们亦主张执照费作为BBC的财源,尤有进者,他们论称执照费的增加额度,必须超过英国现行以物价指数为调幅的做法,他们认为,执照费每年的增加幅度,应该是通货膨胀率再加上若干百分点,不如此将使BBC日趋边缘化,甚至整个消失;最后,他们指出,许多经济文献显示,在特定产业拥有定量水平市场占有率(有些研究认为是45%,另有些则认为要高至59%)的机构,仍然可以拥有影响,甚至主导市场走向的力量,两位作者的企图是:"充分平衡纯粹商业体系的缺陷,唯一的办法是要有公共广电服务机构的存在"(pp. 218—219)。贺德(Hird, 1997)指出,媒体产业具有地方特性,尤其是电视涉及语言,本国(相对的)小公司也有能力制作,不必为了鼓励外销节目,致而放任媒体公司透过自由竞争以达成兼并,扩大规模以求在国际市场中争胜。[3] 雷第斯(Radice)则论称[4],既然市场竞争是造成"我们当前处境"的根源[5],那么,任何根据国际竞争逻辑所提出的策略建言,最后必定无法解决困境,因此,他呼吁我们不但要拒绝进入国际竞争的轨道,更要翻转其逻辑,代之以"激进国际主义"(radical internationalism)的取向,以国际合作取代国际竞争,以需要的满足取代利润的扩大。

就国际层次而言,联合国教科文组织是一个比较成功的例子。就欧联或欧洲层次而言,各国公共电视机构均为其会员的"欧洲广电联盟"(European Broadcasting Union, EBU),可能也是雷第斯所说的"激进国

---

① Murdock(1994b:19).
② Graham & Davis(1992).
③ Hird, C.(1997). Remote control. *Red Pepper*, April, 24.
④ Radice(1995:22—25).
⑤ Hutton(1995).

际主义"的实例，EBU 不但以远较美国合理的权益金，为欧洲民众转播运动比赛或事件①，而且它作为"集结点与压力团体"，对于促进公共广电服务的复苏，有很大帮助。②

三、结　语

夹带效率的呼声，市场竞争的身形望风披靡，欧联国家的众多公营传媒机构，很少有不在解禁、自由化、私营化等等口号中，应声倒地。这阵骨牌连环效应行进到了公共广电机构时，虽然不是戛然终止，但至少是攻坚乏力，力主巩固、扩充及反对公共的力量，在广电机构的滩头堡前，陷入苦战，处于胶着状态。

本文以英国为例，将其论述全球第一个公共广电组织 BBC 前途的立场，粗分为五类：经济自由主义者、民族主义者，两者之修正主义者，以及国际主义者。

与这些堪称丰富的论述相比，我们在这方面的论述是贫乏、薄弱的。

学界对此鲜有议论，等到有人对此课题提出看法时，不知所云、概念混淆与盲目信任市场机能者，又为大宗。③ 就实务界来说，有趣的是，近来各国有许多传播从业人员，明确认知市场机制是造成当今传播乱象的

---

①　比如，EBU 联合会员采购节目版权或争取现场竞赛/事件的转播权，使欧联民众能够以较低负担收看这些竞赛。比如，1975 年 EBU 为其会员以 1000 万美元取得三周的奥运转播权，而原先奥运官方要求的价格是 1800 万。再如 1984 年美国 ABC 在与 NBC、CBS 竞标后，以 3.09 亿美元，亦即每户美国家庭 1.67 美元的代价，赢得奥运转播权，EBU 则以 8000 万美元，亦即 0.17 美元一户的价格取得(Dibie,1993:160)。1998 年 EBU 取得日本冬季奥运欧洲区独家转播权，1994 为其会员取得世界足球杯独家转播权；在其他技术与合作方面，EBU 也扮演了一定角色(Weymouth,1996:29—30)。另一笔资料则指出，EBU 为购买奥运转播权的成本，历来在竞争压力下，已升高不少，但仍少于美国很多(以下数字以百万美元计算，前一个数字为美国付出之转播权利金，后者为 EBU 付出)：1980(5.95 对 85)，1984(19 对 225)，1988(28 对 300)，1992(75 对 401)(Collins, 1994:148—153)。

②　Weymouth & Lamizet(1996:217).

③　比如，近两年发表的两篇论文，分别有以下大意或字句：竞争没有带来三台的多元表现，但"阅听大众却因……竞争有了更多的视听选择机会"；台湾可仿效美国，承认商营为主，然后让彼此相安无事，而"未来公共广电系统如果不能突破财务上的困窘，发展是不甚乐观的"。竞争不能使三台多元，却可使卫星与有线电视更多元！美国的商业与公营电视"相安无事"，公营系统却还有"财务困窘"！若在政大图书馆系统查阅，键入关键词"竞争"，从中找出有关媒体的学位论文，笔者发现，除纪振清之外，似乎都可归类为市场的信仰者。

主要原因,但更值得注意的是,不信任市场之余,这些作者所能找到的救赎,只及于自律,间或有强烈自我要求与期许的英雄色彩,或是召唤消费者群起抵制。

第十章　开或关,这是个问题: 评价关电视机运动

　　加拿大学人麦克卢汉(Marshall McLuhan)的传播思想,在西方已经复苏十余载,最近这几年(2006 年前后),这股风潮在何道宽教授的努力及出版社的投入之下,也开始大量且快速地进入中土。[①]

　　这个知识散布现象颇有耐人寻味的地方。比如,是不是麦克卢汉的形式及技术决定论的说法,暗合当前世界及中国的某些需要?

　　首先,麦氏的声名鹊起于 1960 年代,电视从边陲晋升为美国优势传媒,麦氏频繁出现在电视给予他"许多免费曝光的机会"而成为"大众偶像"[②],这也许是部分动因,让麦氏翻转了他的"启蒙导师"英尼斯(H. Innis)对于电视的评价。英尼斯眼中,代表了美国媒介帝国主义的电视,在麦克卢汉笔下却成为地球村的象征,人们对此"不可避免事务",合当抱持"莫名欣悦之情"。那么,中国历经 30 余年的改革,对于如何通过电视对外传播国力及形象,是有可能多了几分期许,也就是在有了国际的经济位置后,中国自然对于自己在国际上的文化位置,会有相应的想象。2002

---

　　① 　1989 年这个当代史的重要年代,刚好也是麦克卢汉热卷土重来的一年,见 Marchand, P. (1989/何道宽译,2003b);Molinaro, M. et al. (何道宽、仲冬译,2005);McLuhan, M. (1967/何道宽译,2004b)(以上 3 书由中国人民大学出版)。Levinson, Paul(1988/何道宽译,2004a);Mcluhan,M. (1994/何道宽译,2000)。

　　② 　以下直接引述出自 Czitrom, Daniel J. (1982/陈世敏译,1994:256)。又,何道宽亦翻译了英尼斯的著作,如《帝国与传播》(1950/ 2003a)、《传播的偏向》(1951/2003c)(以上二书由中国人民大学出版)。

年起,北京允许美商时代—华纳(Time Warner)与新闻集团(News Inter-national)公司的频道在广东落地,换取央视频道通过前两家公司的安排而在美国为人收视,以及稍后经济学家胡鞍刚等人对于大国传播力量的分析[1],应该说是在这个背景下,意有所指而浮现的积极反应。

其次,麦氏最为人们熟知的两句俏皮话,即"媒介就是讯息"、"媒介就是马杀鸡",粗略言之就是,放在长远的眼光(比如,数十年、百年,)媒介本身(也就是技术的形式)具有莫大改变人们感官及认知的能力,至于媒介所负载的内容是些什么,相形之下,仿佛就没有那么重要了,既然如此,人所设计的制度是些什么,并不是太要紧的话题。假使仅依常识理解,这样的话语再奇怪不过,内容怎么会不重要呢?单是负面报道还是正面表扬,个中区别及其意义,再清楚不过了,老妪能解。这就让人没有办法弄清楚,到底麦氏卖啥膏药,竟至有这样的话语,且传颂者如此之多。不过,麦氏这些说法招惹的科技与形式决定论之指控,确实是历久不衰,这也是何以他的忘年交李文森写下"数位麦克卢汉"时,不得不多处为其辩护,说麦氏其实还是很重视内容,麦氏也根本不愿意多谈未来(不谈未来,也就是未来不可知,于是也就不是决定论了)。[2]

当然,同样的人名"麦克卢汉"、同样的概念"技术与形式决定论",放在1960年代与21世纪初,其内涵可能还是有些差别的,甚至也不无相反的可能。比如,我的怀疑是,当年的乐观昂扬,可能带有比较多的"选择"成分,是冷战炙热过程中,不同阵营还在较劲,谁输谁赢还在未定之天,此时的技术决定论,俨然也就是人"选择"了制度后,再由技术决定;如今则刚好倒过来,这是后冷战的"历史已经终结",人力不再可能改变社会的性质,眼前的乐观变成是对于技术条件的信仰,认为技术不但会继续日益精进,并且也可以解决各种疑难杂症——只要让技术"自然"运转而不受人力的阻挠。

当前这个意义下的技术决定论,对于"关掉电视机"这样的活动,有些什么意义呢?可能是有的。

全世界第一个"关掉电视机"的定期活动,起源于1994年的美国,至今

---

① 胡鞍刚、张晓群(2004)。

② Levinson,Paul(1999/宋伟航译,2000:22、26、62、75、314)。

已经举办十二届，为期都是一周的"关掉电视，开启生活"(Turn-off TV, Turn-on Life)，均在每年四月实施。① 为了什么而关机？在美国，这个活动似乎就是目的。它认定电视这样的技术形式本身带来了莫大的问题。推动这个活动的社团认为，人们应该把看电视的时间(美国家庭电视机平均一日打开的长度是七小时四十分钟，其中，一个人平均一日看四小时)，用来转为从事其他事情。1994年，这个组织列了51种活动让参与关机运动的人参考，到了2005年，他们不但发展到了101种，并且还逐月②建议该月可以特别从事的个人或团体活动(如拿出家庭相簿，回想一下家族史；听收音机；参观动物园；写信给朋友或亲戚；学习烹饪、植花伺草、园艺；开始写日记；想一则故事写下来等等)。推进这个运动的人似乎有个倾向，他们对于商业或非商业、制度与否，好像不怎么特别在意，他们要求者只是在于美国人应该减少接触电视这种有害身心、恶化了人际疏离且使人们退缩的传媒。我们从该活动所提自问自答的十个问题之一可见一斑："电视都不好吗？收看公共电视频道不好吗？"他们提供的答案是："所有电视都是被动、让人久坐不起的。大多数人会一出接着一出看下去，而不是只看一个节目就罢手的。关机运动就是不要参加者再去判断什么是好节目，什么是坏节目，而是要使人集中心力去发现、去参与、去动手。"

对于新技术、新传媒"本身"，特别是对于声光俱全的电视之厌恶，由来已久，就这个角度来看，以"关机"为目的、以之为一种深沉的抗议，并不新奇，也不特殊。比较有些意思而值得一提的是，这类不从"制度"层次，而只是从技术本身来传达人们对于电视的意见，在美国可能是比较发达的，相比之下，要求改变美国电视(及广播)体制的力量与社会运动(比如，要求要有平衡的广电产权结构，甚至要求以公共经营为主而不是私有利润挂帅)，在历经20世纪二三十年代的失败后，一直要到2002年"自由传媒学社"(Free Press)成军后，才告卷土重来。③ 在部分美国学人眼中，举世最为可取(当然，是相对的意思，不是说其表现已然完善或没有大问题)的广电制度，从而其广电节目的表现比较符合民众的娱乐、信息与教育之

---

① 该市民组织的网址是：http://www.tvturnoff.org

② 有趣的是，一年中列了11个月，独漏五月，原因为何，不详。

③ McChesney, Robert(2004/罗世宏、魏玓、唐士哲等七人译，2005)；以及 Montgomery, Katherine C. (1989).

需要的是英国[①],却一直反而存在着声浪,要求更加完善或扩充其公营广电体制的组织。[②]

然而,美国的有识之士难道不能察觉,电视作为一种文化内容所展现的技术形式,诚然是有些问题因技术形式使然而存在,但也另有一些更大的范围,问题与其说是出在技术形式,不如说是技术赖以运作的制度?应该不是。那么,究竟是什么道理,以至于要求改变美国电视的营运动力(利润挂帅,并且归由私人支配)隐没了六、七十年,到了三年前才再次重新出现?另一方面,摆脱电视这种"技术"的诉求不但不绝如缕,并且早在十多年前扩大为更大规模的关机运动?

作为一个移民及自然资源丰富的国度,美国相比于欧洲,具有不少特点,包括主流政党欠缺社会主义传统。这个性质似乎只能眼睁睁地坐视资本集团的统治更为紧密,表现在电视体制的改革方面,也就显得无法拉高层级,造成一种传播工具应该私有的律令,改革者是以仅能在有限的节目方面作文章。除了这个背景因素,另一个造成美国改革社团的"政治无意识"(不认为能有重大的电视之结构改变)的原因,可能是出在美国"联邦传播委员会"(*Federal Communication Commission*,FCC)身上。这个举世知名的电信与广电传媒管制单位的表现,让美国想要改革电视的人,失去了对政府的信任。

美国学界对于FCC不表信任,很早以前就已经存在。如曾经担任FCC首席经济学家的史麦塞(Dallas W. Smythe)在20世纪50年代就指控,FCC已经沦落为私人产业的"钦定工具"。到了1960年代,FCC主席丹尼(C. Denny)在离职后六个月就去担任他的规范对象,也就是全国电视网(NBC)的总裁,薪水是原职的三倍。鲍威尔(Michael Powell)在第一任期间,也就是1997年底至2002年,接受了媒体集团8万4921美元、共44次的旅行招待。他又在2003年6月放宽单一财团所能持有的媒体资源上限。[③]

---

① Paulau, Burton(1981);2003年美英领衔入侵伊拉克前后,很多美国知识分子转而通过网络或其他管道,从英国的卫报或BBC接触相关新闻与评论(Economist,2003.5.3:60),其实也反映了美国传媒信息系统的问题。

② 参见冯建三(2005b)有关英国之部分。

③ 不过,前文提及的美国"传媒改造学社"等团体群起反对,几经诉讼,迫使FCC不得不接受法院的裁决,并在2005年初宣布将研拟新规定后,另再召开公听会讨论。

历任 FCC 主席当中最为知名、贤能的主席可能是米诺（Newton Minow），他在 1961 年对业者发表了"荒原讲演"（wasteland speech）。这是电视批评与愿景的里程碑，也是美国二十世纪百大讲演之一，他说，美国三大电视网在 1960 年的毛收入是 12.7 亿美元、税前利润是 2.4 亿，获利率达 19.2％，但"你的产业获利良好，我有信心。但对你的产品，我不敢恭维"，美国的电视"是贫乏不毛的荒原大漠……"。又过了四十多年，至今美国电视并没有更好，而应该说是更为不堪了，这就使得许多美国人忍无可忍，他们在 2004 年夏天对"福斯新闻频道"提起了诉讼，要求司法单位取消该频道使用"公正与平衡"作为商标的权利，因为福斯的新闻实在是"误导视听、欺骗大众"。美国的娱乐节目则充斥着主持人"自豪地"表示，看的人够多，他就可以大谈特谈"我和我太太所有姊妹上过床"、"我男朋友在拉皮条"，然后台上台下互相叫器，至于诱使来宾在电视暴露隐私，事后造成当事人自杀，只好是牟利过程的失误。

在美国这样的社会，植根于历史积累而来的超稳定结构，使得私有产权体制原本动摇不易，这个背景，加上权大但不能依据公共利益而有效管制电视市场的政府机关 FCC，可能是使得很多美国人"哀莫大于心死"的重要原因。但人心是不会永远死寂的、是会苏醒的，具有良知的美国人士在 2002 年后，也已经发动了传媒（其中最重要者仍是电视）结构的改造运动。他们的努力是不是终究会有些成绩，是不是能够与"关机"运动社团产生有机的联结，使得"关机"是目的，却同时也是"策略"、是改造电视（产权及营运动力之）结构的策略，除了继续观察之外，我们应该在此先行表明，假使关机只是目的，不但目的无法达成，也将另外纵容或恶化特定制度之下，电视的反民主后果，这特别是会使得民众当中的低收入、高龄与儿童等背景的观众，因为不能从电视节目中，稳定且持续得到他们所需要的内容，以致等于是被排除在合宜的信息与娱乐环境之外，等同于遭到了歧视。

首先，虽然社会总体看电视的时间很高，也在持续增加[①]，但难以否

---

① 央视-索福瑞媒介研究和中国传媒大学的《中国电视市场报告 2004—2005》称，全国观众平均收视时间由 2003 年的 179 分钟，下降至 2004 年上半年的 175 分钟（1997—2001 年均保持 185 分钟上下）。这个差距也有可能是研究误差所造成，即便正确，三小时仍是相当长的时间。

认的是，即便没有关机活动，社会上早就存在为数不少的"关机"人口。不过，这类关机的人，动机有别，其中一种是在有选择的条件下，刻意选择不看；另一种是在没有选择下，被迫不能观看。造成这两种关机人的原因，虽然有主动与被动之分，相同的是，他们尽管不看，但电视对于他们的影响，无论是正面还是负面的，都同样存在。这是因为，这些人虽然不看，却还有更多的人在看，前者与后者这两种人必然还是有所往来，必然间接地通过传媒所设定的议题与社会氛围，隔空产生互动，或是直接面对面聊天、谈事情，谈很多私人的或公共事务的话题而在生活中互动。于是，就这个层次观察，不看电视的人等于是由看电视的人设定了大家所必须共同面对的社会话题与文化水平等等。不管是出于无奈，还是出于主动的选择，关机最多仅能在特定时刻使关机的人免于受到电视的干扰，但长期来看，这样的独善其身除了有所不能外，等于是让对于自己势将产生影响的传媒环境，拱手让人决定了。

　　这里并不是说，人们不能通过主流电视以外，找到更能符合自己需要的电视节目。事实上，主动选择关机的人，多少已经自力救济了。有位朋友是这样说的，由于这段话相当传神，就请允许我多引用一些："我在大学里教学生不要浪费生命在一个沉沦的大众媒体所制造出来的信息垃圾当中，我也大约从一年多以前就停订有线电视频道。我们家两个小朋友不但没有抗议，而且很高兴一年省下的钱可以买很多 Discovery 与宫崎骏的精彩光盘！虽然家里唯一可以看的电视就是从公寓顶楼天线接收的三台半无线电视（半台是收讯不佳的公视），不过，好像也没有损失什么对于生命或社会有价值的讯息。"①读到这里，我们不难看出，不满意台湾主流商业电视环境的人，类如这位朋友与笔者（我自己从 2002 年就不订有线电视了。我们都是俗称的中产阶级与知识阶层），我们因为经济条件比较宽裕，工作形态比较允许我们以较多时间与子女互动，允许我们引导年幼子女看些要另外花费才能观看的节目。简而言之，我们因为有收入及时间的优势，不但自己，而且也能让家小在每一天若干时段（就说两三小时吧），无须接触饱受广告牵制的节目，也不用接触这些为迎合最大收视习

---

　　① 这是我的朋友吴泉源（清华大学社会学系教授）在 2004 年 4 月 26 日发表在《新新闻周报》第 894 期，页 58—59 的文章片段，题目是《不要把生命浪费在媒体垃圾中》。

惯公约数所制作的节目。但是,看完了这些节目,看完了这些我们另行付费购置的光盘等影视节目之后呢?我想,我们终究还是不能离群索居,我们置之不理的电视,以及影响电视产生这种表现的动力,还是兀自运转,这就使得我们多少有了无所遁逃之领悟了。

更为值得提醒的是,在科技日新月异的进程中:"旧"广电科技的重要性很可能因为所得分配的日趋不均衡,以致其影视娱乐与信息的供输价值,势将更加突出。这是说,高或中所得民众因有余裕,使用数字、DVD、按片按频道付费等新科技的可能性,远大于中低所得,(影视)文化消费的双元结构,以后将更明显,通过电视造成的社会排除(social exclusion)的境遇,未来会比现在严重。因此,假使关机是目的本身,而不是做为改善电视环境的策略,那么,即便是救赎,得到救赎将只能是中上阶层:

> 社会经济地位比较低的这群人,一般说来,比起社经地位较高的人,在更为容易疲倦的条件下,工作了更长的时间。除此之外,每当收入增加,文化财的消费与文化活动的参与,无论在范围上或数量上,都是随之增加的,唯一的例外是收看电视……社会上,低收入的一群,有着高阶的电视消费,原因可以归诸他们可以自由运用的预算,有很高一部分是花用在电视机上与……(相对来说,等于是固定的投资)。只要有了这笔初步的投资,其后的消费可说是分文不付的,这样一来,低收入的阅听人,也就变成了电视的俘虏了。[1]

更为夸张或让人不忍的还在于,中智、中产阶级时而选择去除的、宛若恶灵一般的电视,有时是偏远[2]、中低阶级或农民工求之犹不可得的日常生活之"良伴"。[3] 比如,曾有报刊发表文章,[4]要求北京市政府将入京工作的 200 万"农民工的精神需要当作一种权利",因为农民工"就像生活

① Garnham(1983b:317).
② 新疆天山网 2005 年 9 月 13 日报道:"新疆的贫困农牧民却仍然买不起电视机",中宣部与国家广电总局自 2 月起,联合组织了"电视进万家"活动(同日台北中央社电)。
③ 香港东方日报 2005 年 10 月 6 日报道,大陆黄金周有逾亿民众出外旅游,但(上海等地)不少外省民工无钱返乡:"被迫困在租屋内聊天、看电视度日"。
④ 《新京报》,2004.12.9:A2、A12 与 A13。

在孤岛上……精神文化生活贫乏……"，其中更有些是看电视都不可得。还有些哀戚的情况是，由于农民在乡村看的是服务都会区富裕观众为主的电视①，使原本已经难以在家乡发展的农民，在走向都市时，平添了不切实际的想象，致使悲剧至今仍时有所闻。比如，《南方周末报》(2005 年7 月 14 日)的主题报道是"新生代民工的城市梦想"，主人翁阿星所表征的乡村居民。阿星"从小就接受以城市文化为主体的电视的熏陶……到城市打工……已经不适应农村的生活……"，但也因为在都市"看不到希望。焦虑感与危机感深重"之下，有些农民工走向了黑社会，度过其难以光明正大现身之日，有些则如同阿星，在日常工作所遭遇的百般困顿之际，冲动后杀人。

应该看到，自 20 世纪 90 年代以来，伴随历史终结论的出现，后现代的全球化逐渐取得了主流论述的上风，世界不需要有本质上的改变了、也不可能改变了，人的宏愿不再可以依靠，人的信心徒然招惹讪笑。也许，在传播研究的领域，乐观而遭人理解为技术决定论的麦克卢汉之卷土重来，再领风骚，可以放在这样的时代背景观察。美国的关电视机运动表面上与麦克卢汉对电视地球村的拥抱，背道而驰，然而，从另一个侧面考察，若说双方都是轻视人之改变制度的能力，而专在技术之形式作文章，似乎并不为过。"关电视机"不能是一种目的，最多，关机可以是一种策略，目的在于让电视更能够符合人们的需要，而不是弄得我们陷入在"娱乐至死"的傻乐，五色令人目盲的茫然无知，或弄得我们失去了人际互动的能力。关机如果是目的，除了忽略了人所设计的电视制度，才决定了技术的命运，它也忘记了电视在当前制度下所具有的阶级—城乡—年龄等等的属性。关机对于大多数人是不可能的任务，关机因此只能是一种策略，目标则是要求人们共造合适的电视制度。

---

① 青年经济学者卢周来(2002:3)有段话很传神，引述如后："从乡下来的母亲，一天晚上在看电视时问我:'电视上那么多广告，是放给谁看的?'村里几十户人家，没有一户买过广告上所说的东西。当时我就回答:'那是给城里人看的。'没有想到旁边的妻子竟然追加了一句:'今天晚上电视上的广告，除了彩电、电冰箱、洗衣机外，那些高档酒、高档名牌衣服、家庭小轿车等等我们及我们邻居也很少能买得起。可见，广告中大部分也不是给一般城市人看的，而是给城市富人看的。'"

参 考 文 献

于为民. 舆论监督与新闻法制. 开封:河南大学出版社,2005.

公共电视. 公共电视 1998—1999 年度报告. 台北:财团法人公共电视文化事业基金会,2000.

中华读书网编. 学术权力与民主:长江"读书"奖论争备忘. 厦门:鹭江出版社,2000.

方佳惠. Raymond Williams 的文化理论及其教育蕴义. 台北:台湾师范大学研究所论文,2002.

文建会. 2004 年文化政策白皮书. 台北:文建会,2004.

反思会议工作小组编. 全球化与知识生产:反思台湾学术评鉴. 台北:唐山书局,2005.

王占禹. 总编辑手记(上:笔尖下的行走——老报人与创意时代;下:刀刃上的舞蹈). 上海:文汇出版社,2006.

王金涂. 美国的地下报纸,新闻学研究,1973,12:351—364.

王盈勋. 传播新制度经济学:理论基础. 2007 年中华传播学会年会. 淡水:淡江大学,2007.

王振中,李仁贵编. 诺贝尔奖经济学家学术传略. 广州:广东经济出版社,2002.

王梅芳. 舆论监督与社会正义. 武汉:武汉大学出版社,2005.

王毓莉. 中国大陆《南方周末》跨地区新闻舆论监督报道之研究. 新闻学研究,2009,100:137—186.

王绍光. 中国政府汲取能力下降的体制根源. 战略与管理,1997,4:1—10.

王绍光. 分权的底线. 战略与管理,1995,2:32—56.

王菲菲等. 追求共好:新世纪全球公共广电服务. 台北:财团法人公共电视文化事业基金会,2007.

王雄. 新闻舆论研究. 北京:新华出版社,2002.

王祯和. 电视·电视. 台北:远景,1977.

王维菁. 著作权与台湾影视产业的政治经济分析. 台北:世新大学传播研究所硕士论文,1999.

王艳. 新闻监督. 北京:中国物资出版社,2004.

古采艳. 台湾漫画工业产制之研究——一个政治经济观点. 嘉义:中正大学电讯传播研究所

硕士论文,1997.

　　台视三十年编委会编.台视三十年:中华民国五十一年至八十一年.台北:台湾电视公司,1992.

　　左正东.网络言论管制和网络自由运动.信息社会研究,2009,17:239—255.

　　石世豪.无线电视公共化的法制规划.传播研究简讯,2000,24:4—6.

　　石世豪.商业化风潮中的异帜:引介德国广电体制中的几项创意.广播与电视,1996,2(4):1—24.

　　石世豪.走出精英呵护的摇篮? 德国广电法制在政治与经济双重冲击下的"二元化"发展.广播与电视,1995,2(2):111—135.

　　石长顺,张建红.公共电视.武汉:武汉大学出版社,2007.

　　田易莲.两岸电视剧由抗争到交流的历史社会分析.台北:辅仁大学大众传播研究所硕士论文,2001.

　　立法院秘书处编.广播电视事业发展基金条案.台北:立法院,1984.

　　立法院秘书处编.广播电视法案.台北:立法院,1976.

　　任鹤淳.韩国文化产业实况与发展政策,《当代韩国》,2004,3:35—38.

　　刑立军,方军祥,凌金良译.信息拜物教:批判与解构.北京:社会科学文献出版,2008.(原书 Schiller, D. *How to think about information*. Urbana:University of Illinois Press,2007.)

　　朱孝雯.聂世杰.新闻频道,群雄并起.杨志弘(编).台湾地区有线电视频道总览.页 30—39.台北:传莘杂志社,1995.

　　朱婉清.电视联播时代:内容与分析.台北:幼狮文化,1985.

　　江武烈.新闻与舆论监督艺术.厦门:厦门大学出版社,2003.

　　余文烈.市场社会主义:历史、理论与模式.北京:经济日报出版社,2008.

　　何青涟.雾锁中国:中国大陆控制媒体策略大揭密.台北:黎明文化,2006.

　　何道宽,仲冬译.麦克卢汉书简.北京:中国人民大学出版,2005.(原书 McLuhan, C. , Molinaro, M. , & Toye, W. (Eds.). *Letters of Marshall McLuhan*. New York:Oxford University Press,1987.)

　　何道宽译.思想无羁:技术时代的认识论.南京:南京大学出版社,2004a.(原书 Levinson, P. *Mind at large:Knowing in the technological age*. Greenwich CT:JAI Press,1988.)

　　何道宽译.机器新娘:工业人民的民俗.北京:中国人民大学出版社,2004b.(原书 McLuhan, M. *The mechanical bride:Folklore of industrial man*. London:Routledge,1967.)

　　何道宽译.帝国与传播.北京:中国人民大学出版社,2003a.(原书 Innis, H. A. *Empire and communications*. Toronto:University of Toronto Press,1950.)

　　何道宽译.麦克卢汉:媒介及信使.北京:中国人民大学出版社,2003b.(原书 Marchand, P. *Marshall McLuhan:The medium and the messenger*. New York:Ticknor & Fields,1989.)

　　何道宽译.传播的偏向.北京:中国人民大学出版社,2003c.(原书 Innis, H. A. *The Bias of communication*. Toronto:University of Toronto Press,1951.)

　　何道宽译.理解媒介:论人的延伸.北京:商务印书馆,2000.(原书 McLuhan, M. *Understanding media:The Extensions of Man*. Cambridge, Mass. ;MIT Press,1994.)

　　吴克宇.电视媒介经济学.北京:华夏出版社,2004.

吴廷俊.传播学的导入与中国新闻教育模式改革.2001 中华传播学会年会.香港:香港浸会大学,2001.

吴国卿,王柏鸿译.震撼主义:灾难经济的兴起.台北:时报,2009.(原书 Klein, N. *The Shock doctrine: The rise of disaster capitalism*. Harmondsworth: Penguin,2007.)

吴贻伙.保障舆论监督:安徽的热情与理智.地方法制信息,2003,1:38—39.

吴骧.知识分子对朝卢日新闻的批评.新闻学研究,1983,31:97—107.

宋伟航译.数位麦克卢汉.台北:猫头鹰,2000.(原书 Levinson, P. *Digital McLuhan: A guide to the information millennium*. New York:Routledge,1999.)

宋镇照.发展政治经济学:理论与实践.台北:五南,1995.

宋永福译.美国联邦通讯委员会.台北:财团法人广电基金会,1997.

宋安明,温学东,韩兵.预防职务犯罪地方性法规已经达 13 部(一览).检察日报,2004.1.8.

李丁赞.边缘,蜕让与解放:再谈"被殖民经验",兼答魏玓先生.台湾社会研究季刊,1997,26:209—223.

李丁赞."边缘帝国":香港、好莱坞和(殖民)日本三地电影对台湾扩张之比较研究.台湾社会研究季刊,1996,21:141—170.

李世涛编.知识分子立场:自由主义之争与中国思想界的分化.长春:时代文艺出版社,2000.

李宇轩.跨国广告代理商在台湾的历史分析.台北:辅仁大学大众传播研究所硕士论文,1999.

李旭译.说话算数——技术、法律以及娱乐的未来.上海:三联,2008.(原书 Fisher, W. W. *Promises to keep: Technology, law, and the future of entertainment*. Stanford, Calif.:Stanford Law and Politics,2004.)

李岚译.解放、传媒与现代性:关于传媒和社会理论的讨论.北京:新华,2005.(原书 Garnham, N. *Emancipation, the media and modernity: Arguments about the media and social theory*. Oxford; New York: Oxford University Press,2000.)

李治安,林懿萱.从传统到开放的学术期刊出版:开放近用出版相关问题初探.图书馆学与信息科学,2007,33(1):39—52.

李金铨,张咏.密苏里新闻教育模式在中国的移植——兼论帝国使命:美国实用主义与中国现代化.2008 年政治大学演讲稿.台北:政治大学,2008.

李金铨.电视文化何处去?.政治的新闻,新闻的政治,台北:圆神,1987a,页 179—210.

李金铨.传播帝国主义.台北:久大,1987b.

李金铨.大众传播理论.台北:三民,1983a.

李金铨.国际传播的挑战与展望.台北:时报,1983b.

李金铨.大众传播学.台北:政治大学新闻研究所,1981.

李春邦,林万里编.当代舆论监督新论.北京:新华出版社,2003.

李咏.论政府无所谓名誉权.展江编,舆论监督"紫皮书",广州:南方日报出版社,2004,页154—176.

李凤丹译.文化马克思主义在战后英国:历史学、新左派和文化研究的起源.北京:人民出版社,2008.(原书 Dwokin, D. *Cultural marxism in postwar Britain: History, the New Left, and the origins of cultural studies.* Durham，N. C. ：Duke University Press Books，1997.）

李慧馨.新闻自由与诽谤罪：以我国近年之诽谤罪个案为例.艺术学报，1999，64；129—146.

李蕙芝.雷蒙·威廉姆斯：交界域的文化理论家.高雄：中山大学外国语文研究所论文，1994.

李瞻.我国建立公共电视之研究.理论与政策，1990，4(3)；1—14.

李瞻.我国"报禁"问题及其解决之道.新闻学研究，1987，39；1—26.

李瞻.当前我国电视问题.文建会编，当前电视的新课题，台北：行政院文化建设委员会，1985，页1—70.

李瞻.多元社会的新闻取向.新闻学研究，1983，32；255—259.

李瞻.我国电视政策之研究.新闻学研究，1982，30；115—119.

李瞻.比较电视制度——兼论我国电视发展之方向.台北：政治大学新闻研究所，1973.

李瞻.建立我国公营电视制度方案.新闻学研究，1972，10；11—27.

李瞻.各国电视制度.新闻学研究，1971a，7；49—96.

李瞻.我国报业的检讨.新闻学研究，1971b，8；39—76.

李瞻.大学教授对当前电视之意见.新闻学研究，1970，6；7—56.

李永新，王杰译.本尼特：文化与社会.桂林：广西师范大学出版社，2007.

杜继平，林正慧，郭建业译.中国与社会主义：市场改革和阶级斗争.新店：批判与再造社，2006.（原书 Hart-Landsber，M. ，& Burkett，P. *China and socialism：Market reforms and class struggle.* New York：Monthly Review Press，2005.）

杜耀明，刘端裕.传媒贸易还是文化侵略：从香港电视广播有限公司的海外业务策略看传媒帝国主义的论述.新闻学研究，1998，57；77—89.

汪睿祥译.无所不在：娱乐经济大未来.台北：中国生产力出版，2000.（原书 Wolf，M. J. *The Entertainment economy：How mega-media forces are transforming our lives.* New York：Crown Business，1999.）

肖赞军.报业市场结构研究.长沙：岳麓书社，2009a.

肖赞军.媒介融合时代传媒规制的国际趋势及其启示.新闻与传播研究，2009b，16；55—66.

肖赞军.传媒业内容产品的产品属性及其政策含义——兼与张辉锋博士商榷.国际新闻界，2006，5；58—62.

车卉淳，周学勤.芝加哥学派与新自由主义.北京：经济日报出版社，2007.

辛春.论雷蒙德·威廉姆斯的文化唯物主义思想.黑龙江大学：黑龙江大学马克思主义哲学硕士论文，2009.

周弈成译.从传播观点看学院里的激进学术.当代，1994，102；28—34.

周育仁，郑又平编.政治经济学.台北：空中大学，1998.

周汉华编.政府信息公开条例专家建议稿：草案、说明、理由、立法例.北京：中国法制出版社，2003.

林文政.传播理论研究的新方向：批判理论介绍.新闻学研究，1985，35；1—27.

林文刚编.媒介环境学.何道宽译.北京：北京大学出版社，2008.

林全，许松根，陈昭南，陈添枝，黄朝熙.经济学.台北：华泰文化公司，1998/1999/2004.

林亦堂.英美有线电视执照核发程序及设立标准之研究.台北：电视文化研究委员会，1997.

林斯凯.台湾工业环保新闻分析——以新竹科学园区的报道为例.台北:政治大学新闻研究所硕士论文,2002.

林钰雄.诽谤罪之实体要件与诉讼证明——兼评大法官释字第五〇九号解释.台大法学论丛,2003,32(2):1—33.

林丽云.独立媒体 分进合击:韩国的经验.媒观报告,2007,5:13—14.

林丽云.威权国家与电视:台湾与韩国的比较.新闻学研究,2005,85:1—30.

林丽云.公共领域与公共媒体:英国政经学者的反思及援引作为台湾媒体改造的借镜.当代,2001,164:68—85.

林丽云.为台湾传播研究另辟蹊径? 传播史研究与研究途径.新闻学研究,2000,63:35—54.

林丽云.Colin Sparks 其人其文:一个左派知识分子的深沉呐喊.传播文化,1999a,7:239—256.

林丽云.一个英国传播研究左派重镇的崛起:CCIS 的取向与课程.传播研究简讯,1999b,20:10—12.

明安香.传播学的历史、现状与未来.袁军,龙耘,韩运荣编.传播学在中国:传播学者访谈,页1—17。北京:北京广播学院出版社,1999.

易宪容.科斯评传:新制度经济学的奠基人.太原:山西经济出版社,1998.

胡智峰,王健.北京市现代广播电视公共服务体系与标准建设.北京:广播电视局委托中国传媒大学横向重大课题研究报告,2008.

胡光夏.广告的政治经济学分析法初探.新闻学研究,2000,64:139—159.

胡光夏.国际广告的政治经济分析:台湾与韩国之"国内广告市场"开放过程及其对广告产业结构影响的研究.1999年中华传播学会年会.新竹:交通大学,1999.

胡采苹.台湾古典音乐文化工业的政治经济分析初探.台北:政治大学新闻研究所硕士论文,2002.

胡春田,巫和懋,霍德明,熊秉元.经济学.台北:双叶,1996/1998/2003.

胡祖庆译.政治经济学导论.台北:五南.(原书 Staniland, M. *What Is Political Economy?*: *A study of social theory and underdevelopment*. New Haven: Yale University Press,1984.)

胡绮珍.中国字幕组与新自由主义的工作伦理,《新闻学研究》,2009,101:177—214.

胡鞍刚,张晓群.中国传媒迅速崛起的实证分析.战略与管理,2004b:24—34.

侯健.舆论监督与名誉权问题研究.北京:北京大学出版社,2003.

侯军.疲乏的舆论监督.天津:中国妇女出版社,1989.

姚海欣译.企业的性质:起源、演变和发展.北京:商务印书馆,2007.(原书 Williamson, O. E. , & Winter, S. G. *The Nature of the firm*: *Origins, evolution, and development*. New York:Oxford University Press,2007.)

姜辉,于海青,庞晓明译.欧洲社会主义百年史.北京:社会科学文献出版社,2007.(原书 Sassoon, D. *One hundred years of socialism*: *The west European left in the twentieth century*. New York:The New Press,1996.)

政治大学新闻学系主编.媒介批评.台北:商务,1988.

政治大学广播电视学系.公共媒体在台湾论坛会议记录.公共媒体在台湾论坛会议,台北:

政治大学广播电视学系主办,1997.

施俊吉,许志义,刘孔中,钟俊文.有线广播电视市场结构调查及竞争政策分析研究.台北:行政院新闻局委托研究计划,2005.

昝爱宗.第四种权力:从舆论监督到新闻法治.北京:民族出版社,1999.

柯安琪译.媒铎的中国大冒险.台北:财信,2008.(原书 Dover, B. *Rupert Murdoch's China adventures: How the world's most powerful media mogul lost a fortune and found a wife.* Rutland, Vt.: Tuttle,2008.)

洪贞玲.出淤泥之莲:泰国公共电视的起源与进展.新闻学研究,2010,102:295—325.

洪仪真.游于艺,或是疲于奔命?——表演艺术工作的困顿与纾困.2009年文化研究学会年会,台北:台湾师范大学,2009.

洪仪真、何明修译.资本主义的先知:马克思.台北:时报文化,2001.(原书 Wheen, F. *Karl Marx: A life.* New York: Norton,2000.)

南振中.舆论监督是维护人民群众根本利益的重要途径.求是,2005.6.16,409.

唐士哲.媒介化政治初探:政论与新闻专业.行政院国家科学委员会专题研究计划书(计划编号:NSC97—2410—H—194—042),未出版,2008.

唐士哲."现场直播"的美学观:一个有关电视形式的个案探讨.中华传播学刊,2002,2:111—143.

唐维敏等译.大众媒介与社会.台北:五南,1997.(原书 Curran, J., & Gurevitch, M. (Eds.) *Mass media and society.* New York: Edward Arnold,1991.)

唐维敏译.传播、权力和社会秩序.陈光兴、方孝谦(编).文化、社会与媒体:批判性观点,页283—334.台北:远流,1994.

孙旭培.舆论监督的几个问题.方汉奇(编).新闻春秋:中国新闻改革学术研讨会暨中国新闻史学会年会论文集,页46—51.成都:四川大学出版社,2003b.

孙旭培.如何看待"跨地区监督"——以广东报纸的三篇监督性报道为例.展江编.中国社会转型的守望者:新世纪新闻舆论监督的语境与实践.北京:中国海关出版社,2002,页47—58.

孙绍谊译."狼来了":好莱坞与中国电影市场,1994至2000年.张凤铸等编.全球化与中国影视的命运.北京:北京广播学院出版社,2002,页336—360.

展江,白贵编.中国舆论监督年度报告2003—2004(上、下).北京:社会科学文献出版社,2006.

展江编.舆论监督"紫皮书".广州:南方日报出版社,2004a.

展江译.译序.美国新闻史:大众传播媒介解释史.北京:人民大学出版社,2004b,页1—20.(原书 Emery, M., Emery, E., & Roberts, N. L. *The press and America: An interpretive history of the mass media.* 9th edition,Boston: Allyn and Bacon,1996.)

展江.警惕传媒的双重"封建化".中国传媒报告,2003,3:73—78.

展江编.中国社会转型的守望者:新世纪新闻舆论监督的语境与实践.北京:中国海关出版社,2002.

徐挥彦.联合国教科文组织"保障及促进文化表现多样性公约"与世界贸易组织规范之潜在冲突与调和.杨光华编.第七届国际经贸法学发展学术研讨会论文集.政治大学国际经贸法中心印行,2008,页425—536.(原发表于2007年,政大法学评论,No.99:155—240),页487—489.

徐昕译.公共知识分子:衰落之研究.北京:中国政法大学出版社,2002.(原书 Posner, R. Λ. *Public intellectuals: A study of decline*. Cambridge, Mass.:Harvard University Press,2001.)

徐咏絮.从文化帝国主义到媒介国际化的再思考:世界文化互动的理论比较.台北:辅仁大学大众传播研究所硕士论文,1996.

徐贲.论公民新闻.文化研究,2005,第五辑:153—168.

晏萍辽.威廉姆斯文化研究视阈中的文学理论及意义.大连:辽宁师范大学,2009.

秦晖.舆论监督与有错推定.展江编.舆论监督"紫皮书".广州:南方日报出版社,2004,页49—153.

翁秀琪.公共媒体如何问责:以台湾的公广集团为例.新闻学研究,2008,96:187—211.

翁秀琪.华人社会传播教育的回顾与愿景:台湾经验.2001 年中华传播学会年会.香港:香港浸会大学,2001a.

翁秀琪,陈百龄,陈炳宏,庄国荣,郭力昕,冯建三等.电视改造无望? 台视华视公共化可行性评估报告,台北:行政院新闻局委托研究报告,2001b.

翁秀琪.台湾的地下媒体.郑瑞诚等编.解构广电媒体:建立广电新秩序.台北:澄社报告,1992,页 441—517.

翁秀琪.我国公共电视立法应有之精神:从比较法观点论我国公共电视应具备之理念、形式与功能.新闻学研究,1991,44:23—41.

高安邦编.马克思的经济思想.台北:巨流,1993.

马岳琳.解读报纸消费新闻的产制过程.台北:辅仁大学大众传播研究所硕士论文,2000.

马星野.读报观影罪言.新闻学研究,1983a,31:121—125.

马星野.论社会新闻之多元化.新闻学研究,1983b,32:249—253.

马爱芳,王宝英,董丽波,段玮虹.我国自然科学核心期刊作者费用研究.编辑学报,2006,4:295—296.

张乃烈译.马克思主义经济学简论.台北:唐山,1998.(原书 Mandel, E. *Marxist economic theory*. London:Merlin Press,1962.)

张小元.回归与超越:理论新闻学新视野.成都:四川科学技术出版社,2003.

张大裕.因特网发展的政治经济分析.台北:世新大学传播研究所硕士论文,1999.

张卓,王瀚东译.狐狸也疯狂:福克斯电视网和 CNN 的竞争内幕.北京:华夏出版社,2007.(原书 Collins, S. *Crazy like a fox: The inside story of how Fox news beat* CNN. New York:Portfolio Hardcover,2004.)

张美满.台湾三家无线电视台股权大众化之探讨.广播与电视,1997,3(2):53—87.

张清溪,许嘉栋,刘莺钏,吴聪敏.经济学:理论与实际.台北:翰芦图书总经销.1990/2004五版.

张瑞玉译.资本主义与自由.北京:商务印书馆,2004.(原书 Friedman, M. *Capitalism and freedom*. Chicago:University of Chicago Press,1962.)

张晓斌.国外学术期刊论文收费情况概述.出版发行研究,2007,4:56—59.

张锦华.批判传播理论对传播理论及社会发展之贡献.新闻学研究,1991,45:57—79.

张锦华.批评理论——贺尔的文化研究简介.新闻学研究,1987,39:91—116.

张继高.台湾电视有哪些问题.张继高编.必须赢的人,台北:九歌,1995,页 374—407.

张淑焕.寻租.张卓元主编.政治经济学大辞典.北京:中国社会科学院经济研究所,1998,页519—520.

教育部社政司.人文社会科学研究现状与发展趋势.长沙:湖南大学出版社,2001.

梁小民等译.经济学.北京:中国人民大学出版社,2000.(原书 Stiglitz, J. E. *Economics*. New York:W. W. Norton & Co,1997.)

梁锦才.雷蒙德·威廉姆斯文化唯物主义理论研究.桂林:广西师范大学出版社,2008.

曹康泰,张穹编.中华人民共和国政府信息公开条例读本.北京:人民出版社,2007.

章家敦.中国即将崩溃.台北:雅言文化出版,2002.

庄丽莉,译.文化、传播与政治经济学.当代,1995,114:32—51.(原著 Golding, P. & Murdock, G. "Culture, communications, and political economy", in J. Curran & M. Gurevitch (Eds.), *Mass media and society*, London: Edward Arnold,1991.)

庄春发.台湾媒体在广告市场竞争关系之研究.台湾银行季刊,2005,56:181—214.

庄春发.电视媒体市场面面观."媒体改造与自由民主"研讨会.台北:台湾教授协会,1993.

许如婷.全球霸权秩序的再现:美国／日本／台湾影像文化的依附的论述.台北:辅仁大学大众传播研究所硕士论文,2000.

许云凯.华纳威秀影城生产过程之政治经济分析.台北:政治大学新闻研究所硕士论文,2002.

陈力丹.论我国舆论监督的性质和存在的问题.郑州大学学报,2003,4:7—10.

陈世敏.半世纪台湾传播学的书籍出版.新闻学研究,2001a,67:1—24.

陈世敏.华夏传播学方法论初探.2001年中华传播学会年会.香港:香港浸会大学,2001b.

陈世敏.陈世敏编.传播论文选集1997.台北:中华传播学会,1998.

陈世敏,译.美国大众传播思潮:从摩斯到麦克卢汉.台北:远流,1994.(原书 Czitrom, D. J. *Media and the American mind:From Morse to McLuhan*. Chapel Hill: University of North Carolina Press,1982.)

陈世敏.公视主要观众的电视知觉地图,新闻学研究,1993,47:35—51.

陈正国等译.了解庶民文化.台北:久大万象,1993.(原书 Fiske, J. *Understanding popular culture*. Boston: Unwin Hyman,1989.)

陈立旭.重估大众的文化创造力:费斯克大众文化理论研究.重庆:重庆出版社,2009.

陈光兴.媒体/文化批判的人民民主逃逸路线.台北:唐山,1992.

陈百龄.从国科会传播专题计划提案看学门发展生态,2000.新闻学研究,2001,67:25—49.

陈志贤,萧苹.幸福家庭的房车:汽车广告中所再现的理想家庭.新闻学研究,2008,96:45—86.

陈东升.金权城市.台北:巨流,1992.

陈俊湘.著作权的国际化与文化帝国主义.台中:东海大学社会研究所硕士论文,1996.

陈炳宏.媒介产业经济分析:理论发展与研究现况.翁秀琪,编.台湾传播学的想象.台北:巨流,2004,页593—628.

陈炳宏.传播产业研究.台北:五南,2001.

陈飞宝,张敦财.台湾电视发展史.福州:海风出版社,1994.

陈新民.新闻自由与人格保障的纠葛——谈"新新闻诽谤案"的法理依据.国家政策论坛,

2001,1(3):173—177.

陈慧瑛.我国电影辅导金制度之研究.台北:世界新闻传播学院传播研究所,1997.

陆永强.先审后播的沉思与建议.新闻学研究,1983,31:127—135.

陆小华.整合传媒:传媒竞争趋势与对策.北京:中信出版社,2002.

陆晔.适度竞争、协调发展:上海广播电视改革模式探讨.新闻与传播研究,1998,5(2):2—13.

陆燕玲.从"名门正派"到明教教徒?——台湾《壹周刊》新闻工作者的调适与认同.台北:台湾大学新闻研究所硕士论文,2002.

郭镇之等编.第一媒介:全球化背景下的中国电视.北京:清华大学出版社,2009.

郭镇之.美国公共广播电视的起源.新闻与传播研究,1997,4:82—90.

郭齐勇.问题与评论.甘阳,陈来,苏力编.中国大学的人文教育,北京:三联,2006,页469—470.

郭品洁.威廉姆斯的文化写作研究.新竹:清华大学社会人类学研究所论文,1997.

郭力昕.媒体改造运动:一种学术生活的实践.传播研究简讯,2000,24:1—3.

无线电视民主化联盟执委会.台视华视公共化,究竟钱要哪里来.传播研究简讯,2000,24:7—9.

傅振玲.雷蒙德·威廉姆斯的文化思想研究.大连:大连理工大学马克思主义理论硕士论文,2008.

乔云霞.论中国社会主义新时期的新闻舆论监督.方汉奇编.新闻春秋:中国新闻改革学术研讨会暨中国新闻史学会年会论文集.成都:四川大学出版社,2003,页253—260.

乔云霞,胡连利,王俊杰.中国新闻舆论监督现状调查分析.新闻与传播,2002,4:36—46,95.

单德兴译.知识分子论.台北:麦田,1997.(原书 Said, E. W. *Representations of the intellectual: The 1993 reith lectures*. New York:Vintage Books,1994.)

彭嘉丽.2010电视节目欣赏指数——第四阶段调查及全年综合结果概述.传媒透视,3月号:5—7.

彭淮栋译.一国经济正义与全球经济正义.台湾社会研究季刊,2001b,44:1—12.(Pogge, Thomas W. Economic Justice, National and Global. 北京:政治哲学国际研讨会,2001.)

敦诚.再思考"传播帝国主义再思考".当代,1992,78:98—121.

曾虚白编.中国新闻史.台北:政治大学新闻研究所,1977.

曾虚白.晨曦漫步触感.台北:华欣文化事业中心,1976.

渠敬东,曹卫东译.启蒙辩证法:哲学断片.上海:上海人民出版社,2006.(原书 Horkheimer, M. & Adorno, T. *Dialectic of enlightenment, philosophical fragments*. Stanford:Stanford University Press,2002.)

汤民国.公共广播电视的使命.电视研究,1994,8:45.

程宗明.台湾电讯传播制度的"主体性格"分析:电信事业独占表现与资费制度的关联性研究(1950—1970).传播与文化,2000a,8:253—284.

程宗明.公共化是经营效率与节目质量提升的策略.传播研究简讯,2000b,24:10—12.

程宗明."党政军退出三台"之后:从批判政治经济学思考无线电视制度的改造.广播与电

视,1999a,13:87—122.

程宗明.台湾战后新闻纸的垄断生产与计划供应,1945—1967.台湾社会研究,1999b,36:85—121.

程宗明.析论台湾传播学研究/实务的生产,1949—1980——从政治经济学取向思考对比典范的转向.林静伶编.1998 传播论文选集.台北:中华传播学会,1999c,页 385—439.

程宗明.台湾战后广播工业的控制与依附研究,1947—1961.陈世敏编.传播论文选集 1997.台北:中华传播学会,1998,页 319—370.

程宗明.微波与通讯之岛:台湾长途及国际电讯体系建构的政治经济学.台湾社会研究,1997,25:123—168.

程宗明译.大型公司与传播工业的控制.陈光兴、方孝谦,编.文化、社会与媒体:批判性观点.台北:远流,1994,页 163—210.

华小青,孙世彦译.民权公约评注:联合国公民权利和政治权利国际公约.北京:三联.(原书 Nowak, M. *U. N. Covenant on civil and political rights:CCPR commentary.* Kehl, Germany: N. P. Engel,1993.)

贺翠香. 劳动、交往、实践:论哈贝马斯对历史唯物论的重建.北京:中国社会科学出版社,2005.

冯建三,罗世宏译.传播理论史:回归劳动.台北:五南,2010.(原书 Schiller, D. *Theorizing communication:A history.* New York:Oxford University Press,2010.)

冯建三译.传媒、市场与民主.台北:巨流出版公司,2008.(简体字版同年稍候由上海世纪集团出版).(原书 Baker, C. E. *Media, market, and democracy.* Cambridge :Cambridge University Press,2002.)

冯建三.科斯的传媒论述:与激进的反政府论对话.台湾社会研究季刊,2007,68:361—392.

冯建三.试论新闻传播教育学术正当性的建立:记者养成与媒介素养教育.教育研究资料与研究讯双月刊,2006,69:181—198.

冯建三.知识分子,社会游说与政治威权:建构与扩大台湾的公共电视,1990—2005.中美媒介生态与媒介改革国际学术会议,武汉:武汉大学,2005b.

冯建三译.论市场社会主义.台北:联经,2005c.(原书 Roemer, J. E. *A future for socialism.* Cambridge, Mass.:Harvard University Press,1994.)

冯建三.全球好莱坞.台北:巨流,2003.(原书 Miller,T., Govil, N., Mcmurria, J., & Maxwell, R.*Global hollywood.* London:British Film Institute,2001.)

冯建三.人权、传播权与新闻自由.国家政策研究季刊,2002,1(2):117—142.

冯建三.从西欧公营电视模式转化台湾电视生态.当代,2001b,162:12—17;163:80—84.

冯建三.台湾媒体工作者阶级意识之初探(1988—1997)——以三家工会刊物为例.张炎宪,曾秋美,陈朝海,合编.迈向 21 世纪的台湾民族与国家论文集,页 167—187。台北:财团法人吴三连台湾史料基金会,2001C.

冯建三.国家主权与广电管制:一个动态观点,从欧洲联盟"电视无疆界"十年史谈起.传播与文化,2000b,8:317—338.

冯建三. 媒体批评在台湾的发展.陈光兴编.文化研究在台湾,台北:巨流,2000c,页 339—372.

冯建三.地方政府的隐身:论台湾音像政策的特征,以欧美为对照.台湾社会研究,1999b,36:187—216.

冯建三译.信息社会理论.台北:远流,1999c.(原书 Webster, F. *Theories of Information Society*. London:Routledge,1995.)

冯建三.补记传播政治经济学与文化研究的对话文献.冯建三,程宗明编.传播政治经济学——再思考与再更新,台北:五南,1998d,页 407—414.

冯建三.巴黎、纽约、好莱坞:浅谈电影"全球化"的过程与后果.当代,1998e,139:14—17.

冯建三译.美国与直播卫星:国际太空广电政治学.台北:远流,1997b.(原书 Luther, S. F. *The United states and the direct broadcast satellite*: *The politics of international broadcasting in space*. New York:Oxford University Press,1988.)

冯建三.党政军退,国进:三台国办商营或许有利文化发展.新闻自由与大众媒体国际研讨会.台北:北美洲台湾教授协会、台大法学基金会.同年,本文以《驱逐党政军,防堵财团化:论三台公办才能改善台湾的电视生态》,收于萧新煌(1995 编)、《敬告中华民国》,页 307—316,台北:日臻出版社.五年后,前称研讨会论文集出版,仍依原题目名称,收录于北美洲台湾教授协会、台大法学基金会(2000 编)《新闻自由与大众媒体》,台北:前卫出版社,页 229—240.

冯建三.资本总动员下的地方媒体:小区文化的修辞不敌政经逻辑?.当代,1995c,114:52—67.

冯建三.塑造台湾电视动向的非政治因素之初步考察(1962—1995):特别以卫星电视为例.台湾近百年史研讨会.台北:吴三连台湾史料基金会,1995e.

冯建三.驱逐党政军 防堵财团化:论三台公办民营才能改善台湾电视生态.萧新煌,编.敬告中华民国.台北:日臻,1995f,页 307—316.

冯建三,孙秀蕙.广告文化.台北:扬智,1995h.

冯建三.新闻价值及媒体批评.中外文学.1994a,271 期:104—109.

冯建三.从报业自动化与劳资关系反省传播教育.新闻学研究,1994b,49:1—29.

冯建三,苏蘅.欧洲联盟的 GATT 影视产业政策分析及其对台湾的参考价值评估.台北:工业技术研究院委托报告,1994d.

冯建三.公共电视.郑瑞城主编.解构广电媒体.台北:澄社,1993,页 317—410.

冯建三.文化·贿赂·脱衣秀:解读资本主义的传播符码.台北:时报,1992a.

冯建三.信息、钱、权:媒体文化的政经研究.台北:时报,1992b.

冯建三译.传播:西方马克思主义的盲点.岛屿边缘,1992c,4:6—33.

冯建三译.关于西方马克思主义的盲点:答复达拉斯.史麦塞.岛屿边缘,1992d,4:4—48.

冯建三译.统理 BBC:英国广电协会的蜕变过程.台北:远流,1992e.(原书 Curran, C. *A seamless robe*:*Broadcasting philosophy and practice*. London:Collins,1979.)

冯建三译.广告的符码:消费社会的商品崇拜及意义的政治经济.台北:远流,1992g.(原书 Jhally, S. *The codes of advertising*:*Fetishism and the political economy of meaning in the consumer society*. New York:St. Martin's Press,1992g.)

冯建三.英国的广播政策:国家恶,市场好?.当代,1990a,8 月:4—14.

冯建三译.意识形态与大众媒介:关于决定论的问题.新闻学研究,1990b,42:149—170.

冯祎春.论"吕日周式舆论监督"之局限.第四届北京舆论监督会议.北京:中国青年政治学

院,2004.

冯广超. 产业化后呼唤中国电视的公共化. 传媒透视,2005,4 月号:8—10.

黄绍恒译. 经济史入门:马克思经济学历史理论概论. 台北:麦田,2001.(原书盐泽君夫,近藤哲生,1989.)

黄升民,丁俊杰编. 中国广电媒介集团化研究. 北京:中国物价出版社,2001.

黄新生. 媒介批评:理论与方法. 台北:五南,1987.

黄慧樱. 台湾因特网的变迁:一个政治经济角度的初步考察,1979—1999. 台北:政治大学新闻研究所硕士论文,1999.

黄树民,石佳音,廖立文译. 巨变:当代政治经济的起源. 台北:远流.(原书 Polanyi, K. *The great transformation: The political and economic origins of our time.* Boston: Beacon Press,1989.)

黄耀辉. 电视不应公共化. 经济前瞻,3 月:25—30,2002.

新闻局电影处. 推动小区电影院设立之研究. 台北:新闻局,1995.

杨明品. 中国广播电视公共服务建设实践与发展模式. 李景源,陈威编. 中国公共文化服务发展报告. 北京:社会科学文献出版社,2009,页 123—134.

杨明品. 新闻舆论监督. 北京:中国广播电视出版社,2001.

杨茜. 官员问责:舆论与透明政府. 第四届北京舆论监督会议. 北京:中国青年政治学院,2004.

杨培雷译. 朋友还是对手:奥地利学派与芝加哥学派之争. 上海:世纪出版,2006.(原书 Skousen, M. *Vienna & Chicago: Friends or foes? a tale of two schools of free-market economics.* Washington, DC:Capital Press,2005.)

叶俊杰. TVBS 王国崛起:邱复生向不可能挑战. 台北:福尔摩沙出版公司,1996.

贾玉华. 第三世界的大众传播与国家发展:兼介媒介帝国主义再思考. 新闻学研究,1982,30:143—168.

廖淑君. 政府从事植入性营销法律规范之研究. 广告学研究,2006,26:83—107.

廖毓郁. 台湾报业的生产科技与劳动过程:以联合报家父长的生产体制为例. 台北:政治大学新闻研究所硕士论文,2002.

熊瑞梅,杜素豪,宋丽玉,黄懿慧. 社会学门专业期刊排序. 台北:中央研究院社会学研究所,2007.

管中祥,魏玓. "传播学生斗阵"与媒体运动:社会、媒体与"传播学生斗阵". 当代,2001,162:46—57.

管中祥,刘昌德. 战后媒体反对运动. 台湾史料研究,2000,16:22—54.

管中祥. 我国有线电视发展历程中的国家角色. 台北:政治大学新闻研究所硕士论文,1997.

赵月枝. 文化产业、市场逻辑和文化多样性:可持续发展的公共文化传播理论与实践(下). 《新闻大学》,2006,90:1—7.

赵勇. 未结硕果的思想之花:文化工业理论在中国的兴盛与衰落. 文艺争鸣,2009,11:25—31.

赵化勇. 西部频道必须强调六要点. 电视研究,2002 年 6 月:4—7.

赵刚. 为什么反全球化? 如何反? 台湾社会研究季刊,2001,44:49—146.

赵国新.新左派的文化政治:雷蒙·威廉姆斯的文化理论.北京:外语教学与研究出版社,2009.

潘家庆.发展中的传播媒介.台北:帕米尔,1987.

潘家庆.传播与国家发展.台北:政治大学新闻研究所,1983.

刘世鼎.跨国唱片公司在台湾的历史分析:1980—1998.台北:辅仁大学大众传播研究所硕士论文,1999.

刘佐.中国改革开放以来税收制度的发展.北京:中国财政经济出版社,2001.

刘忠博,丘忠融译.多媒体时代下的广电事业、社会与政策.(原书 Graham, A. & Davies, G. *Broadcasting, society and policy in the multimedia age.* Luton: Luton University Press,1997.)

刘昌德,罗世宏.电视植入性营销之规范:政治经济学观点的初步考察.中华传播学刊,2005,8:41—61.

刘昌德.信息革命:是谁搞的鬼? 许勒的信息社会观点.当代,2000,153:38—79.

刘昌德.媒体在运动商品化过程中的角色.台湾社会研究,1998,32:215—247.

刘昌德.台湾运动商品化过程中的大众传播媒体角色.台北:政治大学新闻研究所硕士论文,1996.

刘建中,史敏.电影管理条例释义.北京:人民法院出版社,2002.

刘建明.大埋民心:当代中国的社会舆论问题.北京:今日中国出版社,1998.

刘康定.泰国公共电视发展与制度分析.台北:台湾大学新闻研究所硕士论文,2010.

刘进.文学与"文化革命":雷蒙德·威廉姆斯的文学批评研究.成都:四川大学,2008.

刘德仁.电视改革刍议.新闻学研究,1987,39:195—219.

蒋安.新闻监督学.北京:新华出版社,2001.

蔡明璋.台湾的贫穷:下层阶级的结构分析.台北:巨流,1996.

蔡铭泽,刘岚,陈义珠.新闻:从批判到批评——论新时期新闻批评的恢复和发展.方汉奇编.新闻春秋:中国新闻改革学术研讨会暨中国新闻史学会年会论文集.成都:四川大学出版社,2003,页 239—245.

邓向阳.媒介经济学.长沙:湖南大学出版社,2006.

邓炘炘.动力与困窘:中国广播体制改革研究.北京:中国经济出版社,2006a.

邓炘炘.走向制度均衡及"我们为什么需要公共广电?".邓炘炘著.动力与困窘:中国广播体制改革研究.北京:中国经济出版社,2006b,页 364—408.

鲁湘元.稿酬怎么搅动文坛:市场经济与中国近现代文学.北京:红旗出版社,1998.

卢周来.穷人与富人的经济学.海口:海南出版社,2002.

卢异明.我国公共电视的发展.新闻学研究,1986,36:61—88.

萧全政.政治与经济的整合:政治经济学的基础理论.台北:桂冠,1988.

赖秀峰.检讨美国电视.新闻学研究.1972,10:231—253.

戴瑜慧.中国报业的政治经济分析:1978—2001.台北:政治大学新闻研究所硕士论文,2002.

谢国雄.文化取向的传播研究——雷蒙·威廉姆斯(Raymond Williams)论点之探讨.台北:政治大学新闻研究所论文,1985.

谢庆达,林贤卿译. 小区建筑. 台北:创兴出版社,1993. (原书 Wates, N. , & Knevitt , C. *Community architecture*:*How people are creating their own environment*. London:Penguin Books,1987.)

钟明非. 有线电视系统业的形成:法制化与集中化. 新竹:交通大学传播研究所硕士论文,1998.

钟起惠. 节目表现与无线电视公共化. 传播研究简讯,2000,24:13—14.

魏永征. 中国现行诽谤法对于舆论的保护. 展江编. 舆论监督紫皮书,2004,页 141—148. 广州:南方日报出版社.

魏永征. 中国新闻传播法纲要. 上海:上海社会科学院出版社,1999.

魏玓. 公共广电机构治理初探. 广播与电视,2008,29:1—27.

魏玓. 至死不渝的左派传播研究先驱:许勒的生平、思想与辩论. 当代,2000,153:18—29.

魏玓. 全球化脉络下的阅听人研究——理论的检视与批判. 新闻学研究,1999a,60:93—114.

魏玓译. 全球的传播. 全球的权力:国际传播理论的再思考与再建构. 当代,1999b,136:104—119.

魏玓,刘昌德译. 有权无责:英国的报纸与广电媒体(根据 1997 年第五版). 台北:鼎文书局. 1999c. (原书 Curran , J. , & Seaton , J. *Power without responsibility*:*The press and broadcasting in Britain*. New York:Routledge,1997.)

魏玓译. 全球的传播. 全球的权力:国际传播理论的再思考与再建构(上). 当代,12月,136:104—119;(下)当代,1999 年 1 月,137:89—99.

魏玓. 台湾电影产业的政治经济学分析,1989—1993. 台北:政治大学新闻研究所硕士论文,1994.

罗世宏,魏玓,唐士哲等译. 问题媒体:二十一世纪美国传播政治. 台北:巨流,2005. (原书 McChesney, R. W. *The problem of the media*:*U. S. communication politics in 21ˢᵗ century*. New York:Monthly Review Press,2004.)

罗英. "互动"实现"共赢":人大与新闻媒体联手监督提高监督实效浅谈。未出版. 2005.

罗文辉. 美国诽谤法规:法制、判例及修法提案. 政治大学传播学院研究暨发展中心编. 媒体诽谤你、我、他——传播与法律系列研讨会(二). 台北:政治大学传播学院,1996,页 117—150.

苏宇铃. 虚构的叙事/想象的真实:日本偶像剧的流行文化解读. 台北:辅仁大学大众传播研究所硕士论文,1998.

苏希亚译. 不得立法侵犯:苏利文案与言论自由. 台北:商业周刊出版,1999. (原书 Lewis, A. *Make no law*:*The Sullivan case and the first amendment*. New York:Random House, Inc, 1991.)

苏蘅. 语言(国/方)政策形态. 郑瑞城主编. 解构广电媒体,台北:澄社,1993,页 217—278.

顾玉珍. 性别知识的生产:以国内传播学院的性别论述之生产为例. 新闻学研究,1995a,51:1—31.

顾玉珍译. 商品阅听人与真正的阅听人——一场盲点论战. 当代,1995b,114:18—31. [原作 Meehan, E. Commodity audience, actual audience:The blindspot debate. In J. Wasko. , V. Mosco. , & M. Pendakur(Eds.), *Illuminating the blindspots*:*Essays honoring Dallas W.*

Smythe. (pp. 378—397). NJ: Ablex,1993.]

顾理平. 新闻法学. 北京:中国广播电视出版社,1999.

Arriaga, P. (1984). On advertising: A marxist critique. *Media Culture and Society*, 6 (1), 53—64.

Aronowitz, S. (2000). *Knowledge factory: Dismantling the corporate university and creating true higher learning*. Boston: Beacon Press.

Amin, S. (1974). *Accumulation on a world scale: A critique of the theory of underdevelopment*. NY: Monthly Review.

Anderson, P. (1976). *Considerations on western marxism*. London: New Left Review.

Aldridge, M. & Hewitt, N. (1994). *Controlling broadcasting: Access policy and practice in north America and Europe*. Manchester: Manchester University Press.

Barile, P. & Rao, G. (1992). Trends in the Italian mass media and media laws. *European Journal of Communication*, 7(2), 261—281.

Barnett, S. & Curry, A. (1994). *The battle for the BBC: A British broadcasting conspiracy*. London: Aurum.

Blumler, J. G. & Nossiter, T. J. (1991). *Broadcasting finance in transition: A comparative handbook*. Oxford: Oxford University Press.

Blumler, J. G. Brynin, M. & Nossiter, T. J. (1986). Broadcasting finance and programme quality: An international review. *European Journal of Communication*, 1 (3), 343—364.

Bollinger, L. (1990). The rationale of public regulation of the media. In J. Lichtenberg (Ed.), *Democracy and the mass media: A collection of essays* (pp. 355—367). NY: Cambridge University Press.

Bottomore, T. (1975). *Marxist sociology*. London: Macmillan.

Bourdieu, R. (1973) Cultural reproduction and social reproduction. In R. Brown (Ed.), *Knowledge, education and cultural change* (pp. 71—112). London: Tavistock.

Bourdieu, P. (1988). *Homo academicus*. Oxford: Polity.

Brady, R. A. (1943). *Business as a system of power*. NY: Columbia Univ. Press.

Brady, R. A. (1933). *The rationalisation movement in German industry*. Berkerly: Univ. of Calif. Press.

Braverman, H. (1974). *Labour and monopoly capital: The degradation of work in the twentieth century*. NY: Monthly Review.

Brown, L. (1971). *Television: The business behind the box*. NY: Harcourt Brace Jovanovich.

Brown, D. H. (1994). The academy's response to the call for a marketplace approach to broadcast regulation. *Critical Studies in Mass Communication*, 11, 257—273.

Brown, M. (2007). *A licence to be different: The story of channel 4*. London: BFI.

Bok, D. (2003). *Universities in the marketplace: The commercialization of higher education*. NJ: Princeton University Press.

Brennen, B. (1993). Newsworkers in fiction: Raymond Williams and alternative communication history. *Journal of Communication Inquiry*, *17*(1), 95—107.

Babe, R. E. (2009). *Cultural studies and political economy: Toward a new integration.* Lanham: Lexington Books.

Banks, M. & Hesmondhalgh, D. (2009). Looking for work in creative industries policy. *International Journal of Cultural Policy*, 15(4), 415—430.

Bermejo, F. (2007). *The internet audience: Constitution & measurement.* New York: Peter Lang.

Benkler, Y. (2006). *The wealth of networks: How social production transforms markets and freedom.* New Haven, Conn: Yale University Press .

Benkler, Y. (2004). Sharing nicely: On shareable goods and the emergence of sharing as a modality of economic production. *The Yale Law Journal*, *114*, 273—358.

Beesley, M. E. (Ed.). (1996a). *Markets and the media: Competition, regulation and the interests of consumers.* London: Institute of Economic Affair.

Beesley, M. E. (1996b) Media concentration and diversity. In M. E. Beesley(Ed.), *Markets and the media: Competition, regulation and the interests of consumers* (pp. 1—27). London: The Institute of Economic Affairs.

Buddle, M. (1997). *The(magic)kingdom Of god: Christianity and global culture industries.* Boulder, Col. : Westview Press.

Barnouw, E. (1975). *Tube of plenty: The evolution of American television.* NY: Oxford UP.

Baker, C. E. (1994). *Advertising and a democratic press.* NJ: Princeton University Press.

Brevini, B. (2010). Towards PSB 2.0? applying the PSB ethos to online media in Europe: A comparative study of PSBs' internet policies in Spain, Italy and Britain. *European Journal of Communication*, 25 (4), 348—365.

Born, G. (2004). *Uncertain vision: Birt, dyke and the reinvention of the BBC.* London: Secker & Warburg.

Bagdikian, B. H. (1997). *The media monopoly.* Boston: Beacon Press.

Bender, T. (1993). *Intellect and public life: Essays on the social history of academic intellectuals in the United States.* Baltimore: Johns Hopkins University Press.

Beard, P. & Panese, F. (1995). From one galaxy to another: the trajectories of French intellectuals. *Media, Culture and Society*, *17*(3), 385—412.

Berelson, R. (1959). The state of communication research. *Public Opinion Quarterly* , *23*, 1—6.

Bagwell, K. (Ed.). (2001). *The economics of advertising.* Northampton, Mass. : Edward Elgar.

Baran, P. A. & Sweezy, P. M. (1966). *Monopoly capital: An essay on the American economic and social order.* Harmondsworth: Penguin.

CEC(Commission of the European Communities)(1996). *Policy issues arising from tele-communication and audiovisual convergence*, *appendices*. Brussel: DG XIII.

Cayrol, R. (1991). Problems of structure, finance and program quality in the French audio-visual system. In J. G. Blumler & T. J. Nossiter(Eds.), *Broadcasting finance in transition: A comparative handbook* (pp. 188—213). NY: Oxford University Press.

Collins, R. (1994). *Audio-visual Policy in the European single government*. London: John Abley.

Collins, R. Garnham, N. & Locksley, G. (1988). *The economics of television*. London: Sage.

Collins, R. & Murroni, C. (1996). *New media new policies: Media and communications strategies for the future*. Cambridge: Polity.

Collins, R. & Purnell, J. (1995). *The future of the BBC: Commerce, consumers and governance*. London: Institute for Public Policy Research.

Collins, R. E. Garnham, N. & Locksley, G. (1988). *The economics of television: The UK case*. London: Sage.

Coase, R. H. (1993). Law and economics at Chicago. *Journal of Law and Economics*, 36(1), 239—254.

Coase, R. H. & Johnson, N. (1980). Should the federal communications commission be abolished?. In B. H. Siegan(Ed.), *Government, regulation and the economy* (pp. 41—56). Lexington: MA Lexington Books.

Coase, R. H. (1979). Payola in radio and television broadcasting. *Journal of Law and Economics*, 22(2), 269—328.

Coase, R. H. (1977). Advertising and free speech. *Journal of Legal Studies*, 6(1), 1—34.

Coase, R. H. (1974a). The Market for goods and the market for ideas. *American Economic Review: Papers and Proceedings*, 64(2), 384—391.

Coase, R. H. (1974b). The lighthouse in economics. *Journal of Law and Economics*, 17(2), 357—376. [重印于 Coase, R. H. (1990). *The firm, the market and the law*. Chicago: University of Chicago Press. 以及余晖等译(2004).《经济学的著名寓言:市场失灵的神话》.上海:世纪出版集团。(原书 Spulber, D. F. (Ed.). [2002]. *Famous fables of economics: Myths of market failures*. Oxford: Blackwell.)页 44—61.]

Coase, R. H. (1966). The economics of broadcasting and government policy. *American Economic Review: Papers and Proceedings*, 56(1/2), 440—447.

Coase, R. H. (1965). Evaluation of public policy relating to radio and television broadcasting: Social and economic issues. *Land Economics*, 41(2), 161—167.

Coase, R. H. (1960). The problem of social cost. *Journal of Law and Economics*, 3, 1—44.

Coase, R. H. (1959). The federal communications commission. *Journal of Law and Economics*, 2, 1—40.

Coase, R. H. (1950). *British broadcasting: A study in monopoly*. London: Longmans

Green.

Coase, R. H. (1937). The nature of the Firm. *Economica* , 4(16), 386—405.

Coase, R. , & Wang, N. (2011). *How China became capitalist*. Basingstoke: Palgrave Macmillan. (in press)

Curran, J. (2004). The rise of the westminster school. In A. Calabrese & C. Sparks. (Eds.), *Toward a political economy of culture : Capitalism and communication in the twenty-first century* (pp. 13—40). Lanham, Maryland: Roman & Littlefield.

Curran, J. (1983). Communication, power and social order. In M. Gurevitch(Ed.), *Culture, society and the media* (pp. 202—235). London: Methuen.

Curran, J. (1980) Advertising as a patronage system. In H. Christian(Ed.), *The sociology of journalism and the press* (pp. 71—120). Keele: Keele University.

Curran, J. & Seaton, J. (2010). *Power without responsibility : Press, broadcasting and the internet in Britain* (10th). New York: Routledge.

Curran, J. Iyengar, S. , Lund, A. B. , & Salovaara-Moring, I. (2009). Media system, public knowledge and democracy. *European Journal of Communication* , 24 (1), 5—26.

Curran, J. & Gurevitch, M. (Eds.). (1991). *Mass Media and Society*. New York:Edward Arnold.

Cowen, T. (Ed.). (1988). *The theory of market failure : A critical examination*. Virginia: George Mason University Press. (1991 年重印为 *Public goods and market failures : A critical examination*. New Jersey: Transactions Publishers.)

Cowen, T. & Crampton, E. (Ed.). (2004). *Market failure or success : The new debate*. Northampton, Mass. : Edward Elgar.

Cheung, Anthony B. L. (1997). Reform in search of politics: The case of HK aborted attemp to corporatize public broadcasting. *Asian Journal of Public Administration* , *19* (2), 276—302.

Canovan, M. (1981). *Populism*. London: Junction Books.

Cho, Y. (2008). We know where we're going, but we don't know where we are: An interview with Lawrence Grossberg. *Journal of Communication Inquiry* ,32(2),102—122.

Carey, J. (1989)Public broadcasting and federal policy. In P. R. Newberg(Ed.), *New directions in telecommunications policy* (pp. 192—221). London: Duke UP.

Crisell, A. (2002). *An introductory history of British broadcasting*. New York: Routledge.

Congdon, T. (1995). The multimedia revolution and the open society. In T. Congdon. , A. Graham. , D. Green. , & B. Robinson(Eds.), *The cross media revolution : Ownership and control* (pp. 11—24). London: John Libby.

Council of Europe (1995). *Statistical yearbook* , *1994—1995 : Cinema, television, video and new media in Europe*. France:European Audio-visual Observatory.

Chamberlin, E. H. (1931). *The theory of monopolistic competition*. Cambridge, Mass.

Coward, R. & Ellis, J. (1977). *Language and materialism*. London: RKP.

Cutler, A. et al. (1977). *Marx's capital and capitalism today*. London: RKP.

Callinicos, A. (1999). Social theory put to the test of politics: Pierre Bourdieu and Anthony Giddens. *New Left Review*, 236, 77—102.

Davis, H. & Levy, C. (1992). The regulation and deregulation of television: A British/ West European comparision. *Economy and Society*, 21(4), 453—482.

Desai, M. (1983). Political economy. In T. Bottomore. , L. Harris. , V. G. Kiernan. , & R. Miliband(Eds.), *A dictionary of marxist thought* 1ª (pp. 375—378). Oxford: Blackwell.

de Grazia, S. (1964). *Of time, work and leisure*. NY: Anchor.

Debord, G. (1970). *The society of the spectacle*. Detroit: Black & Red, Box 9546.

De Sola Pool, I. (1983). *Technologies of freedom*. London: Harvard University Press.

Deacon, D. & Golding, P. (1994). *Taxation and representation : The media , political communication and the poll tax*. London: John Libbey.

DNH(National Heritage, the Department of)(1995). *Media Ownership : The government's proposals*, *Cm* 2872. London: HMSO.

DNH(National Heritage, the Department of)(1992). *The future of the BBC : A consultation document*. London: HMSO.

Dijck, J. V. (2009). Users like you? theorizing agency in user-generated content. *Media, Culture & Society*, 31(1), 41—58.

Demsetz, H. (1970/1988). The private production of public goods. *Journal of Law and Economics*, 13(2), 293—306.

EC(Commission of the European Communities, or, European Commission)(1996). *Public policy issues arising from telecommunications and audiovisual convergence , comprising (1) main report ; (2)summary report ; (3)appendices*. Brussel: DG XIII, EC.

Eagleton, T. (Ed.)(1989). *Raymond Williams : Critical perspectives*. Oxford: Polity.

Eagleton, T. (1976). *Criticism and ideology*. London: NLR.

Emanuel, S. (1992). Culture in space: The European cultural channel. *Media Culture and Society*, 14(2), 281—299.

Ellison, G. (2007). "*Is peer review in decline?*" NBER Working Paper No. 13272,July.

Ewen, S. (1976). *Captains of consciousness*. NY: McGraw Hill.

Etzioni-Halevy, E. (1987). *National broadcasting under siege : A comparative study of Australia , Britain , Israel and West Germany*. London: Macmillan.

Freedman, D. (2003). *Television policies of the labour party , 1951—2001*. London: Frank Cass.

Freedman, D. (2002). A "Technological Idiot"? Raymond Williams and communications technology. *Information, Communication and Society*, 5(3), 425—442.

Friedland, L. A. (1995). Public television and the crisis of democracy: A review essay. *Communicaton Review*, 1(1), 111—128.

Fiske, J. (1987). *Television culture*. London: Methuen.

Fernandez, R. (1997). Communication workers in Spain: The reward of appearance. *Com-*

munication Review, 2 (3), 381—393.

Foster, R. (1992). *Public broadcasters: Accountability and efficiency.* Scotland: Edinburgh University Press.

Fowler, M. S. & Brenner, D. L. (1982). A market place approach to broadcast regulation. *Texas Law Review*, 602, 207—257.

Filipek, J. (1992). Culture quotas: The trade controversy over the European community's broadcasting directive. *Stanford Journal of International Law*, 28(2), 324—370.

Feng, Chien-san. (2003). Is it legitimate to imagine China's media as socialist?. *Javnost/ The Public: Journal of the European Institute for Communication and Culture*, 10 (4), 37—52.

Fišer, Suzana Žilič. (2010. 09). *The social responsibility and economic success of public service broadcasting Channel 4: Distinctiveness with market orientation.* Paper presented at the 5th Biannual RIPE(Re-Visionary Interpretations of the Public Enterprise), University of Westminster, London.

Green, D. (1995). Preserving plurality in a digital world. In T. Congdon. , A. Graham. , D. Green. , & B. Robinson(Eds.), *The cross media revolution: Ownership and control* (pp. 25—37). London: John Libby.

Gundle, S. (1996a). RAI and fininvest in the year of Berlusconi. In R. S. Katz & P. Igaazi (Eds.), *Italian politics: The year of the tycoon* (pp. 195—218). Boulder: Westview.

Gundle, S. & O'sullivan, N. (1996b). The mass media and the political crisis. In S. Gundle & S. Parker(Eds.), *The new Italian repulic: From the fall of the Berlin wall to Berlusconi* (pp. 206—220). London: Routledge.

Golding, P. (1994). Telling stories: Sociology, journalism and the informed citizen. *European Journal of Communication*, 9(4), 461—484.

Golding, P. & Murdock, G. (1991). Culture, communications, and political economy. In J. Curran & M. Gurevitch(Eds.), *Mass media and society*(pp. 15—32). London: Edward Arnold.

Golding, P. & Murdock, G. (1979). Ideology and the mass media: the question of determination. In M. Barrett et al. (Eds.), *Ideology and cultural production*(pp. 198—224). London: Croom Helm.

Garnham, N. (1995). The media and narratives of the intellectual. *Media Culture & Society*, 17(3), 359—384, also in Garnham, N. [2000]. *Emancipation, the media and modernity: Arguments about the media and social theory.* Oxford; New York: Oxford University Press. 李岚,译.《解放、传媒与现代性:关于传媒和社会理论的讨论》。北京:新华,2005.

Garnham, N. (1990). The economics of the US motion picture industry. In N. Garnham, *Capitalism and communication*(pp. 169—209). London: Sage.

Garnham, N. (1987). Concepts o f culture: Public policy and the cultural industries. *Cultural Studies*, 1, 23—37.

Garnham, N. (1984). An introduction. In A. Mattelart. , X. Delcourt. & M. Mattelart

(Eds.), *Internaltional image markets: in search of an alternative perspective* [D. Buxton, Trans] (pp. 1—6). London: Comedia.

Garnham, N. (1983a). Editoria. *Media, Culture & Society*, 5:1—5.

Garnham, N. (1983b). Toward a theory of cultural materialism. *Journal of Communication*, *33* (3), 314—329.

Garnham, N. , & Williams, R. (1980). Bourdieu and the sociology of culture. *Media, Culture & Society*, *2*, 209—223.

Garnham, N. (1979). Contribution to a political economy of mass-communication. *Media, Culture, and Society*, *1*, 123—146.

Garnham, N. (1977). Towards a political economy of culture. *Higher Education Quarterly*, *31*(3), 341—357.

Graham, A. (1995). Exchange rates and gatekeepers. In T. Congdon. , A. Graham. , D. Green. , & B. Robinson(Eds.), *The cross media revolution: Ownership and control* (pp. 38—49). London: John Libby.

Goodman, E. P. (2004). Media policy out of the box: Content abundance, attention scarcity, and the failures of digital markets. *Berkeley Technology Law Journal*, *19*(4), 1390—1471.

Gittings, J. (1997). *Real China: From cannibalism to karaoke*. London: Pocket Books.

Grandin, G. (2006). *Empire's workshop: Latin America, the United States, and the rise of the new imperialism*. New York: Metropolitan.

Gandy, O. (2004). Audiences on demand. In A. Calabrese & C. Sparks(Eds.), *Toward a political economy of culture*(pp. 327—341). Lanham, Maryland: Roman & Littlefield.

Grass, Gunter(1999)*Mein Jahrhundert*. Gottingen: steidl Verlag. 蔡鸿君, 译. 我的世纪. 台北:时报出版公司,2000.

Gold, T. B. (1986). *The state and society in the Taiwan miracle*. NY: M. E. Sparpe.

Gans, H. J. (1972). The famine in American mass communication research. *American Journal of Sociology*, *77*, 697—705.

Golden, D. (2006). *The price of admission: How America's ruling class buys its way into elite colleges—and who gets left outside the gates*. NY: Crown.

Gorman, R. A. (Ed.). (1985). *Biographical dictionary of neo-marxism*. London: Mansell.

Gamble, A. (1994). *The free economy and the strong state: The politics of Thatcherism*. Hampshire:Macmillan.

Hackett, R. A. & Carroll, W. K. (2006). *Remaking media: The struggle to democratize public communication*. New York: Routledge.

Hackett, R. A. & Carroll, W. K. (2004). Ritical social movements and media reform. *Media Development*, *4*(1), 14—19.

Hazlett, T. W. (1998). Assigning property rights to radio spectrum users: Why did FCC license auctions take 67 years?. *Journal of Law and Economics*, *41*(2), 529—575.

Herman, E. S. (1993) The externalities effects of commercial and public broadcasting. In

K. Nordenstreng & H. I. Schiller(Eds.), *Beyond national sovereignty: International communication in the 1990s* (pp. 84—115). NJ: Ablex.

Hart-Landsberg, M. , & Burkett, P. (2004). China and socialism: Market reforms and class struggle. *Monthly Reivew*, *56*(3), 1—116.

Holmstrom, N. & Smith, R. (2000). Necessity of ganster capitalism: primitive accumulation in Russia and China. *Monthly Review*, *51*(9:1—15).

Heap, S. P. H. (2005). Television in a digital age: What role for public service broadcasting. *Economic Policy*, *20* (41), 112—157.

Han, Dong-sub. (2000). The middle classes, ideological intention and resurrection of a progressive newspaper: A south Korean case. *Gazette*, *62*(1), 61—74.

Hemondshalph, D. (2007). *The cultural industries*(2nd). London: Sage.

Hickethier, K. (1996). The media in Germany. In T. Weymouth & B. Lamizert(Eds.), *Markets and myths: Forces for change in the European media* (pp. 100—133). NY: Longman.

Hoffmann-Riem, W. (1996). *Regulating media: The licensing and supervision of broadcasting in six countries*. NY: Guilford Press.

Hoggart, R. (1992). *An imagined Life: Life and times 1959—1991*. Oxford: Oxford University Press.

Humphreys, P. (2010. 09). *Public Policies for Public Service Media: The UK and the German Cases(with warnings/ lessons from the USA)*. Paper presented at the 5th Biannual RIPE(Re-Visionary Interpretations of the Public Enterprise), University of Westminster, London.

Humphreys, P. J. (1996). *Mass media and media policy in Western Europe*. Manchester: Manchester University Press.

Humphreys, P. J. (1994). *Media and media policy in Germany: The press and broadcasting since 1945*(2nd edition). Oxford: Berg.

Hung, Ho-fung. (Ed.)(2009). *China and the transformation of global capitalism*. Baltimore: Johns Hopkins University Press.

Hargreaves, I. (1993). *Sharper vision: The BBC and the communications revolution*. London: Demos.

Hutton, W. (1995). *The State We're in*. London: Virago.

Harvey, D. (1993). From space to place and back again. In J. Bird. , B. Curtis. ,T. Putnam. , G. Robertson. , & L. Tickner(Eds.), *Mapping the futures: Local cultures, global change* (pp. 3—29). London: Routledge.

Harvey, S. (2010. 09). *No Jam tomorrow? State aid rules and the legitimacy of public service media: The closure of the BBC's digital curriculum project* ("Jam"). Paper presented at the 5th Biannual RIPE(Re-Visionary Interpretations of the Public Enterprise), University of Westminster, London.

Im, Yung-Ho. (1998). The media, civil society, and new social movements in Korea, 1985—1993. In Kuan-Hsing Chen(Ed.), *Trajectories: Inter-Asia cultural studies* (pp. 330—

345）. London: Routledge.

Issacs, J. (1989). *Storm over 4: A personal account*. London: Widenfeld & Nicholson.

Iosifidis, P. (Ed.). (2010). *Reinventing public service communication: European broadcasters and beyond*. Basingstoke: Palgrave Macmillan.

Johnson, T. J. (1972). *Professions and power*. London: Macmillan.

Johnson, N. (1970). *How to talk back to your television set*. New York: Bantam Books.

Johnson, B. Kavanagh, P., & Mattson, K. (2003). *Steal this university: The rise of corporate university and the academic labor movement*. NY & London: Routledge.

Jakubowski, F. (1976). *Ideology and superstructure in historical materialism*. London: Alison and Busby.

Jessop, B. *Remarks on some recent theories of the ecapitalist state*. unpublished.

Jenkins, C. (1961). *Power behind the screen: Ownership control and motivation in British commercial television*. London: MacGibbon & Kee.

Kramer, L. (1996) Habermas, Foucault, and the legacy of enlightenment intellectuals. In L. Fink., S. T. Leonard., & D. M. Reid(Eds.), *Intellectuals and public life: Between radicalism and reform* (pp. 29—50). New York: Cornell University Press.

Katz, E., & Wedell, G. (1978). *Broadcasting in the third world: Promise and performance*. London: Macmillan.

Kotler, P. (1972). *Marketing management*(2nd). NJ: Prentice Hall.

Kellner, D. (1990). *Television and the crisis of democracy*. Boulder: West View.

Kuhn, R. (2010) France: Presidential assault on the public service. In P. Iosifidis (Ed.), *Reinventing public service communication: European broadcasters and beyond* (pp. 158—170). Basingstoke: Palgrave Macmillan.

Knight, M. M., Barnes, H. E., & Flugel, F. (1928). *Economic history of Europe*. NY: Houghton Mifflin.

Lyotard, Jean-Francois. (1979/1984). *The Postmodern Condition: A report on knowledge* (G. Bennington & B. Massumi, Trans.). Minneapolis: University of Minnesota Press.

Laplace, P. S. (1814/1951). A philosophical essay on probabilities(F. W. Truscott & F. L. Emory, Trans.). New York: Dover.

Levy, D. (2010. 09). *PSB policymaking in comparative perspective: The BBC Charter Review process and the French Commission pour la nouvelle télévision publique*. Paper presented at the 5th Biannual RIPE(Re-Visionary Interpretations of the Public Enterprise), University of Westminster, London.'

Lewis, E. H. (1968). *Marketing channels*. NY: McGraw Hill.

Liebling, A. J. (1961). *The press*. NY: Ballantine.

Lin, Chun(2006). *The transformation of Chinese socialism*. Durham, NC: Duke University Press.

Linder, S. B. (1970). *The harried leisure class*. NY: Columbia University Press.

Looseley, D. L. (1995). *The politics of fun: Cultural policy and debate in contemporary*

France. Oxford: Berg.

Lee, D. (2011). Networks, cultural capital and creative labour in the British independent television industry. *Media Culture Society*, 33 (4), 549—565.

Lee, C. C. (1979). *Media imperialism reconsidered*. London: Sage.

LeMahieu, D. L. (1988). *A culture for democracy: Mass communication and the cultivated mind in Britain between the Wars*. Oxford: Clarendon Press.

Lindert, P. H. (2004). *Growing public: Social spending and economic growth since the eighteenth century*. New York: Cambridge University Press.

Liebman, B. L. (2005). Watchdog or demagogue? The media in the Chinese legal system. *Columbia Law Review*, 105(1), 1—157.

Lambert, S. (1982). *Channel four: Television with a difference?* London: BFI.

Livant, W. (1975a). [Notes on the development of the production of labor power]. 22 March, Unpublished.

Livant, W. (1975b). [More on the production of damaged labour power]. 1 April Unpublished.

Livant, W. (1975c). [The communication commodity]. 25 December Unpublished.

MCS(Media Culture And Society)(1993). A special issue on "public relations and media strategy". *Media Culture and Society*, *July*, 339—454.

Machet, E. (1999). *A decade of EU broadcasting regulation: The directive "Television Without Frontiers"*. Dusseldolf: European Institute for the Media.

Maggione, M. (1990). *Audiovisual production in the single market*. Brussel: EEC.

Mann, M. (1988). *States, war and capitalism: Studies in political sociology*. Oxford: Basel Blackwell.

Murdock, G. (2000). Talk shows: Democratic debates and tabloid tales. In J. Wieten., G. Murdock., & P. Dahlgren(Eds.), *Television across Europe: A comparative introduction*(pp. 198—220). London: Sage.

Murdock, G. (1994a). Money talks: Broadcasting finance and public culture. In S. Hood (Ed.), *Behind the screens: The structure of British television in the nineties*(pp. 155—183). London: Pluto.

Murdock, G. (1994b). Corporate dynamics and broadcasting futures. In M. Aldridge., & N. Hewitt(Eds.), *Controlling broadcasting: Access policy and practice in North America and Europe* (pp. 3—19). Manchester: Manchester University Press.

Murdock, G. (1989). Critical inquiry and audience activity. In B. Dervin., L. Grossberg., E. Wartella., & B. J. O'Keefe(Eds.), *Rethinking Communication*, *Vol. 2* (pp. 226—249). London: Sage.

Murdock, G. (1983). Large corporations and the control of communications industries. In M. Gurevitch(Ed.), *Cutlure, society and the media*(pp. 118—150). London: Methuen.

Murdock, G. (1978). Blindspots about Western Marxism: A reply to Dallas Smythe. *Canadian Journal of Politcal and Social Theory*, 2(2),109—119.

Murdock, G. & Golding, P. (1977). Capitalism, communication and class relations. In J. Curran. , M. Gurevitch. , & J. Woollacott(Eds.), *Mass communication and society* (pp. 12—43). London: Edward Arnold.

Murdock, G. & Golding, P. (1973). For a political economy of mass Communication. *Socialist Register*, *10*, 205—234.

McChesney, R. (1994). Radical scholarship in the academy: The view from communications. *Monthly Review*, *45*(8), 27—35.

McChesney, R. W. (1993). *Telecommunications, mass media and democracy: The battle for the control of US broadcasting*, *1928—1935*. New York: Oxford University Press.

Marchi, N. D. & Greene, J. A. (2005). Adam Smith and private provision of the arts. *History of Political Economy*, *37*(3), 431—454.

Meehan, E. (1993). Commodity audience, actual audience: The blindspot debate. In J. Wasko. , V. Mosco. , & M. Pendakur(Eds.), *Illuminating the blindspots: Essays honoring Dallas W. Smythe.* (pp. 378—397). NJ: Ablex.

Meehan, E. R. Mosco, V. , & Wasko, J. (1993). Rethinking political economy: Change and continuity. *Journal of Communication*, *43* (3), 105—116.

Mueller, M. (1995). *Why communications policy is passing "mass communication" by: Political economy as the missing link. Critical Studies in Mass Communication*, *13* (3), 457—472.

Marx, K. (1973). *Grundrisse*. London: Pelican.

Marx, K. (1967). *Capital*. Moscow: Progress Publishers.

Matelski, M. J. (2000). Jery Springer and the wages of Fin-syn: The rise of deregulation and the decline of TV talk. *Journal of Popular Culture*, *33* (4), 63—75.

Mayhew, L. H. (1997). *The new republic: Professional communication and the means of social influence.* New York: Cambridge University Press.

Mazzoleni, G. (1995). The RAI: Restructuring and reform(C. Holman & C. Mershon, trans). In C. Mershon & G. Pasquino(Eds.), *Italian Politics: Ending the first republic* (pp. 151—163). Boulder: Westview Press.

Musgrave, R. A. (1959). *Theory of public finance: A study in public economy.* New York: McGraw-Hill.

Montgomery, K. C. (1989). *Target: prime time: Advocacy groups and the struggle over entertainment television.* New York: Oxford University Press.

Moore, R. L. (1994). *Selling god: American religion in the marketplace of culture.* New York: Oxford University Press.

Marti, J. L. & Pettit, P. (2010). *A political philosophy in public life: Civic republicanism in Zapatero's spain.* Princeton: Princeton University Press.

McGuigan, J. (2004). *Rethinking cultural policy.* Maidenhead: Open University Press.

Moss, D. A. & Fein, M. R. (2003). Radio regulation revisited: Coase, the FCC, and the public interest. *Journal of Policy History*, *15*(4), 389—416.

MacDonald, B. I. (1994). *Broadcasting in the United Kingdom: A guide to information sources (revised 2nd edition).* London: Mansell.

MacLeod, V. (Ed.). (1996). *Media ownership and control in the age of convergence.* London: International Institute of Communications.

Minow, N. N. (1961) The "Vast Wasteland". In P. Golding & G. Murdock(Eds.), *The political economy of the media (II)*(pp. 301—312). Brookfield, Vt. : Edward Elgar.

Medina, M. , & Ojer, T. (2010. 09). *The new model of the Spanish public service media.* Paper presented at the 5th Biannual RIPE (Re-Visionary Interpretations of the Public Enterprise), University of Westminster, London.

Nugent, N. (1994). *The government and politics of the European union.* London: Macmillan.

Nicoli, N. (2010. 09). *The disempowerment of in-house production at the BBC: An analysis of the WOCC.* Paper presented at the 5th Biannual RIPE(Re-Visionary Interpretations of the Public Enterprise), University of Westminster, London.

Neumann, F. (1940). *Behemoth: The structure and practice of national socialism*, 1933—1944. New York:Octagon Books.

Napoli, P. M. (2003). *Audience economics: Media institutions and the audience market-place.* New York: Columbia University Press.

Noam, E. M. (1991). *Television in Europe.* New York: Oxford University Press.

Ofcom(2010). *Communications market report.* UK: Ofcom.

Ofcom(2009). *Ofcom's second public service broadcasting review: Putting viewers first.* UK: Ofcom.

O'Malley, T. (1994). *Closedown? the BBC and government broadcasting policy*,1979—1992. London: Pluto.

Oscar H. Gandy, Jr. (1992). A critical challenge: The approach of political economy to the study of communication and information. *Journal of Media Economics*, 5 (2), 23—42.

Palamountain, J. C. Jr. (1969). Vertical conflict. In L. W. Stern(Ed.), *Distribution channels: Behavioural dimensions* (pp. 133—139). NY: Houghton Mefflin.

Paulu, B. (1981). *Television and radio in the United Kingdom.* Basingstoke:Macmillan.

Peacock, A. et. al. (1986). Report of the committee on financing the BBC. London: HMSO.

Peak, S. , & Fisher, P. (Ed.). (1996). *The media guide 1997.* London: the Fourth Estate Ltd.

Petersen, Soren Mork(2008)"Loser generated content: from participation to exploitation", First Monday, 13 (3), http://firstmonday. org/htbin/cgiwrap/bin/ojs/index. php/fm/article/view/2141/1948.

Porter, V. & Hasselbach, S. (1991). *Pluralism, politics and the marketplace: The regulation of German broadcasting.* London: Routledge.

Prehn, O. & Jauert, P. (1996). Ownership and concentration in local radio broadcasting in

Scandinavia. *Nordicom Review*, 1, 81—406.

Robinson, B. (1995). Market share as a measure of media concentration. In T. Congdon. , A. Graham. D. Green. , &. B. Robinson(Eds.), *The cross media revolution*: *Ownership and control* (pp. 50—72). London: John Libby.

Raboy, M. &. Landry, N. (2005). *Civil society, communication, and global governance*: *Issues from the World Summit on the Information Society*. New York: Peter Lang.

Richardson, A. , &. Power, M. (1986). Media freedom and the CPBF. In J. Curran. et al. (Eds.), *Bending reality*: *The state of the media* (pp. 195—212). London: Pluto.

Rorty, R. (1991). Intellectuals and politics. *Dissent*, *Fall*, 483—490.

Rosen, J. (1994). Making things more public: On the political responsibility of the media intellectual. *Critical Studies in Mass Communciation*, 11(4), 363—388.

Robert, B. A. (1943). *Business as a system of power*. NY: Columbia Uni. Press.

Robert, B. A. (1933). *The rationalisation movement in German industry*. Berkerley: Uni. of Calif. Press.

Rolland, A. (2005). Establishing public broadcasting monopolies: Reappraising the British and Norwegian cases. *Media History Monographs*, 8(1), 1—23.

Ridder, Christa-Maria. (1996). Germany. In C. MacLeod(Ed.), *Media ownership and control in the age of convergence* (pp. 65—82). London: International Institute of Communications.

Radice, H. (1995). "Globalisation" and the UK economy. In M. B. Brown &. H. K. Radice(Eds.), *Democracy versus capitalism*: *A response to will Hutton with some old questions for New labour* (pp. 14—25). Nottingham: Spokesman.

Sadler, J. (1991). *Enquiry into standards of cross media promotion, monopolies and mergers commission*, *Cm. 1436*. London: HMSO.

Sartori, C. (1996). The media in Italy. In T. Weymouth &. B. Lamizert(Eds.), *Markets and myths*: *Forces for change in the European media* (pp. 134—199). NY: Longman.

Sawers, D. (1996). The future of public service broadcasting. In M. E. Beesley(Ed.), *Markets and the media*: *Competition, regulation and the interests of consumers* (pp. 83—108). London: Institute of Economic Affair.

Sendall, B. (1982). *Independent television in Britain*, *I*: *Origin and foundation*, *1946—62*. London: Macmillan.

Sanchez-Tabernero, A. et al. (1993). *Media concentration in Europe*: *Commercial enterprise and the public interest*. Manchester University: the European Institute for the Media.

Schlesinger, P. (1978). *Putting the reality together*: *BBC news*. London: Constable.

Starr, P. (2007). *Freedom's Power*: *The true force of liberalism*. NY: Basic Books.

Syvertsen, T. (1992). *Public television in transition*: *A comparative and historical analysis of the BBC and the NRK*. University of Leicester: Centre for Mass Communication Research.

Sunstein, C. R. (2005). *Raidcals in robes*: *Why extreme right-wing courts are wrong for*

America. NY: Basic Books.

Schiller, D. (1996). *Theorising communication: A history.* New York: Oxford University Press. [冯建三,罗世宏,译. 传播理论史:回归劳动(D. Schiller, 1996/),台北:五南出版公司,2010.]

Schiller, H. (1976). *Communication and cultural domination.* White Plains: IASP.

Schiller, H. (1971). *Mass communication and American Empire.* NY: Augustus Kelley.

Schiller, H. I. (1973). *The mind managers.* Boston: Beacon Press.

Scott, W. (1977et. al.). *How children tearn to buy.* Beverly Hills: Sage.

Steedman, l. (1977). *Marx after Sraffa.* London: New Left Books.

Siriyuvasak, U. (2001). Regulation, reform and the question of democratising the broadcast media in Thailand. *Javonst/Public, 8*(2), 89—108.

Steinberg, S. R. , & Kinchelo, J. L. (2009). *Christotainment: Selling Jesus through popular culture.* Boulder, Co: Westview Press.

Sparks, C. (2001). Democratisation and the media: A preliminary discussion of experiences in Europe and Asia. *Journal of the European Institute for Communication and Culture Javnost—The Public, 8*(4), 7—30.

Sparks, C. (1995b). The current crisis of public service broadcasting in Britain. *Critical Studies in Mass Communication, 12*(3), 325—341.

Swann, P. (1991). The little state department: Hollywood and the State Department in the postwar world. *American Studies International, 29* (1), 2—19.

Smith, A. (1996). *The new statesman: Portrait of a political weekly, 1913—1931.* London: Frank Cass.

Shew, W. B. , & Stelzer, I. M. (1996). A policy framework for the media industries. In M. E. Beesley(Ed.), *Markets and the media: Competition, regulation and the interests of consumers*(pp. 109—146). London: The Institute of Economic Affairs.

Sergeant, Jean-Claude. (1994). Government and broadcast media in France. In M. Aldridge & N. Hewitt(Eds.), *Controlling broadcasting: Access policy and practice in North America and Europe* (pp. 231—242). Manchester: Manchester University Press.

Scotton, J. f. , & Hachten, W. A. (Eds.)(2010). *New media for a New china.* NJ: Wiley and Blackwell.

Smythe, D. (1977). Communications: Blindspot on Western Marxism. *Canadian Journal of Political and Social Theory, 1*(3), 1—27.

Smythe, D. W. , & Guback, T. H. (1994). *Counterclockwise: Perspectives on communication.* Westview: Boulder.

Tunstall, J. (1977). *The media are American.* London: Constable.

Veblen, T. (1964). *The theory of business enterprise.* NY: Viking Press.

Veljanovski, C. G. (Ed.)(1989). *Freedom in broadcasting.* London: Institute of Economic Affairs.

Williams, R. (1989). *Resources of hope.* London: Verso.

Williams, R. (1981). *Culture*. London: Fontana(original)Paperbacks.

Williams, R. (1980). *Problems in materialism and culture*. London: Verso.

Williams, R. (1979). *Politics and letters*. London: NLB.

Williams, R. (1977a). *Marxism and literature*. Oxford: Oxford University Press.

Williams, R. (1977b). Notes on Marxism in Britain since 1945. *New Left Review*, 100.

Williams, R. (1971). Literature and sociology. In R. Williams(Ed.), *Problems in materialism and culture: Selected essays* (pp. 11—30). London: Verso.

Williams, R. (1962) *Communication*(3rd. ed.). Harmondsworth: Penguin.

Williams, G. (1996). *Britain's media: How they are related* (2nd edition). London: Campaign for Press and Broadcasting Freedom.

Williams, A. (1976). *Broadcasting and democracy in west Germany*. Bradford: Bradford University Press.

Wood, S. (1987). The deskilling debate, new technology and the work organisation. *Acta Sociologica*, 30(1), 3—24.

Wright, E. O. (2010) *Envisioning real utopias*. London and New York: Verso.

Wilson, H. H. (1961). *Pressure group: The campaign for commercial television*. London: Martin Secker and Warburg Ltd.

Weymouth, A., & Lamizat, B. (Eds.). (1996). *Markets and myths: Forces for change in the media of Western Europe*. NY: Longman.

Weymouth, T. & Lamizat, B. (1996). Conclusions. In A. Weymouth & B. Lamizat (Eds.), *Markets and myths: Forces for change in the media of Western Europe* (pp. 202—221). NY: Longman.

Wasko, J., Mosco, V., & Pendakur, M. (Eds.). (1993). *Illuminating the blindspots: Essays honoring Dallas W. Smythe*. NJ: Ablex.

Wheeler, M. (2000). Research note: the 'undeclared war' part II, the European Union's consultation process for the new round of the general agreement on trading services/World trade organization on audiovisual services. *European Journal of Communication*, 15(2), 253—262.

Zhao, Yuezhi. (2008). *Communication in China: Political economy, power and conflict*. Lanham, Maryland: Rowman & Littlefield.

Zhao, Yuezhi. (2008). Neoliberal strategies, socialist legacies: Communication and state transformation in china. In P. Chakravartty & Yuezhi. Zhao(Eds.), *Global communications: Toward a transcultural political economy* (pp. 23—50). Lanham, Maryland: Rowman & Littlefield.

Zhao, Yuezhi. (1998). *Media, market and democracy in China: Between the party line and the bottom line*. Urbana: Illinois University Press.

后　记

　　出版本书，动因起于吕新雨教授的提议与热忱，谢谢她。张惠岚小姐的仔细校排、统整体例，耗费很多精神，再次让我发现自己总是对于格式空疏任意，在此表达谢忱。

　　过去 20 多年，发表论文约有六七十篇，本书从中辑录部分。报章杂志的引述放在随文注，其余参考材料，全数罗列书末，不是章尾。这是两种学术书写格式的混合与改良，希望对于读者，会更为方便。全书创作为主，两篇翻译有其重要内涵，因此放入。各章的些许段落与数据，稍见重复；所有文字，仅作标点与错别字订正，仅有少数地方，微量增补。

冯建三

图书在版编目(CIP)数据

传媒公共性与市场/吕新雨等主编;冯建三著.
--上海:华东师范大学出版社,2015.1

ISBN 978-7-5675-2584-9

Ⅰ.①传… Ⅱ.①吕…②冯… Ⅲ.①传播媒介—研究—西方国家
Ⅳ.①G219.1

中国版本图书馆 CIP 数据核字(2014)第 219956 号

华东师范大学出版社六点分社

企划人 倪为国

批判传播学·文论系列

传媒公共性与市场

主 编 吕新雨 赵月枝
著 者 冯建三
责任编辑 徐 平
封面设计 吴元瑛

出版发行 华东师范大学出版社
社 址 上海市中山北路 3663 号 邮编 200062
网 址 www.ecnupress.com.cn
电 话 021-60821666 行政传真 021-62572105
客服电话 021-62865537 门市(邮购)电话 021-62869887
地 址 上海市中山北路 3663 号华东师范大学校内先锋路口
网 店 http://hdsdcbs.tmall.com

印 刷 者 上海中华印刷有限公司
开 本 787×1092 1/16
印 张 15.25
字 数 210 千字
版 次 2015 年 1 月第 1 版
印 次 2015 年 1 月第 1 次
书 号 ISBN 978-7-5675-2584-9/G·7640
定 价 39.80 元

出 版 人 王 焰